겨레사랑 성서사랑
김교신 선생

겨레사랑 성서사랑
김교신 선생

서 정 민 지음

1판 1쇄 / 2002. 11. 9

발행처 / 말씀과만남
발행인 / 최 헌 근
꾸민이 / 이 신 애, 박 찬 숙, 명 희 선
등록번호 / 제20-444호
등록일자 / 1991. 6. 19

138-220 서울특별시 송파구 잠실동 339-3
Tel : (031) 594-6327, Fax : (031) 594-6328
편집부 : (02) 332-8369
전자우편 : mmpress@hanmail.net

ISBN 89-7508-022-6

정가 : 8,500원

겨레사랑 성서사랑
김교신 선생

서정민 지음

말씀과만남

나에게
金敎臣을 처음 알게 하시고
감동으로 그를 만나게 하신,
한국 교회 사학의 큰 어른이신
내 스승 閔庚培 선생님께
이 책을 바칩니다.

서문

김교신을 다시 그리며 ……

역사를 공부하다 보면, 어느 때에 새삼 어떤 역사의 인물이 절절히 그립거나 되뇌어질 때가 있다. 이러한 정서는 때로 학문적 열정을 더하여, 그 인물에 대한 역사학적 연구를 새롭게 설계하거나, 자료를 찾아 섭렵하고자 하는 행보로 나타나기도 하고 혹은 평이한 구도와 정리를 통해, 차근차근 그 생애를 다시 이해하고 사상을 간추려 많은 이들에게 더욱 널리 알려 주고 싶은 의욕으로 진행되기도 한다. 바로 이 책은 후자의 맥락 선상에 있다.

그 동안 김교신 선생에 관한 이해는 비교적 널리 진행된 것이 사실이다. 아직도 한국의 이른바 '무교회주의 그룹' 이라는 신앙 공동체의 흐름을 유지하고 있는 분들이 관련되겠지만, 김교신 선생의 스승이 되는 일본의 우치무라 간죠(內村鑑三)의 사상에 관심을 두고 있는 이들에 의해 계승되고 선양되어 온 것이 사실이다. 특히 노평구 선생이나 김정한 선생 등은 김교신의 전집을 출간하고 전기를 간행했으며, 그 원형이 되는 「聖書朝鮮」을 복간해내기도 했다. 그러나 김교신의 신앙과 '민족관' 을 한국 교회사의 지평 위에 우뚝 올려놓고, 그분의 독특한 신앙 구도를 정리해 낸 분은, 역시 내 스승이신 민경배 선생님이시다. 때로 무교회주의자라고, 한국 교회사의 주류가 아닌 소수자의 좁은 자리에 있는 존재라고 김교신을 폄하하는 의견이 있음에도, 민경배 선생은 한국 교회사의 한 줄거리로, '성서'와 '조선'을 '커뮤니온'적으로 연결시킨 한 유형으로, 1930년대의 입장 균형이 곤혹스러운 그 때에 '반(反)선교사, 반서양' 하면서도 '친일' 하지 않고, 최후까지 성서 위에 민족을 세우고자 한, 민족 신앙과 그 사상의 담지자로서 김교신을 설파해 왔다.

벌써 20여 년 전, 필자는 학부 시절에 민경배 선생님으로부터 처음 김교신의 이야기를 접했던 그때의 감동을 아직도 기억한다. 그 후 한국 교회사를 전공해 오면서 김교신과 그 신앙을 하나의 테마로 삼아 지속적인 관심을 가져왔다. 무엇보다 일본 유학시절, 우치무라의 자료를 읽고 논문을 쓰면서, 김교신에 대한 관심과 의의는 더욱 크게 다가왔었다. 또한 그 동안 단편적인 '아티클'이나 단상으로는 동일 주제에 대한 글을 여러 편 써 왔다. 특히 한일 양국어로 모두 출판된 『교회와 민족을 사랑한 사람들』(일본어: 『民族を愛した韓國キリスト者たち』)에서는 그 주제로 다룬 9명의 민족 신앙가 중의 한 분으로 김교신 선생을 서술한 바 있다.

이 책은 이미 언급한 대로 학술적인 연구가 아니다. 김교신 선생의 생애와 사상을 되도록 널리, 많은 신앙인들이나 일반인들에게까지 읽혀 알게 하고 싶은 '보편적 목표'의 글이다. 이에 독자 여러분들도 학자의 글이라는 부담을 가지지 말고 편안한 마음으로 이 책에 접근해 주기를 간곡히 바란다.

이 책은 우선 본문에서 제5부까지 각 부 3장으로 총 15장에 걸처, 생애와 사상을 정리하였다. 그리고 부록 1에서는 간단한 연보를 정리했으며, 부록 2에서는 「聖書朝鮮」 김교신 선생 최고의 명문장으로 사료되는 문장 22편을 발췌, 정리하였다. 본문 이상으로 주목을 구하는 것은 바로 이 부록 2 '「聖書朝鮮」 명문장 읽기'이다. 여기에는 「聖書朝鮮」의 창간사를 비롯하여, 선생의 여러 주제에 대한 논설, 수필, 연구, 단상이 모두 포함되어 있다. 아주 짧은 논의가 있는가 하면, 논문에 해당하는 긴 연구 기록도 있다. 아무튼 이는 필자가 보기에 선생의 문장 중 가장 관심을 불러일으킬 만한 문장이라고 여겨진다. 다만 여기에 기록해 둘 것은, 이 원문들은 명문장임에는 분명하나 시대적 표현 차이의 이유로 오늘날 젊은이들이 읽기에는 난해하다. 그래서 일부 표현과 내용을 쉽게 고쳤다. 그러나 전체적으로, 뜻만 두고 문장의 형태나 표현을 다 옮기면, 김교신 선생 특유의 문투나 문장의 향기가 다 사라질 것이 우려되었다. 이에 그 적정점을 찾는데 여간 어려운 고심을 한 것이 아니다. 최선을 다했으나 '맛은 살리고 뜻은 전하는' 목표에 쉽게 다가서지는 못하고, 어떻게 보면 어정쩡한 결과가 된 것 같아 아쉽다. 다만 그 목표에 대한 필자의 노력을 독자들이 해량해 주기를 바랄 뿐이다.

사실 이 책은 기획 자체가 좀 오래 되었고, 몇몇 출판사들이 의욕을 보여 왔으나, 여러 이유에서 출판이 지연되고 있었다. 금번 이 일의 실행을 전격적으로 주도한 데는 도서출판 말씀과만남의 최헌근 사장의 추진력과 결단이 절대적 힘이 되었다. 최 사장을 비롯하여 제작 과정에 심혈을 쏟은 분들에게 큰 감사를 드린다. 또한 이 책의 본문 교열과 부록 정리에는 연세대학교 대학원 석·박사 과정에서 김교신을 테마로 연구 중인 채송희, 김은섭의 공로가 절대적이었다. 이들의 노고에도 큰 고마움을 전한다.

이미 이 책을 전적으로 드리고자 하는 스승 민경배 명예교수님은 물론 신과대학의 모든 교수님들께도 감사드리며, 출간의 기쁨을 함께 하고자 한다.

2002년 10월

연세대학교 신과대학 아펜젤러관 연구실에서
서 정 민

차례

우치무라의 성서 강좌에 출석, 도쿄고등사범학교에 입학, 영어과에서
박물과로 전과, 우치무라 문하의 한국인 동지들과 만남 등의 이야기

제1부

김교신 선생의 생애 이해에 앞서

제1부. 김교신 선생의 생애 이해에 앞서

우리는 한 인물의 생애를 올바로 이해하고 그 삶 속에서 보다 귀중한 가치를 발견하기 위해서는 몇 가지 미리 알아두어야 할 점들이 있다. 그것은 우선 그 인물이 산 시대적 배경에 대한 정확한 이해일 것이요 다음으로는 그 인물이 일생을 두고 몰두해 온 삶의 가장 중요한 목표와 활동 분야에 대해 아는 일일 것이다.

우리가 이 책에서 함께 살펴보고자 하는 김교신 선생은 일본이 우리 나라의 주권을 빼앗아 통치하던 수난의 시절에 일선 고등학교의 평교사로서 암흑기의 청년들에게 민족 혼을 불어넣기 위해 애쓴 훌륭한 교육자이다. 그리고 다른 근대 민족사의 인물들과 마찬가지로 격동과 수난의 시대를 살아야만 했고 그러한 시대적인 어려움 속에서 나름대로 교육자의 사명을 실천하기 위해 최선을 다했던 인물이다.

그런데 우리가 훌륭한 교육자로 존경하고 있는 김교신 선생에게서 또 한 가지 특별하게 발견되는 점은 그가 열심이 깊은 종교인으로서의 삶을 살았다는 점이다. 즉 그는 독실한 기독교인으로서 일생을 통해 기도와 성서 연구에 힘을 기울였으며 그러한 기독교 신앙을 통해 어려움을 겪고 있는 민족을 향해 꺾이지 않는 희망을 제시하는 일에 온 힘을 쏟았다. 그러나 김교신 선생의 기독교는 당시 일반적인 기독교와는 그 모양새가 다른 면이 있었다. 그의 기독교는 이른바 '무교회주의'라고 불리는 기독교인데, 이는 서양의 선교사들이 가져다 준 교회의 외형적인 모습이나 제도를 일단 거부하고 오직 순수한 한국인의 문화와 전통 속에서 성서의 진리를 다시 발견한다는 '한국적 기독교'의 뜻을 지닌 것이었다.

이제 제1부에서는 김교신 선생이 살았던 시대적 배경과 특별히 그의 생애를 이해하기 위해서 꼭 생각해 보아야 할 한국 기독교의 간략한 역사 그리고 그의 특징적인 기독교 신앙운동의 내용에 대해 먼저 이해를 해야 하겠다.

제1장. 그가 산 시대의 이해

1. 전통적 문화와 새로운 문물

우리 한국 민족은 오천 년 이상의 역사를 통해 고유의 전통 문화를 간직하고 이어왔다. 각 시대마다 외세의 침입이나 내부의 갈등이 있었지만 그때마다 한국 민중의 애국적인 단결과 지도자들의 슬기로운 대처로 인해 어려움을 이겨내고 단일 민족의 빛나는 전통을 이어왔다. 특히 그 과정에서 외부로부터 유입되었던 새로운 문화나 가치관, 외래의 종교는 우리 민족의 지혜와 독특한 정신 속에 녹아 창조된 모습으로 변화하여 우리의 전통적 문화와 함께 발전하곤 하였다. 그런 문화와 종교로써 특별히 예를 든다면 삼국시대에 유입되어 통일신라와 고려시대를 거쳐 꽃피어난 불교와 불교문화, 고려말엽에 전래되어 조선시대에 정치와 사상의 근본을 이룬 유교 등이다. 외래의 종교 혹은 문화일 수밖에 없었던 이들 불교나 유교가 오히려 한국에서 세계적인 특성을 지닌 새로운 종교로 발전하고, 훌륭한 지도자와 사상가를 수없이 배출했던 것이다. 이와 함께 민족 고유의 문화나 풍속, 생활 양식 등도 오랜 세월을 두고 흔들림 없이 이어져 왔다. 그러나 19세기 중반 이후 진행된 조선 후기 사회의 변화와 서구 제국주의 열강의 아시아 진출이 급속도로 진행된 시기에 한민족이 겪어야 했던 혼란은 그 어느 시대에서도 찾아볼 수 없는 모습이었다. 이는 동양과 서양의 문명이 갑작스럽게 충돌하는 시대적인 현장이었고 큰 차이를 지닌 두 가지 문명의 가치관이 부딪혀 일어나는 혼란이라고도 볼 수 있다. 서구 세력이 나름의 정치적 경제적 이익을 목적으로 한반도를 향해 몰려 들 때 한국은 줄곧 쇄국정책으로 이를 막았다. 서양의 문물을 금하는 것은 물론 카톨릭과 개신교를 불문하고 서양의 종교이던 기독교도 사교라 하여 그 전파를 금지시켰다. 이러한 정책으로 인해 한국의 근대화는 늦어졌고 결국 뒤떨어진 상태에서 우리보다 앞서 서구 문명을 받아들였던 일본에게 나라를 빼앗겼다는 평가가 강하다. 그러나 한편으로 섣부른 개방정책 보다는 신중한 금단정책이 조금이라도 더 나라의 주권을 지킬 수 있었던 과정이 아니었나라고도 생각해 볼 수 있다.

아무튼 큰 강물의 거센 물결처럼 밀려 들어오는 세계적인 문호 개방의 파도는 도저히 막을 길이 없었다. 한국도 1876년 강화도에서 맺은 일본과의 수호조약을 시작으로 세계 여러 나라와 교류를 시작하게 되었다. 마침내 한국은 그 역사상 최대의 변혁기를 맞이하게 된 것이다. 오랜 역사를 통해 전해 내려 온 전통적 가치관과 새로운 문물 사이에서 갈등과 혼란이 일어나게 되었다. 이러한 과정에서 당시의 젊은이들은 가치관의 갈등을 겪게 되고 특별히 기울어 가는 나라 형편을 염려하여 방황하는 경험을 치러야 했다.

특히 종교적인 문제만 보아도 오랜 세월 한국에 정착하여 전통 종교가 되었다고 볼 수 있는 불교나 유교도 지나치게 형식적으로 변하여 변화와 개혁을 요구하는 민중들의 바람을 따르지 못하는 형편이었다. 이에 일반 민중들 사이에서는 동학이라든가 증산교, 대종교와 같은 새로운 민족종교가 일어났고 그밖에도 많은 민중적 종교가 시작되거나 발전하였다. 또한 카톨릭을 비롯하여 문호 개방 이후에 수용되기 시작한 개신교도 하나의 새로운 사상으로서 널리 전파되기 시작했다.

그런데 이러한 새로운 문화나 종교의 수용이 지나치게 급속히 이루어지면서 올바른 과정을 거칠 겨를도 없이 전통 문화와 조화를 이루지 못하고 외래문물과 전통문화가 서로 충돌하는 결과를 낳게 되었다. 이로 인해 사회 모든 부분에 있어 바람직하지 못한 현상이 꼬리를 물고 일어났다. 마침내 이러한 전체적인 시대적 갈등은 일본에게 나라를 빼앗기는 역사의 비극 속에서 절정에 이른다.

2. 빼앗긴 나라

1876년에 일본과 맺은 강화도조약은 우리 나라가 외국과 맺은 최초의 근대조약이자 닫았던 나라의 문을 여는 문호개방조약이라는 의미도 있으나 그것은 이른바 강제에 의한 불평등조약으로서 일본이 한국 침략을 시작하는 첫 단계가 되기도 했다. 이미 오래 전에 서양에 대해 문호를 개방하고 정책적인 야심으로 즉 발달된 서양의 물질 문명을 적극적으로 받아들였던 일본은 당시 정치, 경제, 군사 등 모든 면에 있어 우리 나라보다 앞선 선진성을 보이고 있었다. 수천 년 동안 우리 나라의 고유한 문화를 전수받거나 우리 나라를 통로로 중국 대륙의 문화를 수입하던 일본, 그러한 자신들의 문화적 후진성과 섬나라로서의 고립감 때문에 늘 한반도와 대륙을 동경하고 기회가 있을 때마다 침략을 꿈꾸던 일본이 드디어 서구문물을 먼저 받아들여 기른 힘을 바탕으로 새로운 침략의 기회를 엿보게 된 것이다. 즉 일본은 1860년대 '메이지유신'이라고 부르는 정치적인 사건을 통해 전통 사회를 바꾸고 나라의 모든 제도와 가치를 서구 열강을 모방하는 정책으로 나아갔다. 특히 이 무렵의 일본인들의 사상을 '탈아입구론'(脫亞入歐論)이라고 부르는데, 이는 그들 스스로가 아시아를 벗어나서 서구 국가의 대열로 나아가 그들과 어깨를 나란히 하고자 한다는 것이다. 이러한 목표와 정책의 결과는 곧바로 아시아 여러 지역에 대한 정치적 경제적 침략의 야욕으로 이어졌는데 그 첫 번째 대상으로 가장 가까운 이웃 나라이자 역사적으로 일종의 열등감을 지녀왔던 우리 나라가 된 것은 어쩌면 당연한 일일 것이다. 반면 우리 나라의 경우는 오랜 역사 속에서 유지되어 왔던 중국 중심의 외교노선을 고수하면서 그 밖의 다른 나라와는 관계를 피하는 이른바 '쇄국정책'을 고수하였다. 특히 어린 고종의 즉위를 계기로 정권을 잡은 흥선대원군 이하응의 정치적 노선은 철저한 쇄국을 통한 나라 주권의 보호에 있었다. 그러나 당시의 국제적인 상황은 우리 나라를 그대로 내버려두지 않았다. 우리 나라 주변의 강대국인 중국과 러시아 그리고 일본이 한국과의 관계를 원하였고 미국과 프랑스, 영국, 이탈리아, 독일 등 서구 여러 나라들도 우리 나라에 진출할 기회만을 엿보고 있었다. 마침내 어린 왕을 대신하여 권력을 행사하던 대원군이 물러나고 고종이 직접 나라의 정치를 돌보게 되었을 때 우리 나라는 나라의 잠긴 문을 열었다. 이때부터 세계 여러 나라들이 차례로 우리 나라와 조약을 맺었다. 그러나 그들 나라들은 대부분 목적이 다른 데 있었다. 즉 당시 세계적인 흐름이 이른바 제국주의 국가들이 아시아, 아프리카, 라틴 아메리카 등 여러 나라에 대해 식민지 침략을 강행하고 있었던 것처럼 우리 나라에 진출하는 여러 강대국들도 우리 나라에 대한 침략과 주도권 행사를 큰 목적으로 삼고 있었다. 특히 극동의 심장부에 위치하고 있고 오랫동안 독립된 문화와 전통을 지닌 우리 나라, 더구나 여러 나라의 끈질긴 개방 노력에도 불구하고 '은둔의 왕국'으로 존재했던 우리 나라에 대한 관심은 대단히 큰 것이었다. 마침내 한반도에 대한 주도권을 둘러싸고 전통적으로 우리 나라에 대해 가장 가까운 권리를 주장하는 중국, 남하정책을 추진하던 러시아, 오랫동안 야심을 불태워 오던 일본 그리고 미국과 프랑스를 비롯한 서구 열강들이 경쟁하기에 이르렀다.

1894년 일본과 중국은 우리 나라에서 전쟁을 벌였다. 이것이 곧 '청일전쟁'이다. 당시 한국 정부의 무능한 정치와 외세의 침략을 척결하고 민중의 삶을 바로잡아야 한다는 목표를 두고 많은 동학교도들과 농민들이 봉기한 동학혁명을 진압할 목적으로 정부에서는 동맹관계에 있던 청나라에 군대 파병을 요청했고 청나라 군대가 우리 나라에 출병하자 일본은 우리 나라에서의 똑같은 권리를 규정한 조약에 의거하여 역시 군대를 파견하였다. 마침내 두 나라 군대는 한국에서 전쟁을 벌였고 이 전쟁에서 일본이 승리하였다. 그 후 1904년에는 한국에 대한 강력한 권리를 주장하던 러시아와 일본이 한반도를 중심에 두고 전쟁을 벌였다. 이 전쟁에서도 예상을 깨고 일본이 승리하므로 한반도에 대한 주도권을 확실하게 얻게 되었다. 이러한 두 차례의 뜻하지 않은 전쟁으로 한국의 민중들은 말할 수 없는 고통을 받아야만 했고 국토도 황폐하게 되었다.

이제 일본의 한국 침략에는 아무런 장애가 없었다. 더구나 아시아 진출을 노리던 미국과도 이른바 '가츠라태프트비밀협약'을 맺어 필리핀을 미국이 점령하는 대신 일본의 우리 나라 침략을 양해한다는 합의를 함으로써 그들 계획대로 우리 나라에 대한 식민 침략의 순서를 밟아 나가기 시작했던 것이다.

먼저 1905년 이른바 '을사보호조약'이라는 조약을 강제로 맺어 한국의 외교권을 박탈하였고, 서울에 통감부를 설치하여 한국의 정치 전반을 일일이 간섭하는 단계에 들어갔다. 우리 나라가 외교권을 빼앗긴다는 것은 곧 우리 스스로는 다른 외국과의 관계개선이나 조약준수, 새로운 국교관계를 수립할 수 없다는 의미로 이미 독립국가로서의 주권을 빼앗긴 것이나 다름없는 일이었다. 이에 울분을 삼키던 고종황제는 미국의 대통령에게 당시 한국에 와 있던 미국인 선교사 헐버트를 보내어 도와줄 것을 호소하려고 시도했고, 1907년에는 이준, 이위종, 이상설 등 세 밀사를 네덜란드 헤이그에서 열리는 만국평화회의에 보내어 일본의 우리 나라 침략의 부당성을 국제 사회에 호소하려고 노력했지만 모든 것이 실패로 돌아가고 말았다. 오히려 이런 일들이 일본으로 하여금 한국 침략의 순서를 빠르게 진행시키게 하는 핑계로 작용하기도 했다. 1907년 일본은 고종을 퇴위시키고 이른바 '정미7조약'을 맺어 한국의 군대를 해산시키고 1910년 8월 29일 마침내 이완용을 비롯한 우리 나라의 매국 대신들을 회유, 강압하여 '한일합병' 조약을 맺었다. 이로써 일본에 의한 우리 나라의 식민 통치 36년이 시작된 것이다.

이러한 과정에서 한국의 여러 민족지도자, 청년지도자들은 기울어져 가는 나라의 주권을 지키기 위해서 의병운동이나 무장투쟁을 전개하여 이에 맞섰고 때로는 교육이나 종교적 계몽운동, 여러 가지 사회 운동을 통해 나라의 힘을 길러 나가는 민족운동을 전개하였다. 합병 후 국내에서의 활동이 어려워지자 그들은 중국이나 러시아, 미주 등지의 해외로 망명을 하여 독립운동을 계속 전개하였고 국내에서도 많은 청년지도자들이 독립운동의 힘을 모아 나갔다. 이미 1909년 만주의 하얼삔에서 한국 침략의 괴수인 이토 히로부미 통감을 민족의 이름으로 응징한 안중근 의사는 물론 많은 청년 애국지사들의 활약이 한국 민족의 의기를 드높였고 마침내 1919년 한일합병 10년째 되던 해에 전 민족이 하나로 뭉친 3 · 1 운동이 일어났다. 이 운동은 한국 민족 운동사에 있어 최고 정점을 이루는 운동이었을 뿐만 아니라 세계에서 다른 나라나 민족의 침략을 받았던 국가의 독립 저항 운동사에 있어서도 가장 높은 평가를 받는 민족운동이다. 이러한 국내외적인 독립운동의 결과 우리 나라의 주권 회복은 앞당겨졌고 혹독한 일제의 식민 정책 하에서도 한국 민족의 정통성을 지킬 수 있었다.

이러한 역사적 배경 속에서 태어나고 자라난 당시 한국의 젊은 이들은 '빼앗긴 나라'라고 하는 큰 좌절을 겪으며 그것을 극복하지 않고는 그 어떤 개인적인 희망도 꿈도 의미가 없는 현실을 맞이해야만 했다. 우리의 주인공 김교신 선생 역시 기울어져 가는 나라의 현실 속에서 태어나 그 성장과 활동 모두를 빼앗긴 나라의 형편 속에서 보내야 했던 비운의 세대였다. 그러나 그러한 민족의 수난 속에서 오히려 진정한 한국인으로서의 자신을 강하게 발견할 수 있었는지도 모른다.

제2장. 한국 기독교 역사에 대한 이해와 반성

1. 한국에 뿌리내린 민족 기독교

앞에서도 이야기했지만 우리 민족은 유구한 역사 5천 년 동안 때로 외래의 사상이나 종교를 받아들였고 그것을 우리의 것으로 소화시켜 우리 나름대로의 고유한 종교나 문화로 승화시키는 지혜를 발휘해 왔다. 대표적으로 말하면 원효의 불교가 그렇고 퇴계나 율곡의 유교가 그러하다. 그렇다면 비교적 최근의 역사로 볼 수 있는 기독교의 경우는 어떠할까?

16세기 이후 스페인과 포르투갈을 중심으로 하는 서양세력의 활발한 동양 진출과 함께 동양 선교를 본격적으로 시작했던 카톨릭 교회는 물론 19세기부터 활발히 선교 활동을 시작한 미국, 영국, 네덜란드 등을 중심으로 한 개신교까지도 서양 제국의 동양 여러 나라에 대한 정치적, 경제적 침략과 함께 선교되었다는 비판을 듣고 있다. 즉, 인간을 구원하는 하나님의 복음을 전하는 기독교가 제국주의 국가의 국가 이익을 위한 침략 과정에 이용되거나 그 침략을 위한 한가지 수단이 되기도 했다는 말이다. 이에 따라 아시아, 아프리카, 라틴 아메리카 등 유럽의 기독교 제국주의 국가로부터 식민지 침략의 역사를 지닌 대부분의 제3세계 지역 민족들은 지금도 기독교를 제국주의 종교로 여기는 경우가 있다. 실제로 기독교 선교사들 중에는 본래의 사명인 복음 전도보다는 정치적, 경제적 목적의 정보 수집이나 거래에 앞장섰던 경우가 많다. 이에 따라 모든 제3세계 지역의 나라들에 기독교를 전하여 준 나라와 그들을 식민지로 삼아 침략하고 착취한 나라가 같았다. 그러나 여기에 유일한 예외가 있었는데, 곧 우리 나라의 경우이다. 결론적으로 말하면 한국에서는 기독교를 전하여 준 미국을 비롯한 서구 여러 나라는 따로 있고 이와 비교하여 정치적, 경제적으로 침략해 들어 온 나라는 비기독교국가로 볼 수 있는 일본이었다. 이는 곧 기독교라는 서구 문명의 중심적 사상이나 그것을 전하여 준 서구 여러 나라의 힘을 통해 오히려 비기독교 세력인 일본으로부터의 위협을 막아낼 수 있다는 희망을 지니게 한다. 이러한 상황의 전개는 한국의 기독교가 민족의 문제에 적극적으로 가담하고 민족교회로서의 힘을 발휘할 수 있었던 중요한 조건의 하나가 되었다.

또 한 가지 한국의 기독교가 민족의 편에 서서 민족 수난에 함께한 민족 교회로 발전할 수 있었던 것은 그것이 전래되고 수용된 과정이 남달랐다는 점에서도 찾을 수 있다. 즉 기독교의 수용 과정에서 선교사들에 의한 선교 활동에 앞서 한국인 스스로에 의한 전도가 먼저 진행되고 그것이 한국 기독교의 큰 바탕이 되었다는 사실이다. 예를 들어, 기독교 전파의 기본이 되는 성서 번역의 과정을 살펴보자. 다른 나라의 경우는 선교사들이 먼저 들어오고 그들이 선교할 나라의 말과 글을 배워 선교사들에 의해 처음 그 나라말로 성서가 번역되는 경우가 대부분이다. 그러나 우리 나라의 경우는 어떠했는가? 선교사가 들어오기 전에 이미 저 만주와 일본에서 한국인들이 중심적으로 참여한 가운데 성서가 한국어로 먼저 번역되었다. 1870년대 말부터 1880년대에 걸쳐 만주에서 선교 활동을 벌이던 스코틀랜드 장로교 선교사 로스와 매킨타이어 등은 한국인 협력자들과 함께 한글로 성서를 번역하였다. 이 성서가 바로 '로스역 성서'이다. 이 성서 번역에 참가한 한국인들은 한만국경을 넘나들면서 홍삼 등의 물건을 파는 소규모 무역상들이었는데 대부분 평북 의주 출신으로 서상륜, 이응찬, 백홍준, 이성하 등과 같은 이들이었다. 이들은 성서 번역에 참여하고 기독교인이 되어 세례를 받았을 뿐만 아니라 후에 자신들이 번역한 성서를 가지고 조국에 들어 와 방방곡곡을 다니면서 성서를 보급하고 전도에 임하여 1984년경에는 한국에 선교사가 입국하기도 전에 이미 황해도 장연의 소래와 의주 등지에 교회를 세워 정기적인 예배를 드리게 되었다. 따라서 이들이야말로 한국 기독교의 처음을 개척한 장본인들이다. 뿐만 아니라 개화파 지식인으로 선진 문물과 농업 기술을 익히기 위해 일본에 건너갔던 이수정이라는 인물은 일본인 농학자이자 기독교인이던 츠다 센과 교류하는 동안 기독교를 믿고 세례를 받았으며 일본에 주재하던 미국 기독교 선교사들의 지원 아래 성서의 한국어 번역을 이룩하였다. 그가 번역한 성서 '마가복음'은 훗날 첫 한국 선교사 언더우드, 아펜젤러 등이 한국에 들어올 때 지니고 들어 온 성서가 되었다.

이러한 사실은 한국 기독교가 그 수용되는 과정에서도 다른 나라의 경우와는 달리 한국인들의 자발적인 노력과 개척자적인 헌신에 의해 진행되었음을 나타내 주고 있다.

이러한 한국 기독교의 안팎으로의 특성은 기독교가 외래의 종교임에도 불구하고 민족 수난기에 있어 한국 민족의 문제에 함께 참여하고 일본의 침략에 대한 국권 회복 운동에 앞장설 수 있었던 바탕이 되었다. 한일합병을 전후한 시기에 많은 기독교 지도자들이 개화 운동과 교육 활동, 직접적인 항일운동을 통해 나라의 독립을 유지하기 위해 앞장섰던 것은 물론 일제 통치기 36년 간을 통해서도 크고 작은 국내외 독립운동에 참여했던 사실은 한국 기독교의 특성을 잘 보여주는 일이다. 특별히 1919년 한국 민족 독립운동사에 빛나는 3·1 운동에서는 당시 인구 비례로 볼 때 1.5%에 불과하던 기독교인들이 그 운동의 주도와 진행은 물론 학살되거나 투옥에 이르기까지 중심된 역할을 했었던 일은 한국 기독교가 지닌 민족 종교로서의 성격을 증거하는 예가 된다. 그밖에도 일제 말기 혹독한 민족 말살 정책으로 한국민 전체에게 일본의 전통 종교인 신사참배를 강요하고 창씨개명과 한국어 사용 금지 등을 통해 민족 혼을 송두리째 빼앗는 과정에서 일부 기독교인들은 신사참배를 끝끝내 반대하여 옥중에서 순교하거나 수난을 당하는 일을 통해 끝까지 한국 민족의 정기를 지키기도 하였다. 이러한 일제 말기 민족 기독교의 투쟁 과정에서 김교신 선생 역시 '성서조선 사건'을 통해 혹독한 옥고를 치렀는데, 이에 대해서는 앞으로 자세히 살펴보기로 한다.

아무튼 한국 기독교는 분명히 외래종교로서 전래된 종교요, 사상이었으나 일제에 의해 나라를 빼앗긴 시대에 민족의 독립을 회복하고자 하는 운동에 있어 중요한 바탕을 이룩하였다. 이는 다른 아시아, 아프리카 등지의 여러 나라 즉 근세에 있어 기독교 선교를 받은 나라들과 뚜렷이 다른 모습이었으나 또 한편으로 보면 한국 민족이 오랜 역사 속에서 외래의 종교나 사상을 받아들여 고유하고 토착석인 것으로 소화시켰던 일과 맥을 같이 하는 일이라고도 볼 수 있다. 다만 그러한 선례와 다른 점은 기독교가 지닌 내면적인 성격이나 신학 등이 한국적인 것으로 용해되지 못한 점이다. 그것은 곧 기독교 지도자들의 친민족적인 활동이나 기독 교회의 민족에 대한 애정 등 외형적인 성격과 모습은 민족교회로서의 틀을 일부 갖추고 있었으나 선교사들이 옮겨 놓은 교회의 제도나 교리, 신학의 형태 등은 모두 서구 교회의 것을 그대로 답습하여 한국적인 기독교로서의 승화는 찾아보기 어려웠다. 김교신 선생은 바로 이러한 측면에 대해 새로운 해석을 시도하였다고 볼 수 있다.

2. 한편으로 반성해야 할 기독교

민족 수난기에 있어 한민족의 고통에 함께 하며 뿌리내렸던 한국 기독교의 일면을 살펴볼 수 있었다. 이것을 때로 한국 민족 기독교라고 부르는데, 이는 근세에 들어 새로 선교된 나라의 기독교 중에서는 거의 유일하게 이름 붙여진 말이기도 하다.

그러나 이러한 한국 기독교임에도 불구하고 또 다른 측면에서 곰곰이 반성해 보아야 할 측면이 있는 것 또한 사실이다. 우선 그 중에 가장 주의해서 보아야 할 점은 기독 교회의 모든 제도와 조직, 교리나 신학의 내용을 거의 서구 교회와 선교사들에게 의존했다는 점이다. 앞에서 살펴본 것처럼 한국인의 자발적인 전도와 자립적인 교회 설립에 의해 그 바탕이 마련된 한국 교회였지만 그 이후 내한한 선교사들은 자신들의 입장을 중심으로 한국 교회를 조직하고 진흥시켜 나갔다. 그럼 여기에서 선교사 중심의 교회, 서구 교회 이식으로서의 한국 교회가 지녔던 특성들을 몇 가지 조목으로 나누어 살펴보도록 하자.

첫째, 미국 교회와 같은 교파 교회의 이식을 들 수 있다. 이는 한국에 유럽과 미국에서 나누어지고 새로 형성된 수많은 교파들을 그대로 옮겨다 놓아 좁은 땅에 여러 교파가 나뉘어 선교되면서 그들 간에 협력과 연합보다는 경쟁과 대결을 일으킨 것이다. 즉, 이름하여 장로교회니 감리교회니 하는 교파 이름은 하나같이 우리 한국의 기독교인이나 교회들에 의해 나누어지고 붙여진 이름들이 아니다. 이러한 교파들은 모두 서구 기독교가 발전하고 전개되면서 생성된 그들의 종교 문화적인 전통인 것이다. 따라서 이들 교파 간의 차이는 물론 그들 간의 대립이나 경쟁 등은 우리 한국 기독교에 있어서는 무의미한 것이 될 수도 있는 것이다. 초기 한국 선교를 담당했던 선교사들도 바로 이러한 면을 중요시하여 한국에서는 교파 구별을 없애고 단일 '한국 기독 교회'를 만들자는 의견을 내놓았다. 이러한 의견은 한국의 여러 교파 선교사들에게 호응을 얻어 그 일차적인 계획이 실행되는 과정을 밟기도 하였다. 그러나 본국 각 선교 본부의 이기적인 정책에 의해 이 통합안은 실패로 돌아가고 말았다. 더구나 당시 한국 침략을 진행하고 있던 일제 당국도 한국 침략의 큰 걸림돌이 되고 있던 한국 기독교의 대통합을 바라지 않았을 것이다.

둘째, 여러 선교회에 의한 한국 각 지역의 분할 선교 협정의 문제점이다. 본격적으로 선교가 시작된 한국에는 여러 교파 혹은 같은 교파라 하더라도 여러 나라의 여러 선교회가 차례차례 선교 활동을 벌이기 시작했다. 이에 따라 그들 교파나 선교회간에 사업이 중복되거나 지나친 경쟁, 특히 같은 지역에 여러 선교회가 활동을 하는데 따른 복잡한 문제점이 생길 가능성이 높았다. 이에 장로교와 감리교의 여러 선교회를 중심으로 한반도의 여러 지역을 분할하여 선교하자는 협정이 맺어졌다. 이것을 선교 구역 분할 협정이라고 부른다. 즉 당시 선교에 참여했던 주요 선교회 중에 미국북장로회(서울, 평안남북도, 황해도, 충청북도, 경상북도 중심), 미국북감리회(서울, 경기 남부, 강원 남부, 충청남도, 황해도 일부, 평안남북도 일부 중심), 미국남장로회(전라남북도, 제주도 중심), 캐나다장로회(함경남북도, 간도 지방 중심), 오스트레일리아장로회(부산, 경상남도 중심), 미국남감리회(서울, 경기 북부, 강원 북부 중심) 등이 이 협정을 맺은 것이다. 이 선교 구역 분할 협정은 선교회들로서는 선교사업이 서로 겹치는 것을 막고 지나친 경쟁을 피하면서 각자 나름대로의 활동을 펼 수 있다는 장점이 있었으나 한국 기독교의 입장에서 보면 좁은 나라의 교회가 각 지역별로 성격이 모두 달라지고 그 지도자들의 생각에 차이가 생겨서 서로 잘 어울릴 수 없는 장애로 작용했다. 이것은 훗날 한국 교회의 큰 분열을 가져 온 이유가 되기도 했다.

셋째, 선교사들이 한국의 신학 교육을 장악하고 신학적인 방향을 그들 중심으로만 이끌어 간 점이다. 예를 들어 한국 장로 교회의 경우, 선교사들은 평양에 장로회신학교를 세우고 한국인 목사들을 길러 내었다. 그런데 초창기는 물론 오랜 세월이 흐른 후에도 신학교의 교수는 대부분 선교사들이 맡았고 그 교과 과정의 내용이나 교과서들도 선교사들이 모두 만들었다. 따라서 한국인 신학생들은 선교사들이 가르치는 성경 해석 방법과 신학에 충실하여야 했고 보다 한국적인 사상이나 새로운 신학을 발전시킬 수 있는 기회가 없었다. 특히 당시 한국 선교를 담당하던 대부분의 선교사들은 대단히 보수적인 신학 사상을 지니고 있었는데, 이에 따라 자신들의 생각과 다른 성경 이해나 신앙 형태에 대해서는 지나치게 비판적이었다. 그래서 외국에서 별도로 신학 공부를 마치고 귀국한 한국인 신학자들은 이들 선교사들이나 한국 교회 지도자들에게 대부분 배척을 당해야 했고 간혹 평양 장로회신학교를 졸업한 목회자들 중에서도 이들과 갈등을 빚는 이들이 있었다. 이것은 한국인의 독립적인 신학 발전과 기독교 이해를 가로막는 신학적인 독재의 분위기이다. 곧 오랜 역사 속에서 세계적인 종교와 사상이라 할지라도 한민족만의 독특한 방식으로 받아들여 온 오랜 민족사의 선례와는 다른 경우였다. 이러한 문제에 대해 김교신 선생은 특히 깊은 우려를 지녔던 것으로 보인다.

넷째, 한국 교회의 조직과 운영에 있어 독립적인 자세를 가질 수 없었다는 점이다. 이미 1907년에 한국 장로 교회는 별도의 조직을 만들었고 한국인 목사 7명을 배출하였다. 감리 교회는 그보다도 앞서서 조직을 시작하고 한국인 목사를 배출했다. 그밖에 다른 교파나 선교회들도 형식적으로는 모두 한국의 교회 조직을 이룩하고 자치적인 운영을 시작하였다. 그러나 실제에 있어서는 한국인의 독립적이고 자치적인 교회 운영은 거의 불가능하였다. 특히 가장 다수를 차지하던 장로 교회의 경우가 그 정도에 있어 훨씬 심한 모습을 보이는데, 장로 교파 선교사들은 한국 교회 내에서 중심적인 권리는 다 행사하면서도 그들 개인적인 의무나 책임은 지지 않는 비정상적인 위치를 지니고 있었다. 그러면서도 총회장이나 재정 회계 등 중요한 직책은 오랫동안 그들이 다 차지하였고 항상 한국인 교회 지도자들보다는 한 단계 위에 서서 모든 결정을 내리는 모습이었다. 이로 인해 한국 교회 스스로가 신학적인 판단은 물론 민족적 사회적인 문제에 대한 대응을 자주적으로 해나가기가 어려웠다.

대표적으로 정리해 볼 때 이와 같은 한국 기독교의 반성해야 할 점들은 일부 한국 기독교 지도자들에게 있어 고쳐져야 할 문제점으로 비치기 시작하였다. 무엇보다 서양 선교사들에 의한 기독교의 내용이나 형식이 아니라 한국인 스스로 깨닫고 만든 기독교를 가지고 한국 민족이 겪는 역사적 문제에 대처해야 한다는 인식이 널리 확산되고 있었다. 그와 같은 생각을 실천에 옮긴 대표적인 인물이 바로 김교신 선생이다.

제3장. '무교회주의' 기독교와 김교신 선생

1. 김교신의 스승 우치무라 간죠(內村鑑三)

한 인물의 인격이 형성되는데 있어 가장 중요한 영향을 미치는 일 중의 하나는 역시 그가 어떤 스승 밑에서 자신의 사상과 가치관을 가다듬느냐 하는 일일 것이다. 그런 의미에서 김교신 선생을 이해하는데 있어 꼭 살펴보고 넘어가야 할 일은 그의 생애를 바꾼 스승 우치무라 선생의 모습과 그 두 사람의 관계이다. 그런데 혹 의문을 가질 수 있는 일은 대표적인 한국 민족주의 신앙인이요 교육자인 김교신 선생이 어떻게 당시 한국 민족을 혹독히 지배하고 통치하던 일본인을 스승으로 모시고 그의 영향을 받았을까 하는 일이다. 그러나 당시 우치무라라는 일본인 사상가가 지녔던 독특한 모습, 즉 한국을 업신여기고 한국인을 지배하던 당시의 대다수 일본인들과는 다른 우치무라의 생애와 사상을 조금만 이해한다면 그 의문은 곧바로 풀릴 것이다.

우치무라는 1861년 일본의 귀족인 사무라이 집안 출신으로 엄격한 가풍 속에 태어나 성장했으며 근대 문물을 배울 목적으로 도쿄영어학교와 삿포로농학교에서 수학하였다. 당시 삿포로농학교는 일본이 국가적인 정책으로 세운 국립학교로, 교육전문가로 미국에서 초빙되어 온 클라크(W. C. Clark) 학장이 개인적으로 학생들에게 기독교를 전도하였다. 이 과정에서 많은 일본의 영재들이 기독교를 믿게 되었고 일본의 전통 사상을 남달리 숭상하던 우치무라도 마침내 기독교인이 되었다. 선배와 동료들로부터 기독교를 믿을 것을 권고 받은 우치무라는 다음과 같이 생각했다고 훗날 기록하고 있다.

"나는 어릴 때부터 우리 나라를 다른 어느 나라보다 숭상해야 하는 일, 우리 나라의 신을 섬기고 그 밖의 다른 어떤 신도 섬겨서는 안 된다는 것을 알고 있었다. 나는 우리 나라의 신 이외의 신에 대해 나의 충성을 맹세하는 일, 그것도 죽은 자에 의해 강제되어지는 일은 당치도 않은 일이라고 생각했다.”

그러나 결국 우치무라는 독실한 기독교 신앙을 지니게 된다. 그가 기독교 신앙에 기대를 걸게 된 것은 세계적 종교인 기독교를 통해 일본의 전통과 문화를 더욱 성숙하게 하고 새로운 세계 문명의 시대에 고유한 사명을 다하여 신의 뜻을 보다 앞당겨 실현하는데 있었다. 그 후 미국에 유학하여 여러 선진 문물을 공부하고 후에는 신학을 배워 성직자가 되고자 하였으나 지나치게 서구적인 기독교에 실망하여 귀국한 후 교육가로 문필가로 활동을 시작했다. 이 무렵부터 우치무라의 일본에 대한 애국관과 기독교 신앙관은 독특한 점을 보이기 시작하는데 그 내용을 정리하면 대체로 다음과 같다.

첫째, 그의 애국관은 당시 일본의 다른 지식인이나 사상가들하고는 그 근본에서부터 차이를 보이고 있다. 즉, 당시 대부분의 일본 지도자들은 국가의 강력한 힘을 길러 세계 열강들과 어깨를 나란히 하고 그 힘을 바탕으로 아시아 여러 나라를 정복하여 대일본 제국을 건설하는 데 목표를 두고 있었다. 이에 따라 군사적인 힘을 기르고 다른 나라에 대한 침략의 기회를 놓치지 않으며 필요하면 어떤 상대와도 전쟁을 하여 이길 수 있어야 한다는 것이었다. 그러나 우치무라는 1894년 청일전쟁 때에는 다른 이들과 다름없는 전쟁 찬성의 입장을 보였으나 1904년 러일전쟁 때부터는 이른바 ‘비전론’, 곧 전쟁을 해서는 안 된다는 입장을 보이며 다른 나라의 입장이나 주권을 인정하지 않는 태도는 결국 일본에게도 유리한 일이 아니라는 입장을 보였다. 그리고 당시 일본의 정치체제는 강력한 천황제 통치를 기반으로 하는 신성화된 절대군주제를 기반으로 할 뿐 아니라 천황을 신격화하여 살아 있는 신으로 숭배하는 방향이었다. 이에 대해 우치무라는 천황에 대한 존경은 보낼지언정 그를 신으로 떠받드는 일은 반대하였다. 이러한 그의 입장, 즉 '비전론'의 입장과 천황 숭배에 대한 일부 비판적인 태도로 인해 그는 일본 국가와 사회로부터 많은 시련을 겪기도 하였다. 그는 미국에서 돌아온 후 일본의 국립 제일고등학교에서 학생들을 가르치고 있었다. 그 때 일본 천황이 '교육칙어'라는 지침서를 전 국민에게 내렸다. 그것이 1891년의 일로서 각 학교에서 이 칙어에 대한 배독식, 곧 칙어에 대해 경의를 표하는 예식을 거행하였다. 이 때 다른 교사와 학생들은 모두 칙어와 천황의 사진에 대해 깊이 머리 숙여 경례를 하며 경배했는데, 우치무라만은 약간 머리를 숙여 예의만 표했을 뿐 지나친 숭배 행위는 자신이 믿는 기독교의 신앙 양심에 어긋난다고 하여 거부한 사건이 일어났다. 이를 '불경사건'이라고 하는데, 이로 인해 우치무라는 가르치던 학교에서 쫓겨나고 당대의 학자 언론인은 물론 많은 민중들로부터도 거센 항의와 비난을 받아야 했다. 한편 1904년 러일전쟁 때에는 언론인으로 활동하면서 전쟁 반대의 입장을 공개적으로 표하여 또 한차례 매국노라는 비난을 받아야 했다. 그런데 이러한 우치무라의 태도는 잘 살펴보면 조국 일본을 진정으로 사랑하고자 하는 태도였음을 알 수 있다. 모든 사람들이 일본이 잘못된 길로 나아갈 때에 아무런 비판 없이 거기에 무조건적으로 따르고 부추기는 태도를 보이고 있었으나 우치무라는 달랐다. 자신이 아끼고 사랑하는 대상을 자세히 살펴 그가 잘못된 길로 나갈 때에는 그에 대해 엄격히 비판을 하고 그 잘못을 고칠 것을 요구하는 것이야말로 진정한 관심이요 사랑이라는 사실을 실천했던 것이다. 바로 이러한 우치무라의 독특한 태도로 인해 그는 한국인들의 존경을 받을 수 있었다. 특히 그의 진실된 일본 사랑은 그 자신이 잘못된 길을 걷고 있는 일본을 바로잡겠다는 노력과 마찬가지로 당시 일본의 침략과 압제를 받고 있던 한국인들이 그들 자신의 나라를 사랑하고 되찾으려는 노력의 일부를 이해하고 격려할 수 있었다는 점과도 통한다.

둘째, 그의 기독교관은 그가 지닌 독특한 애국관과 통한다. 서구의 기독교를 그대로 받아들여 나라마다의 독특한 종교 즉 문화적인 특성을 무시한 기독교가 아니라 각 나라의 특성을 함께 조화시킨 기독교의 새로운 형태를 찾으려고 하였다. 그래서 우치무라는 일본에는 '일본의 기독교'가 있고, 미국에는 '미국의 기독교'가 있으며, 한국에는 '한국의 기독교'가 있다고 생각했다. 따라서 자신이 주장하는 '일본적 기독교'의 형태가 있는 것과 마찬가지로 한국에는 '한국적 기독교'가 있을 수 있다는 것을 인정했다. 이러한 생각은 훗날 그의 제자 김교신으로 하여금 한국적 기독교 운동을 일으킬 수 있도록 하는 바탕이 되었다. 이러한 우치무라의 독특한 기독교관은 특히 동양에서 기독교 선교 활동을 하는 서구 선교사들의 역할에 큰 의미를 두지 않는 일이기도 했다. 따라서 우치무라의 경우, 일본에서 활동하던 서양 선교사들이나 그들과 밀접한 관련을 맺고 있던 교회 지도자들과의 사이가 원만하지 못했다. 무엇보다 그는 장로 교회니 감리 교회니 하는 서양에서 만들어진 교파 제도를 그대로 가지고 와 일본이나 한국에 그들 교파의 지부를 설치하는 선교 방법을 대단히 못마땅하게 생각하였다. 이러한 우치무라의 기독교관을 일반적으로 '무교회주의'라고 부르는데, 이는 성서에 기록된 '교회' 자체를 부정하는 입장이라기보다는 서양의 종교, 문화, 전통을 통해 만들어진 제도적인 교회 제도를 부정하는 태도라고 보아야 할 것이다. 이는 김교신의 사상에도 그대로 영향을 미쳤다. 김교신 역시 한국에서 무교회주의자로 널리 알려졌는데, 그의 무교회주의도 결국 기독교의 교회라는 일반적인 뜻을 모두 부정한 것이라기보다는 서구적 교회 제도가 지닌 구체적인 문제점들을 부정한 것이라고 보아야 할 것이다. 우치무라나 김교신은 당시 한국이나 일본 그리고 그곳에 선교한 미국이나 유럽의 교회들의 현상을 비성서적이고 변질된 모습이라고 규정하고 일찍이 유럽에서 루터나 칼빈에 의해 종교개혁이 일어났듯이 또다시 기독교가 개혁되어야 한다고 믿은 것이다. 이러한 생각에서 출발한 우치무라의 독특한 기독교관은 대부분 김교신에게도 그대로 전달되어 한국에서 새로운 기독교 사상을 일으키는 바탕으로 작용했다.

이러한 사상과 신앙을 갖고 독특한 생애를 산 우치무라는 한국인 김교신과 그의 동지들을 비롯한 많은 일본인과 한국인 제자를 길러 내었고 계속적인 성서 강습회를 통해 자신의 사상에 동조하는 사람들을 확대시켰다. 그러나 당시 일본의 정치적인 상황이 비전론이나 평화 운동, 일본의 잘못을 지적하는 우치무라 그룹의 활동이 잘 진행될 수 있도록 하는 분위기는 아니었다. 이에 일본의 우치무라 제자들도 여러 가지 형태의 수난을 입었고, 한국의 우치무라 제자 그룹이라고 할 수 있는 김교신과 「성서조선」 그룹도 일제로부터 큰 수난을 입었다. 이러한 과정 속에서 우치무라는 자신의 생각을 전체적으로는 유지해 나가며 계속적으로 기독교 활동과 문필 활동을 하였고 많은 저서와 정기 간행물을 발간하였다. 1930년 69세로 세상을 떠나기까지 우치무라가 당시 일본 사상계에 끼친 영향은 지대하며 그는 오늘날까지 근대사의 대표적인 사상가로 손꼽히고 있다.

2. '무교회주의'와 김교신 선생

한국 기독교 역사에서 김교신 선생을 평가할 때 일본의 우치무라와 마찬가지로 무교회주의자라는 말을 한다. 그럼 과연 김교신 선생이 주장하고 실천한 무교회주의란 무엇을 의미하는가? 이는 역시 우리가 앞에서 잠시 살펴본 그의 스승 우치무라의 무교회주의를 먼저 이야기하지 않고는 이해할 수 없는 내용이다. 여러 가지 설명이 가능하겠지만 우치무라로부터 시작된 무교회주의는 '제2의 종교개혁' 혹은 '종교개혁의 완성'이라고 보아야 한다. 우치무라는 말하기를 서양의 루터로부터 시작된 종교개혁은, 인간들의 조직인 카톨릭 교회가 지나친 권위를 지니고 이른바 세례, 성만찬, 성서 강해 등의 모든 권한을 누리며 한 인간의 구원의 문제를 좌지우지하는 일을 부정하고자 한 일이라고 보았다. 그런데 그 과정에서 개혁은 부분적으로만 이루어져 전면적인 개혁이 되지 못하였거나 도중에 중단되었다고 했다. 즉, 정도의 차이는 있으나 여러 개신교 교파들도 교회의 권위를 가지고 교회 안에서 행하여지는 여러 절차나 형식으로 인간의 구원 문제를 다루며 역시 성직자라고 하는 일정한 권위를 지닌 사람만이 성례전을 거행할 수 있는 형태가 되어 버렸다는 것이다. 그래서 자신의 무교회주의는 처음에 종교개혁자들이 의도했던 하나님과 인간 사이의 아무런 장애도 없는 직접적인 교류와 체험 그리고 진실한 신앙생활의 노력을 통해 한 인간이 구원의 길에 이를 수 있는 방향을 추구하는 것이라고 했다.

물론 김교신 선생이 받아들이고 발전시킨 무교회주의도 대체로 이러한 우치무라의 생각과 같은 점이 많고 기본적으로 그러한 우치무라 사상의 흐름을 이어 받고 있다. 그러나 자세한 부분까지 들어가 보면 우치무라나 그의 일본인 제자들이 걸어갔던 일본적 무교회주의와는 다른 김교신 선생 나름의 한국적 무교회주의가 있다. 이것은 일찍이 우치무라가 '일본적 기독교'가 있으면 '한국적 기독교'가 있을 수 있다고 이야기한 것으로도 당연한 결과를 찾을 수 있을 것이다. 여기에서는 종교적이거나 신학적인 측면에서, 일본 무교회주의와 김교신 선생의 한국 무교회주의의 차별을 이야기하는 일은 미루어 두기로 하고 다만 한국의 철저한 민족주의자로서 김교신 선생이 자신의 무교회주의적 기독교관을 '한국적 기독교 운동'으로 전개시켜 나간 근본이 어디에 있는가만 간단히 이해해 보도록 하자.

같은 우치무라의 제자이자 김교신 선생과 비교적 같은 입장의 무교회주의 이론을 전개시킨 바 있는 야나이하라(矢內原忠雄)는 훗날 도쿄(東京)대학 총장을 지낸 당대의 대표적 지성인이면서 특히 조선 자치론이나 일제의 조선 정책 비판을 통해 한국 문제에 대해 비교적 한국인 편에 섰던 인물인데, 그는 김교신 선생의 민족주의 기독교 운동에 대해 다음과 같이 평가한 바 있다.

나다나엘(성서에 나오는 이스라엘의 예언자)이 '참 이스라엘인'이라고 불리운 것과 같이 김교신 씨는 진정한 조선인이었다. 그는 조선을 사랑하고, 조선 민족을 사랑하고, 조선어를 사랑하였다. 아울러 그의 민족애는 고리타분한 배타적 민족주의와는 다르다. 그는 그리스도의 복음에 의하여 새롭게 태어난 조선인이었다. 온화함에서 근면에서, 조선인으로 타고난 미덕이 신앙에 의해서 한층 청결하게 되었다. 그는 그리스도 안에서 자기 민족을 사랑하고 그리스도를 전하는 것으로 자기의 애국심을 삼았다. 미국류의 천박한 그리스도교에 의하지 않고 소련의 공산주의 같은 불신앙에 의하지 않고 또 세속적인 민족 운동에 의하지 않고 권력자에게 영합, 협력하는 것에 의하지도 않고 순수한 무교회 복음의 신앙에 의해서 조선인의 영혼을 소생시키고 조선인을 자유와 정의와 평화의 민족으로 만들기 위해 김교신 씨는 그 소중한 일생을 바치었다. 이제 하늘에 있는 그의 영광과 땅에 남은 우리들과 함께 원수로 떨어진 중간의 담을 헐고 둘로 자기 안에서 새 사람을 만들어 평화를 이루어 주시는 그리스도의 십자가를 일본과 조선 사이에, 동양과 세계 사이에 든든히 세워 그리스도의 피로 영원한 평화의 기초를 구축하여야 하지 않을까?

김교신의 무교회주의는 교회의 제도를 인정하느냐 아니 하느냐의 문제로 살펴볼 것이 아니라 한국 민족의 현실과 미래를 신앙의 차원에서 어떻게 이해하고 헤쳐 나가느냐에 달려 있다. 그가 무교회주의라고 불리는 한국적 기독교운동을 전개한 것도, 그의 분신이라고까지 일컫는 「성서조선」을 끊임없이 펴내었던 것도, 심지어 그 잡지의 이름을 '성서'와 '조선' 사이에 '와'라는 접속사도 없이 하나로 붙여 이름하였던 뜻도 모두 민족을 사랑하는 마음을 그리스도에 대한 신앙으로 연결시켜 이루고자 했던 것에서 찾아야 한다.

이러한 입장에서 살펴보면 김교신 선생의 무교회주의 기독교는 기독교 신앙을 통해 어두운 시대에서도 한국 민족의 끊임없는 희망을 꿈꾸어 온 사상이라고 볼 수 있다. 일제에 의한 민족 지배 뿐 아니라 선교사들이 전해 준 기독교의 여러 가지 제도나 형식도 신(神)으로부터 받은 한국 민족의 고유한 사명이나 역사, 미래를 위해서는 아무런 의미가 없는 것으로 본 것이다. 오직 성서를 통한 순수한 기독교 신앙 그리고 신과의 직접적인 교류와 연결 속에서만 참다운 신앙의 길을 찾을 수 있다는 것이다. 그의 스승 우치무라 선생이 일본의 새로운 장래를 위해 일본인들이 진정으로 복음을 받아들이고 정치적으로 잘못된 길을 걷고 있는 일본이 그 방향을 바꾸어야 한다는 입장을 지닌 것과 비교해 볼 때 상당히 유사한 생각을 찾을 수 있다. 따라서 김교신 선생의 사상을 이해하는 가장 중요한 열쇠는 교육자로서의 그의 생애나 종교가로서의 그의 활동 모두에 짙게 배어 있는 남다른 민족애를 발견하는 일이다. 즉 교육을 통해 수많은 제자들에게 민족 정신을 은연중에 불어넣었을 뿐 아니라 특별한 기독교 신앙인으로서 경건하고 근면한 생활 그리고 서양의 기독교나 일본의 기독교가 지닌 그들 나름대로의 제도, 조직, 중심점을 거부하고 한국 민족 고유의 사명과 신앙 형태를 찾는 일을 통한 신앙 운동으로 '민족 기독교운동'을 일으킨 것이다. 이러한 김교신 선생의 사상과 실천은 일제로부터도 강력한 탄압과 위협을 받아야 했고 선교사들의 지배 하에 있던 한국 교회로부터도 심한 비판을 받아야 하는 외로운 자리에 놓여 있었다. 그러나 그는 조금도 굴하지 않고 자신의 신앙적 확신을 밀고 나갔을 뿐 아니라 현실적으로 모든 것이 불가능해진 일제 말기에는 많은 한국인 노동자들이 어려운 환경 속에서 일하고 있던 흥남의 질소비료 공장에 들어가 그들에 대한 선교와 복지 문제를 위해 애쓰는 마지막 헌신적 실천까지 행하였다.

과연 김교신 선생의 정신적, 종교적 민족운동이 얼마나 끈질긴 한국 민족의 재생과 불멸을 노래했었는지는 '성서조선 사건' 당시 그를 취조했던 일본 경찰들의 고백 속에 잘 드러나 있다.

김교신과 성서조선의 일당이야말로 팔딱팔딱하며 결사나 꾸미는 민족주의자나 공산주의자 이상 더욱 조선 민족의 백 년 아니 오백 년 후를 계획하는 최악질들이라 ······

제2부

선생의 학창과 유학시절

제2부. 선생의 학창과 유학 시절

학창시절이란 누구를 막론하고 생애의 귀중한 목표와 가치관을 결정하는 중요한 시기이다. 때로 학창시절에 품었던 꿈을 생애를 통해 실현하지 못하는 좌절감으로 인생을 실패했다고 되돌아보는 이들이 있는가 하면 이 시기에 품은 이상을 하나 둘 이루어 가면서 많은 이들의 본보기가 되는 삶을 살아가는 사람도 있다. 그런데 그 중에서도 남달리 학창시절을 통해 생애 전체를 결정지을 만한 경험을 하고 인생의 중대한 변화를 겪으며 생애의 목표를 확정하는 이들이 있는데, 바로 우리의 주인공 김교신 선생이 그러한 분 중의 하나이다. 선생은 국내에서는 함흥농업학교를 졸업했는데, 이 시기를 증언해 주는 특별한 기록은 전하지 않는다. 그러나 유학시절인 일본에서의 학창시절은 선생의 생애를 극적으로 변화시키고 생애의 목표를 정하며 선생이 어떠한 가치관을 지니고 살아갈 것인가를 확실하게 결정하는 대단히 중요한 시기가 된다. 무엇보다 유교적인 가풍에서 자라나고 급변하는 시대적인 혼란 속에서 사상적으로 방황하기도 했으나 기독교 전도에 접하여 신앙을 고백했다. 또한 교회에 출석하며 열심히 신앙생활을 했다. 그러나 교회의 내부적 문제에 실망하고 다시 방황하였으나 우치무라 선생의 문하에 들어가 성서 강의를 듣고 그의 가르침을 받으면서 확고히 기독교에 대한 이해를 지니게 되었다. 뿐만 아니라 자신의 겨레 사랑이라는 목표를 기독교 신앙 속에서 찾을 수 있는 바탕을 마련하였다. 그리고 도쿄고등사범학교를 다녔는데 공부는 영어에서 박물학, 그 중에서도 지리학을 정하여 장차 지리교사로서 국토 사랑과 애국심을 조국의 젊은이들에게 깨우치고자 하는 목표를 진행시켰다. 이러한 일본 유학을 통한 선생의 학창시절이야말로 한 사람의 참 스승으로서 그리고 위대한 종교 사상가로서의 생애를 결정짓는 중요한 시기였다.

제1장. '땅'을 사랑한 소년

1. 홀어머니 밑에서

선생은 1901년 4월 18일 함경남도 함흥 사포리에서 태어났다. 부친은 김염희(金念熙), 모친은 양신(楊愼)이었다. 그는 두분 사이의 장남이었는데 1903년 선생이 두 살 밖에 되지 않았을 때 부친이 폐암으로 별세하였다. 이로부터 홀어머니 밑에서 옹색한 가정 형편을 견디며 성장해야 했다. 원래 그의 가문은 조선 초기 하급관리이던 김덕재(金德載)의 후예로서 비교적 유교적 가풍이 강한 편이었다.

김교신 선생이 태어나고 자란 함흥은 한반도 동북부 지방의 중심 도시로 경치가 아름답고 훌륭한 인물이 많이 배출된 고장이다. 특히 이곳 함흥에는 '함흥차사'라는 이야기가 전하여 내려온다. 조선을 세운 태조 이성계가 3대 태종에 즉위한 아들 이방원과 불화를 보이고 있을 때이다. 함흥으로 내려간 이성계는 아들 방원에 대한 노여움을 풀지 않고 서울로 다시 모시려는 태종의 뜻에 응하지 않았다. 즉 이방원이 부친을 서울로 모시고자 관리를 함흥으로 보내면 이성계는 방원에 대한 노여움을 표시하는 의미로 방원이 보낸 차사, 즉 명령을 받고 내려온 관리의 목을 베곤 하였다. 이런 일이 여러 차례 거듭되자 그 후로 한번 가서는 돌아올 줄 모르는 사람을 '함흥차사'라고 부르게 된 것이다. 그런데 바로 김교신의 선조 김덕재(金德載)는 그 함흥차사의 한 사람으로 파견된 박순(朴淳)을 수

행했다가 겨우 죽임을 면한 관리 출신으로 그때부터 함흥에 터를 잡고 살았다고 한다. 대체로 함경도 지역은 한국에서 북부 지방이 지닌 지역적 차별로 인해 관리 출신이 적고 전통적 유교 가풍을 강력히 지켜 나가는 집안이 비교적 드문 편이었다. 그러나 김교신 선생의 가문은 오랫동안 유교적 전통을 잘 지켜 내려온 편이었다. 어린 나이에 부친을 잃고 홀어머니 밑에서 성장하였지만 대대로 내려오는 가풍을 지키는데 큰 노력을 기울였다. 당연한 일이겠으나 가장이 없는 집안으로서 몹시 가난하여 어려움을 겪어야 했지만 학업만은 게을리 하지 않아 선비 집안으로서의 긍지를 유지하고자 했다. 특히 홀어머니 양씨 부인은 김교신과 그 두 살 아래 아우 교량(敎良)을 키우는데 큰 고생을 하였는데, 어려운 가운데에서도 자식들을 꿋꿋이 기르며 남에게 흉잡히지 않게 키우려는 의지가 대단하였다고 전한다. 여기서 김교신의 평전을 쓴 김정환 선생이 김교신 선생의 어머니 양씨 부인에 대한 이야기를 모아 정리한 글을 보면 이렇게 기록되어 있다.

선생이 어릴 때 숙모님의 손 그릇에서 동전 세 푼을 훔친 것으로 숙모님과 어머님의 말다툼이 있었는데, 내 자식은 절대 그럴 리가 없다면서 우기신 어머님의 자식에 대한 신임을 생각하며, 학생들 앞에서 이 이야기를 하면서 선생은 우셨다는 정도이다. … 또한 러일전쟁 때, 함경도에서 러시아 병정이 침입하여 동네 여인들이 모여 있는 안방의 문을 강제로 열려 하자 김교신 선생의 어머님은 재빨리 손가락으로 빗장을 만들어 피가 철철 흐르는데도 꾹 참고 문고리에 꽂고 견디며 위기를 모면한 일이 있다.

이러한 어머니의 강인한 교육을 받았지만 김교신 선생은 동해 바다의 푸른 물결을 바라보며 구김살 없이 뛰어 놀아야 할 나이임에도 불구하고 부친을 일찍 잃고 가난한 집안의 장남으로서 어깨가 무거운 어린 시절을 보내야 했다. 더구나 오랜 유교적 가풍 때문에 더 큰 부담 속에 어린 날을 보내야 했는지도 모른다. 아무튼 선생의 유년기는 이 땅의 많은 인물들이 그랬던 것처럼 때로 불행하고 고통스러운 시절이었으나 그 모든 환경을 꿋꿋이 견디며 학업에 열중하였다.

2. 열두 살의 어린 신랑

1912년 어느 날, 함흥의 주북마을 청주 한씨 가문에서는 아름다운 혼례식이 치러지고 있었다. 어린 신랑은 열두 살 김교신이었고 그의 아내가 될 새 신부는 그보다 네 살이 위인 한매(韓梅)였다. 당시의 풍습은 조혼이 보통이었다. 요즈음의 기준으로 보면 결혼하기에는 너무 이른 어린 신랑과 그보다는 나이가 위라고는 해도 겨우 열여섯 살에 지나지 않은 어린 신부를 양가의 어른들은 혼약을 맺어 결혼을 시킨 것이다. 우리 나라에서 조혼, 즉 일찍하는 혼인 관습이 생긴 것은 아무래도 나라 안팎이 어지러운 역사적 수난과 무관하지 않다. 불안한 시대 상황 속에서 빨리 가정을 이루게 하고 자손을 보게 하는 일이 중요한 일로 여겨지게 된 것이다.

어린 신랑 김교신 선생은 나이에 비해 의젓한 모습이었고 전통적인 한국 여인의 교육을 받은 아내 한씨도 홀어머니를 모시고 어려운 시집살이를 잘 참고 해나갔다. 특히 1918년 함흥농업학교를 졸업한 김교신 선생이 그 이듬해 일본 유학 길에 올라 1927년 초 귀국할 때까지 8년 이상을 남편 없이 시집식구들을 모시고 어린 아이들을 키우며 지낸 그 부인의 고생은 당시 한국 여인의 대표적 모습이 아닐 수 없었다. 또한 당시 많은 지식인들이 어린 시절 사회의 관습과 부모들의 강요로 뜻 모르는 결혼을 하고 훗날 외지에 나가 유학하거나 사업하면서 다른 교육을 받은 신식 여성과 다시 결혼하여 이른바 '조강지처'를 저버리는 일이 흔하였는데, 김교신 선생의 경우는 어린 시절 부모가 맺어 준 부인을 끔찍하게 아꼈고 평생을 한결같이 혼인의 서약을 지키며 살아갔다. 그들 부부 사이에는 김교신 선생이 보통학교를 졸업하던 해인 열여섯 살에 장녀 진술(眞術)을 얻은 것을 비롯하여 두 아들 정손(正孫), 정민(正民) 그리고 딸로 진술 이외에 시혜(始惠), 정혜(正惠), 정옥(正玉), 정복(正福), 정애(正愛) 등을 두었다.

김교신 선생은 결혼 후에도 계속 학업에 열중했는데, 함흥농업학교에 다녔다. 선생이 왜 농학을 공부했을까? 당시로서는 민족의 장래를 염려하는 젊은이들이 사명감을 품고 공부하는 분야 중의 하나가 곧 농학이었다. 지금도 마찬가지이지만 우리 나라의 전통적인 산업이 농업일 뿐 아니라 가장 어려움을 겪고 있는 이들도 농민들이다. 오랜 세월 지식인들은 실제적 효용이 있는 학문에 큰 관심을 두지 않아 농업, 공업 등의 기술적 발전이 늦었을 뿐 아니라 당시에는 일제에 의한 한국 농촌 수탈 정책으로 인해 농촌의 현실은 비참한 지경에 있었다. 이러한 상황 속에 뜻 있는 젊은이로서 민족의 미래를 개척하는 가장 중요한 분야 중의 하나가 농업학이라는 생각을 한 것은 당연한 일이었을 것이다. 그가 일본 유학 시절에 처음에는 영어학을 공부하다가 다시 박물학, 그 중에서도 지리학으로 전공을 바꾸었던 일과도 관련이 있을 것이다. 그가 유달리 땅을 사랑하고 국토를 아낀 모습을 보여주고 있는 것이다. 그는 평교사로서, 종교가로서 살아갈 때에도 평생을 두고 집 주변의 땅을 일구어 채소 농사를 지으며 거름을 주고 김을 매는 일을 한시도 쉬지 않았던 사실도 역시 같은 일일 것이다. 이렇게 겨레의 땅과 민족을 사랑한 김교신 선생이 일본 유학 직전, 진정 그의 생애 가장 큰 충격의 한 사건을 경험한 것이 바로 기미년 3·1 운동이다.

최근에 김교신 선생의 민족 의식을 연구한 양현혜 선생은 선생과 3·1운동의 관계를 다음과 같이 기록했다.

그는 열강들의 한반도 획득을 위한 주도권 다툼이 전개되는 상황 속에서 성장하여 아홉 살이 되던 해에 조국이 일본의 식민지가 되는 것을 경험했다. 1919년 3월 함흥농업학교를 졸업한 김교신은 그 해 일어난 3·1운동에 참가하여 활동하였다. 독립선언서를 받아들었을 때의 감격, 목이 타도록 대한 독립 만세를 불렀던 운동의 경험은 신앙에 있어서 김교신과 일생 동지였던 동년배 함석헌이 '내 가슴에서 지울 수 없는 생애의 전환점이었다' 라고 말했던 것과 같이 김교신에게 있어서도 3·1운동의 경험은 조선인으로서의 자각을 새롭게 한 계기가 되었음에 틀림없다.

개인적으로 그리고 민족적으로 큰 변화를 겪은 후 김교신 선생은 적의 심장과도 같은 일본 도쿄로 유학을 떠났다. 그것이 바로 3·1운동 직후의 일이다.

제2장. 벚꽃이 활짝 핀 도쿄(東京) 거리

1. 이국의 하늘 아래

3·1운동을 직접 체험하고 민족에 대해 깊은 고민을 거듭하던 선생은 계획대로 일본 유학을 떠났다. 당시 큰 뜻을 품은 한국 젊은이들의 일본 유학, 그것은 오늘날의 해외 유학과는 크게 다른 마음가짐이 필요했다. 유학을 할 수 있다는 가능성이나 기회가 훨씬 적었다. 특히 적의 심장부라고도 볼 수 있는 도쿄 유학은 한국 청

년들에게 있어 또 다른 각오가 있어야 할 일이었다. 김교신 선생이 일본으로 간 해는 바로 3·1 운동이 일어났던 1919년이다.

먼저 세이쇼쿠(正則)영어학교에 입학하여 영어 공부에 몰두했다. 그러나 식민지 출신 청년으로서의 민족적 고뇌뿐만 아니라 가족과 정든 땅을 멀리 두고 온 향수 그리고 무엇보다도 오랜 세월 동안 자기 자신은 물론 가문의 가치관으로 자리잡고 있던 유교적 세계관에 대한 의심으로 인해 그의 마음은 복잡했다. 도쿄의 뒷골목을 영문법 책을 옆에 끼고 거닐며 깊은 고민에 빠져 있는 모습이 이 무렵 선생의 대표적인 모습이었을 것이다.

그 후 1922년, 당시 중등교사를 양성하는 고등사범학교로는 최고 명문인 도쿄고등사범학교 영문과에 입학한다. 고등사범학교로 진로를 결정한 것은 이미 선생이 장래에 교육자의 길을 선택할 것으로 미루어 짐작할 수 있다. 자신의 조국에 돌아가 민족을 위해 어떻게 봉사해야 할까에 대하여 깊이 생각한 선생은 마침내 교육자의 길을 걸어 수많은 민족의 젊은이들에게 민족의 혼과 가치를 불어넣어 주어야 한다는 결론을 얻었던 것이다. 이때의 결정이야말로 선생이 일생을 두고 일선 학교의 평교사로서 가르치며 수많은 제자들에게 감화를 주고 은연중에 민족 정신을 불어넣는 삶을 살게 되었음을 의미한다. 고등사범학교에 입학하기 전에 세이쇼쿠 영어학교에서 영어를 배웠던 선생이 영문과를 선택한 것은 어쩌면 당연한 일이었는지 모르나 그는 곧 박물과로 전공을 옮긴다. 박물과. 지금은 그런 과목이 없으나 자연 과목에다 지금의 사회 과목이 된 지리학을 합한 과목이라고 할까, 아무튼 동물학, 식물학, 광물, 지질학 그리고 지리과목이 다 포함된 온갖 사물에 대한 내용을 이해하는 전공이었다. 이 박물학 중에서 선생이 선택한 부문은 지리학이었다. 지리과목이란 원래 땅과 깊이 관련이 있다. 이는 바로 한국에서 농업학교를 졸업했던 김교신 선생의 본래적인 관심과 통하는 일이었다. 국토의 내용을 들여다보고 이를 속속들이 연구하는 일을 나라 사랑의 가장 중요한 한 가지 일로 잡았던 것이다. 선생의 여러 가지 관심사 중에서도 전공인 이 지리학에 관한 애정과 열성은 무엇보다도 지극한 것이었다고 전한다.

특별히 선생의 도쿄고등사범학교 재학 시절 함께 공부한 역사학 전공의 함석헌 선생은 훗날 우치무라의 제자가 되고 함께 '무교회주의' 기독교 운동을 일으키며 잡지 「성서조선」을 발행하는 일에서뿐만 아니라 일상적으로 볼 때도 가장 영향을 크게 주고받은 친구로서 귀한 존재였다. 특히 나라 사랑의 정신에서 한 사람은 민족의 역사를 통한 민족 정신의 재발견이었고, 다른 한 사람은 나라 땅의 탐구를 통한 민족 정기의 확립이라는 분야에서 서로 적절한 보완을 이루어 갔다고 볼 수 있다. 그리고 두 사람은 훗날 귀국하여 각자 교육의 길을 걸으며 이 때 함께 공부한 분야에 대해 서로를 존중했다. 이들의 남다른 우정과 신뢰는 기독교를 민족 정신 속에서 새롭게 해석하고 발견하는 일에도 철저한 협력을 이루어 나가고 있다. 훗날 김교신 발행의 잡지 「성서조선」에 함석헌이 '성서적 입장에서 본 조선 역사' 라는 역사서를 연재해 나가면서 이러한 관계가 더욱 깊어지고 있는 것을 살펴볼 수 있다.

2. 새로운 신념을 찾아서

그 때까지 살아 온 인생관에 의심을 품고 심히 고민하며 도쿄의 거리를 거닐던 김교신은 1920년의 어느 날 일본인 청년이 거리에서 외치는 기독교 전도를 접하게 된다.

우리는 모두 죄인들입니다. 우리들의 영혼은 죄로 물들어 있어 희망도 없고 앞날은 캄캄할 뿐입니다. 그러나 이제 우리를 구원하시기 위해 이 땅에 구세주로 오신 예수 그리스도를 믿고 우리들의 죄를 회개하면 영원한 참 생명을 얻게 될 것입니다. 자, 여러분도 어서 예수를 믿고 구원을 얻으십시오. 예수를 참 구세주로 받아들이십시오.

일본의 성결교회 계통인 '홀리네스교회'에서 설립한 일본성서학원의 재학생으로 전도자이던 마츠다(松田)라는 신학생의 열띤 길거리 전도에 접한 김교신 선생은 순간적으로 온 몸과 마음을 꿰뚫는 듯한 떨림을 경험하였다. 그때까지 자신을 괴롭히던 여러 가지 의문과 고통이 그 진리의 복음 속에서 다 해결될 수 있을 것 같은 기대를 가지게 된 것이다. 완전히 다른 세계, 전체가 뒤바뀌는 가치의 변화를 경험하게 된 것이다. 이에 선생은 오랫동안 가문 대대로 지켜 내려오던 유교적 세계관을 버리고 기독교로 개종할 것을 결심하게 된다. 이 일은 자신이 지금까지 가장 중요하다고 믿어 오던 가치 기준을 바꾸는 일이 되는 동시에 계속적으로 품어 오던 의심과 방황을 끝내는 일이기도 했다.

마침내 김교신 선생은 기독교인이 되었다. 그가 평생 교육자와 기독교 사상가로서의 삶을 살았다면 그 중에 하나인 기독교 사상가로서의 첫발을 내디딘 것이다. 그럼 여기서 선생 자신이 훗날 기독교인이 된 과정을 회고한 기록을 함께 읽어보도록 하자.

내가 처음 전도 받기는 1920년 4월 16일 저녁에 도쿄시 규뉴구 시쯔야죠도리 길을 지나다가 당시 동양선교회 성서학원 재학생 마츠다라는 청년의 길거리 설교에 깊이 감동함이 있어 4월 18일(일요일)부터 규뉴 야라이죠 홀리네스(성결)교회에 출석하여 처음 신약성경을 얻게 된 것이 신앙의 시작이었다.

자신이 지니고 있던 모든 가치를 새롭게 변화시킬 수 있으리라고 여긴 새로운 신앙에 대한 기대는 당시 선생의 큰 기쁨이 아닐 수 없었다. 매주일 교회에 출석하며 성심껏 설교 말씀을 듣고 신약성 서를 시작으로 열심히 성경을 읽기 시작했다. 이제 젊은 김교신 선 생에게 있어 가장 중요한 생활의 변화는 하루도 빠짐 없이 성경읽 기에 힘을 쏟는 일이었다.

제3장. 우치무라 선생의 애국을 배움

1. 교회에서 일어난 실망스러운 사건

기독교 신앙에 눈을 뜨고 열심으로 성서를 공부하던 선생의 신 앙적 성장은 눈부신 것이었다. 짧은 기간 중에 기독교 진리의 대부 분을 깊이 이해하고 신앙에 대한 열정도 깊어졌으므로 교회에서는 선생에게 세례를 주기로 결정을 하였다. 마침내 기독교를 믿기로 결심한 수개월 후인 1920년 6월 27일 일본인 목사 기요미즈(淸水 俊藏)에게서 세례를 받았다. 이렇듯 빠르고 순조롭게 진행되던 선 생의 교회생활은 그 해 일어난 교회의 불미스러운 사건으로 인해 시련을 맞게 된다. 그 사건의 내용을 김교신 선생 자신의 기록을 통해 알아보자.

그러던 해에 연말을 당하여 나의 교회에는 큰 싸움이 일어났다. 온 건한 학자풍의 성품을 지닌 기요미즈 목사가 쫓겨나고 권모 술수에 능한 파가 그 주도권을 차지하는 사건이 있었다. 온갖 불의한 음모가 판을 쳤는데, 조선 사회에서 성장한 내가 유일하게 이상적인 생활과 그러한 이상적 사회를 꿈꾸며 기독교에 들어 왔던 신앙의 초기에 그 와 같은 불미스러운 불의와 음모, 거짓이 교회 내에서 오고 가는 것을 보고 실망을 금할 길이 없었다. 그러한 상황 속에서 단순히 교회를 뛰쳐나가는 일 뿐만 아니라 기독교 신앙 자체에 대한 의심까지 갖지 않을 수 없었다.

이제 막 기독교 신앙에 대한 기대와 열정으로 생활해 나가던 선생에게 있어 출석하는 교회에서 벌어진 일대 분열 사건은 초기 신앙심과 교회에 대한 애정에 있어 심각한 상처를 준 사건이 되고 말았다. 선생이 생각한 교회 공동체라는 것은 사랑과 화해의 공동체로서 서로 용서하고 이해하며 감싸는 삶을 사는 곳이었다. 그러나 현실 속에서 교회 역시 부족한 인간들의 집단으로서 싸움이 있고 분열이 있으며 때로는 더욱 불미스러운 사건이 벌어지기도 하는 것이다. 이와 같은 현실을 가장 가까운 곳에서 체험하게 된 선생은 그 교회에 정착하지 못하고 다시금 잠시 동안의 방황을 겪게 된다.

이러한 현실 교회에 대한 실망은 우치무라의 문하에서 '무교회주의'에 대한 사상을 정리하기 전에 이미 선생으로 하여금 제도적인 교회 존재 의미에 대한 의심을 품게 하는 직접적인 배경으로 작용했다. 마침내 선생의 발길은 당대 일본 기독교의 대표적 사상가이자 일본적 기독교 혹은 무교회주의 기독교 지도자로 알려진 우치무라 선생의 문하에 들어가 새로운 영향을 받게 된다. 우치무라의 문하생으로 배우고 깨우친 7년 기간이야말로 선생의 일본 생활 자체의 의미라고 할 수 있을 뿐만 아니라 그 이후의 생애를 통한 선생의 삶과 사상의 바탕이 된다.

2. 우치무라의 문하생

그렇다면 왜 무슨 매력이 있어 우치무라 선생의 문하에서 젊음을 다 바쳐 배움에 열중했을까? 비록 기독교 신앙에 대한 의문과

실망, 기대가 뒤섞인 사상적 목마름이 있었다고는 해도 선생은 3·
1 운동을 바라보며 민족적인 의분을 간직한 채 적의 땅 일본에 유
학을 온 민족주의 청년이 아니었던가? 그 이유 중의 한 가지를 역
시 선생의 기록을 통해 이해해 보자.

　　우리가 본대로 우치무라 선생의 전부를 말하라면 무엇보다도 먼저
우치무라 선생은 용감한 애국자였다. 기독교 신앙인이기에 앞서 일
본 황실에 충성하고 국민을 뜨겁게 사랑하는 무사요 대표적인 일본
인이었다. 그야말로 우치무라 선생에게서 애국자라는 칭호를 빼면
아무것도 남는 게 없을 것이다. 우치무라 선생의 머리카락부터 발톱
까지가 모두 애국자의 모습이었다고 우리는 본다. … 우치무라 선생
이 일본의 진정한 애국자인 것을 처음부터 알았다. 어떠한 고난 속에
서도 그 일본을 버리지 못하는 애국자의 뜨거움이 무엇보다도 나를
끌어 당겼다. 조선에 만일 그와 같은 애국자가 출연하였다면 쏟아 바
쳤을 존경의 마음을 모두 그에게 바쳤다. 일본 애국자에게 조선까지
걱정시키니까 문제도 생기는 것이다. 일본의 애국자에게는 일본을
열렬히 사랑하도록 버려 두라. 그것을 미워할 것도 없을 뿐더러 가장
아름다운 것을 거기서 발견할 수 있을 것이다. … 애국자인 우치무
라 선생에게 미안한 생각 없이 강의를 들은 적은 한번도 없었다. 일
본의 애국자가 일본의 잃어버린 양을 찾기 위하여 애를 쓰는 자리에
이방 사람이 한 자리를 차지하고 앉아 있는 일은 대단히 미안하고
면목 없는 일이다. 그 애국자에 대한 예의를 다하기 위해서는 차지하
였던 자리를 일본 청년에게 양보하고 나는 의자 밑에 들어가거나 천
장에 구멍이라도 뚫고 그분의 강의를 듣기만 하여도 만족할 것 같은
것이 나의 진실된 심정이었다. … 아무튼 조선인인 나에게 그것이
과연 영광스러운 일이 될지 부끄러운 일이 될지, 아니면 이익이 될지
손해가 될지는 잘 모르지만 당연한 사실로서 우치무라 선생은 나에

게 둘도 없는 선생님이었다. 감히 한마디로 말하자면 우치무라 간죠 선생은 나에게 있어 유일한 선생님이다.

일본의 참된 애국자, 일본을 그토록 사랑하는 우치무라가 어떻게 김교신 선생에게 깊은 감동을 주고 일생을 통해 하나밖에 없는 선생님이라는 고백을 하게 했을까? 더구나 당시는 일본이 한국을 무자비한 식민 통치로 지배하던 시대였는데 말이다. 그것은 우치무라가 당시의 보통 일본인들과는 다른 참다운 애국심을 가졌기 때문이었을 것이다. 그것은 잘못된 길로 나가는 조국 일본에 대해 주저 없이 비판을 할 수 있는 그런 애국심을 뜻하는 것이다. 또한 일본인이 일본을 사랑하는 것과 같이 한국인이 자신의 조국인 한국을 사랑하는 사실을 인정하는 자세를 지니고 있었기 때문일 것이다.

우치무라는 김교신을 만나기 훨씬 전에 이른바 천황에 대한 맹목적인 숭배를 하지 않았다는 국립제일고등학교에서의 '불경사건'과 러일전쟁 당시 전쟁을 반대한다는 '비전론 주장'으로 인해 일본 국가와 국민들로부터 심한 박해를 받은 적이 있다. 그러나 이러한 우치무라의 태도는 일본을 저버리는 행동이라기보다는 진정으로 자신의 나라를 사랑하는 일이었다는 것을 김교신 선생은 발견했다. 특히 김교신 선생이 우치무라를 만났던 1920년 무렵에는 성서 연구와 기독교운동에 몰두하고 있을 때였는데, 기존 교회에서 심한 상처를 입은 김교신 선생은 우치무라 선생의 성서 강의 집회에 매번 참석하여 그의 신앙과 애국심에 큰 감동을 받았다. 우치무라는 자신의 기독교 신앙에서도 참다운 일본 사랑을 실천하였다. 곧 올바른 일본인의 기독교라는 것은 서양 선교사들이 가져다 준 기독교의 제도나 신학을 그대로 받아들여 똑같이 반복하는 것이 아니라 일본인이 오랜 역사 속에서 지켜 내려 온 전통적 사상과 정신 속에서 기독교의 진리를 새롭게 이해하여 믿는 '일본적 기독교'를 주장하는 것이었다. 그런데 그의 '일본적 기독교'는 그것 하나만의 가치를 이야기하는 것이 아니다. '일본적 기독교'가 있다면 '미국적 기독교'도 있고 '영국적 기독교'도 있으며 마침내 '한국적 기독교'도 있을 수 있다는 주장이다. 이것 또한 김교신 선생에게는 커다란 기쁨이요 새로운 가능성이 아닐 수 없었다. 우리 나라의 주권과 고유한 전통 문화마저 빼앗긴 현실 속에서 한국만의 것을 인정하는 일본인 사상가를 만났다는 것은 여간 기쁜 일이 아닐 수 없었다. 기독교의 경우만 해도 서양 사람들이 전하여 주는 제도나 신앙적 틀을 그대로 답습하는 조직으로서의 교회보다는 성서의 진리를 그 민족만의 고유한 사명으로 받아들이는 일이 중요하다는 같은 생각을 하게 되었다. 이렇듯 우치무라의 독특한 기독교 사상과 자기 민족에 대한 참된 사랑은 그대로 김교신 선생의 '한국적 기독교' 운동과 민족 정신으로 옮겨졌다.

김교신 선생은 이후 도쿄사범학교에 재학 중일 때도 매주일 우치무라의 성서 강의 집회와 그 밖의 무교회 모임에 빠짐 없이 참여하여 우치무라로부터 깊은 영향을 받았는데, 이러한 관계는 선생이 유학을 마치고 귀국한 1927년까지 만 7년 동안 계속되었다. 특히 이 시절 여러 명의 한국인 동지들과 함께 우치무라의 문하에서 배움을 입었는데, 그 대표적인 동지들이 훗날 잡지 「성서조선」의 간행 동지가 된 함석헌(咸錫憲), 정상훈(鄭相勳), 송두용(宋斗用), 유석동(柳錫東), 양인성(楊仁性) 등이었다.

제3부

선생의 귀국과 교직생활

제3부. 선생의 귀국과 교직생활

　일생을 통해 민족에게 봉사할 길로 교육자의 자리를 선택한 선생의 삶은 엄격하면서도 자애로운 선생님의 모습 그대로였다. 사범학교로는 최고의 명문이던 도쿄고등사범학교를 마치고 1927년에 귀국한 선생은 함흥의 영생여학교, 서울 양정고등학교 그리고 잠시 동안이지만 공립 경기중학교와 개성의 송도고등학교에서 가르쳤다. 그 중에서도 특히 양정고등학교에서 제일 오랫동안 지리 선생님으로 근무했다. 제자들을 향해 가슴속에서는 뜨거운 사랑이 샘솟으면서도 겉으로는 엄격한 교훈으로 가르쳤던 훌륭한 선생님으로 살아간 선생의 모습을 우리는 눈여겨보아야 할 것이다. 가정 형편이 어렵거나 멀리서 서울로 유학 온 학생들 중에 많은 수가 선생의 집에 함께 살며 공부했다. 성적이 나쁘고 품행이 좋지 않았던 학생들을 특히 엄하게 교육했는데, 이들도 졸업 후에 늘 선생을 잊지 못해 했다. 양정은 기독교 학교가 아니었는데, 과외활동으로 성서강의와 기독교 전도에도 노력을 기울여 기독교 신앙을 갖게 된 제자들이 많이 있었다. 선생의 인격과 신앙에 감화를 받은 학생들은 훗날 상급학교에 진학하거나 사회에 진출한 뒤에도 선생으로부터 받은 인격적, 신앙적 교훈을 오랫동안 간직하곤 했다. 양정의 제자들 중에는 마라톤 선수 손기정이 있는데, 그는 비록 가슴에 일장기를 달고 뛰어야 했던 처지였으나 베를린 올림픽에서 월계관을 받아 영웅이 됨으로써 한국 남아의 기개를 세계에 떨쳤다. 그 역시 오랫동안 스승 김교신에 대한 사랑과 추억을 간직하고 있다고 한다. 특히 김교신 선생은 양정을 비롯한 각 학교에 재직할 당시 학생들과의 관계, 교육적 반성 등을 꼬박 꼬박 일기로 기록해 놓았는데, 이제 그의 생애 중 가장 중요한 삶의 모습인 교육가로서의 발자취를 그의 일기와 제자들의 회상을 중심으로 살펴보도록 하자.

제1장. 함흥영생여학교를 거쳐 서울 양정에

1. 8년만의 귀국

오랜 유학생활을 마치고 귀국한 김교신 선생은 이미 홍안의 소년 티를 벗은 지 오래였다. 19세의 비교적 어린 나이로 고국을 떠났던 선생의 나이는 27세로 이미 청년기를 넘어 민족을 위해 귀한 사명을 감당할 수 있는 모습으로 변해 있었다. 특히 새로운 기독교 사상을 받아들여 나름대로의 신념을 지닌 것은 물론 고등사범학교 출신의 한 사람의 교육자로서 자격을 갖추고 있었다. 선생은 먼저 고향인 함경도 함흥에 있는 영생여자고등학교의 교사로 첫발을 내디뎠다.

함흥의 영생여학교는 기독교 학교로 1903년에 설립되었다. 이 학교는 함경도 지역 최초의 신교육기관으로 설립한 사람은 캐나다 장로회 한국 선교사 맥레(D. M. MacRae)의 부인 서더랜드(E. F. Sutherland)와 여선교사 매컬리(L. H. McCully) 등이다. 이들은 6명의 여자아이들을 모아 교육을 시작했는데, 1910년에 '사립영생여학교'라는 이름으로 정식 설립 인가를 받았다. 그 후 이 지역에서 대표적인 여학교로서 발전해 갔는데, 특히 3·1 운동 때에는 영생남자학교와 함께 함흥 지역의 만세 시위를 주도하여 일제의 큰 탄압을 받기도 했다. 특별히 이 영생여학교와 민족 운동과 관련시켜 전국적으로 유명해진 것은 1941년에 있었던 '조선어학회 사건'이다. 이 학교 국어 담당교사였다가 조선어학회로 옮겨 조선어사전의 편찬에 종사하던 정태진(丁泰鎭)선생과 사회과 담당 김학준 선생, 가정과 담당 최복녀 선생 등이 일본 경찰의 수사 대상에 올랐다. 이 사건의 시작은 당시 4학년에 재학 중이던 박영희라는 학생의 일기장 내용으로부터였는데, 일기장에는 "국어(일본어)를 사용하다가 선생님께 꾸중을 들었다."라는 내용이다. 이는 일제 말기 일본어만을 국어로 사용하게 하고 한국어를 사용하지 못하게 하던 상황에서 일본어를 사용하던 한국인 여학생을 꾸짖었던 민족 정신이 투철한 한국인 선생님들이 일제에 잡힌 것이다. 특히 이는 그러한 시대 상황 속에서도 한국어와 한글 연구에 몰두하며 민족의 얼인 말과 글을 지키려고 노력하던 '조선어학회' 선생님들을 대부분 구속하는 사건으로 연결되었다. 이 사건으로 유명한 국어학자인 최현배, 김윤경, 이원재, 장기영 선생 등이 구속되어 모진 고문을 당했다. 이러한 큰 민족 수난의 사건이 바로 영생여학교에서 발단되었던 것이다.

김교신 선생은 이 학교에서 1년 남짓 재직하였다. 남다른 민족 정신의 전통이 있는 학교이며 특히 자신의 고향에 있던 학교인 동시에 또한 기독교 학교이던 이 학교가 김교신 선생이 교사로서 첫발을 내딛기에는 안성맞춤이 아닐 수 없었다. 그러나 선생의 또 다른 사명인 기독교 운동을 위해 활동지를 중앙으로 옮겨야 할 필요성이 있었다. 이에 함흥영생여학교에서는 특별한 흔적을 남기지 못한 채 곧 서울로 거처를 옮겼고 양정고등학교 교사로 교육자로서의 본격적인 생애를 시작하게 되었다. 이때부터 본격적으로 선생의 '평교사'로서의 교육자적 삶이 시작되었다. 그의 평교사적 특성을 정리하여 기록한 김정환 선생의 글을 옮겨 보자.

김교신의 생애의 특질의 하나는 평생을 중학교의 평교사로 일관한데 있다. 우리는 많은 민족의 교사를 가졌지만 이분처럼(전문적인 중등교사 양성기관인 동경고등사범학교를 나왔다는 뜻에서) 전통적인 교사

교육을 받고 뛰어난 교육 기술과 종교적 신념에 입각한 인격적 감화로 학생들에게 깊은 영향을 준 '평교사'를 발견하지 못한다. 한국의 '페스탈로치'라고 칭송되기도 하는 이승훈, 안창호 등은 결코 '평교사'가 아니었다.

이 말은 김교신 선생이 학교의 설립자이거나 교장, 교감 등 교육을 지휘하는 입장에 서 있기보다는 학생들과 교실에서 마주하며 직접적인 가르침을 통해 학생들을 가르친 사실을 강조한 말이다.

2. '양정'의 큰 스승

지난 5년 간을 회고하니 아무것도 인상에 남은 것은 없고 다만 선생님께 꾸중듣고 매맞은 것밖에 없습니다. 선생님께서도 저를 아마 생전에 못 잊으실 것입니다. 저 역시 학교에 다닐 때는 지긋지긋하더니 이제 나와 생각하니 선생님의 은혜를 뭐로 갚아야 할지 그것은 아마 이놈이 출세하는 수밖에 없을 것이에요. 선생님이 아니 계시면 아마 이놈은 양정고보를 졸업 못하고 불량배가 되었을 것입니다. 선생님께서 어떻게라도 또 담임을 맡으셔 가지고 저 같은 놈을 보는 대로 다 저와 같이 만드시고 저에게 하신 것 보다 한층 더 가혹하게 하시면 선생님같은 사람이 몇백 명 생겨날 것이 아닙니까? 꼭 박테리아 번식과 같은 것입니다. 선생님 정말 그렇게 하세요. 학생생활 때에 선생님께 좀 더 접촉해서 말씀이라도 좀 더 들을 것을 후회가 막심합니다. 졸업할 즈음 기분이 좋았던 것은 선생님 덕택으로 제일 꼴찌로 졸업을 했지만 다른 친구들은 못 받은 회초리를 받았기 때문입니다. 그 회초리를 시골에 잘 보관해 두고, 어려움이 심할 때에는 내놓고 본답니다.

위의 기록은 양정 졸업생 중에 유달리 말썽을 피우던 꼴찌 졸업생 한 사람이 졸업 후 김교신 선생에게 보낸 편지 내용 중의 일부이다. 엄격하면서도 오랫동안 제자들의 삶에 영향을 미치는 선생님의 모습을 찾아볼 수 있다. 김교신 선생이 10여 년 동안 양정고등학교에 재직하면서 남긴 이야기는 일일이 다 기록할 수 없을 정도로 무궁무진하다.

아무튼 1928년 3월에 김교신 선생은 양정학교 지리교사로 부임했다. 자신이 지도하는 교과목을 열정적으로 가르치는 것은 물론 담임반 학생들을 중심으로 제자들과의 인격적인 관계도 중요시하였다. 심지어 지방 출신의 학생들 중 하숙을 원하는 학생들을 자신의 집에 함께 데리고 있으며 생활까지 책임지는 등 교육자로서의 사명을 철저히 감당했다.

선생의 양정 재직 시절에 관한 여러 가지 이야기가 전하지만 우리가 잘 아는 베를린 올림픽 마라톤 우승자 손기정 선생과 얽힌 이야기도 많다. 손기정 선생은 양정에서 김교신 선생의 제자였다. 운동과 학업에 있어 지도를 받은 것은 물론 인격적으로도 김교신 선생의 참 교육의 감동을 깊이 받았다고 한다. 학생들과 생활의 여러 면을 함께 해나가는 당시 선생의 모습을 다음과 같은 일기 속에서 생생히 느낄 수 있다.

오전 중에 3시간 수업하고 정신 훈련 주간의 최종 행사로 교외 마라톤 대회, 홍제동 모래밭에서부터 구파발까지 왕복 70리 반을 전교생과 함께 뛴다. 찬바람에 북한산 봉우리를 바라보며 뛰는 즐거운 맛은 비할 데 없었다. 5백 수십 명 생도 중에서 병자와 특별한 일이 있는 사람을 제외한 나머지는 모두가 참가, 도중 낙오자 많았으나 302명이 결승점까지 들어 왔는데, 나는 제22위로 도착했다. 7, 8년 만에 처음 뛴 것으로는 괜찮은 성적이라고 스스로 만족하고, 장거리 선수의 본산지인 양정 생도들과 뛰어서 낙오 안한 것만 해도 다행인가 한다.

집으로 돌아와 텃밭에 마늘 두 이랑을 심으면서 병상의 친구들을 기억한다. 이 마늘이 추운 겨울에 견디어 내년 봄에 얼음을 뚫고 자라나는 힘을 주시는 이가 오랜 병상의 친구들에게 회복의 능력을 주옵시기를. 밤에는 야학 직원 회의. 목성, 금성이 서쪽 하늘에 나란히 빛난다.

(1936년 11월 13일, 금요일, 맑음)

학생들과 함께 끝까지 코스를 함께 뛰던 선생, 집으로 돌아와서도 쉼 없이 노동에 헌신하고 병상에 누워 있는 친구들을 염려하고 기도하는 선생의 매일 매일은 흐트러짐 없는 교육자의 생활 자체였다. 이러한 분위기 속에서 암흑의 시대, 우리 민족에게 커다란 희망을 안겨 준 손기정 선수와 같은 제자가 배출될 수 있었을 것이다. 손기정 선생 역시 김교신 선생에게서 받은 인격적, 정신적 가르침이야말로 단순한 기량만으로는 이루어 낼 수 없는 정신적 힘으로 늘 가슴속에 남아 있다고 고백하고 있다. 김교신 선생은 엄격한 선생님이었으나 비록 제자의 말이나 경험이라고 하더라도 옳은 것이 있으면 곧바로 실천하고 인정하는 겸손한 모습을 지녔다. 이는 제자 손기정과 얽힌 한 가지 뒷이야기 속에서도 잘 나타나고 있다. 이에 대한 김정환 선생의 글을 함께 살펴보자.

선생은 또 학생들, 제자들의 말이 옳으면 바로 자신이 실천에 옮기는 면도 있었다. 손기정 선수가 베를린에서 우승한 후, 덴마크의 초청을 받아 구경한 이야기를 선생에게 적어 보낸 편지에서, 덴마크 사람들은 자전거를 애용하며, 독일 여성들은 화장을 잘 않는다는 이야기를 적었더니 이에 감동되었음인지, 손 선수가 돌아 와 보니 어느새 선생은 자전거를 타고 다니시고, 이화여전엔가 다니던 따님에게는 화장을 하지 못하도록 했다는데, 화장 문제에서는 너무 감동을 받았음인지, 따님의 화장 크림을 바위에 던져 깨면서 '저거 봐라. 바위에다 크림을 발라 놓으니 어디 바위 제 모습이 나느냐? 마찬가지야, 네 얼굴 그대로가 좋지. 왜 그걸 발라서 좋은 얼굴을 오히려 나쁘게 하느냐 말이다. 손 선수의 편지에 독일 여자들은 화장을 않는다더라' 라고 했다고 전해진다.

이렇듯 선생의 생활은 학생들과 하나가 된 생활이었다. 일단 학교에 나오면 교과 준비나 성서 연구, 집필 시간을 제외하면 학과 공부, 농구부 코치로서 체육 과외 활동, 달리기, 등산을 같이 하고 심지어 학생들과 함께 씨름을 할 정도로 가까이 지냈다. 뿐만 아니라 일부 학생들은 선생의 정릉 집에 기거하며 모든 생활을 함께 하기도 했다. 이 무렵 선생은 양정에서 교사로서 가르치는 일 이외에 집에 야학을 열어 별도로 교육하기도 하였다.

그가 이 시기 얼마나 자신의 제자들을 사랑하고 인격적으로 대하였는지 제자 안병헌에 대한 회고 속에서도 잘 나타나 있다. 그는 가정 환경이 무척 어려우나 양심적이고 성실한 성품을 지닌 학생이었다. 그런 그가 아름다운 인품으로 추억만을 남긴 채 일찍 세상을 떠났다. 이에 선생은 제자 안병헌을 추억하며 그의 죽음을 슬퍼했다.

안군은 입학 때의 모자, 교복, 구두를 졸업식 때까지 그대로 사용했다. 그래서 그 모자와 교복은 물론 내의와 양말까지 언제나 말로다 표현할 수 없을 만큼 남루하였다. 그러나 그렇게 초라한 겉모습 속에 저 인수봉처럼 우뚝 솟은 고매한 기품이 있음을 볼 수 있다. 겉으로 나타나는 먹고 입는 것이 가난하다고 해서 조금도 이를 부끄러워하지 않는 것은 꼭 공자의 제자 중에 그와 같아 칭찬 받았던 안연(顔淵)을 연상케 한다. 참으로 천연스런 태도였다. 안군은 5, 60명의 학우들 중에서 가장 가난한 학생이었는데, 그럼에도 불구하고 수백 원(당시로서는 상당히 큰 액수의 돈) 되는 학급비의 회계 책임자에는 언제든지 안군이 뽑히는 것을 보고 또한 기이한 일이 아니할 수 없다. 예수쟁이요 고집불통인 안군에게 사람마다 모두 호감을 가졌다 할 수는 없으나, 금전을 그에게 맡기는 것이 안전하다는 믿음에 있어서는 학급 전체가 일치되었던 모양이다. 작은 일에 충실한 자는 큰 일에도 충실하다. 가난하면서도 오히려 다른 사람의 금전을 맡는 신임을 볼 때 불우한 시절의 에이브러햄 링컨 대통령을 눈앞에서 보는 느낌이었다. 10인의 신임은 곧 전 국민의 신임과 마찬가지 아닌가?

(1938년 5월)

그렇게 가난했으면서도 모든 친구들의 믿음을 받았던 성실하고 착한 한 제자의 불행한 죽음 앞에서 선생은 하염없이 울며 그의 인격을 추억하고 있다. 선생은 특별히 눈물이 많은 분이었다. 특히 제자들의 일로 자주 눈물을 흘렸는데, 시험 중에 부정행위를 하는 제자를 바라보며 그의 장래를 걱정하며 통곡했고, 좋은 책을 읽다가도 감동이 북받쳐 오르면 하염없이 눈물을 흘렸다고 한다. 제자들은 그의 눈물을 사랑의 표현으로 받아들였고 그 눈물 자체가 또한 제자들에게 교육적인 감동을 주어 큰 힘으로 작용하기도 하였다.

명문인 도쿄고등사범학교 출신으로 학식과 인품을 고루 갖춘 선생에게는 관립 사범학교에서 가르치라는 제의가 오기도 하였다. 이른바 출세의 길을 갈 수 있는 조건이 되었으나 선생은 한결같이 학생들과 함께 기쁨과 슬픔을 나누는 생활에 의미를 두었다. 이에 대한 선생의 일기를 직접 살펴보자.

> 얼마 전에 길가에서 사직했느냐고 묻는 친구가 있더니 오늘은 천만 뜻밖에 학무국에 불려 모 관립사범학교로 오라는 교섭을 받았다. 관립학교에 임관된 후에는 여러 가지로 우대한다는 앞날의 좋은 조건도 있었다. 일단 그 대답을 뒤로 미루고 그 자리에서 확실한 대답을 하지 않는 것이 예의인 줄은 아나 사무 관계 일을 바르게 진행할 수 있도록 하기 위해서 즉석에서 그 제안을 거절하였다. 아무튼 호의에 대해서는 감사하다. 이러한 일로 생각이 드는 것은 친구의 출세와 나의 불출세가 지니는 대조이다. 동기동창 학우 중에서 빠른 이는 장학관 이상이요, 보통이라도 대개 교장은 되었고 후배들도 대개 교무주임은 되었는데 나 홀로 처음부터 끝까지 평교사로 남아 있다. 현재가 그럴 뿐 아니라 지금부터 10년이 지나도 마찬가지일 것이다. 지금 양정의 현 교장은 40년 근속이요, 교무주임은 30년, 기타 교무계, 서무계에 20년 내외의 근속자가 드물지 않으니 우리 만 10년 급은 양정에서는 소위 '신병'에 불과한 까닭이다. 더욱 앞으로는 학급 담임도 면제되었으니 양정에 있는 일처럼 경쾌하고 자유로운 데가 세상에 둘도 없는 줄 알며, 말석 평교원은 교사 노릇하는 나의 평생의 소원이다.
>
> (1938년 4월 7일, 목요일, 비)

이 글에서도 선생의 소박한 교육자로서의 모습이 잘 드러나 있다. 좋은 조건의 상급 학교 교수는 물론이요, 중등학교의 행정가로서 학교의 책임을 맡아 교육 활동에 힘쓰는 일도 중요하지만 보다 자유로운 평교사로서 오직 학생들과의 가까운 관계 속에 생활하는 것이 선생이 늘 꿈꾸고 실천해 온 교육자로서의 소원이었던 것이다.

이렇듯 양정학교에서 선생이 보인 참 교육자로서의 가르침은 순조롭게 양정을 졸업하고 사회의 훌륭한 일꾼이 된 제자들에게만 성과를 보인 것은 아니다. 재학 시절 불량한 생활을 하다가 학교에서 퇴학 처분을 당하여 졸업도 못하고 쫓겨났던 낙오자에게도 잊을 수 없는 선생님으로 기억된다. 그 학생은 뒤늦게 선생의 가르침을 뼈저리게 느끼고, 때늦었지만 선생이 믿던 기독교에 스스로 귀의했다는 편지를 보냈다.

처음이라면 모르겠으나 두 번씩이나 학교에서 징계를 당하고 부모님께도 뵈올 면목이 없고 부모님 역시 자식같이 여기시지도 아니하오니 자식 노릇도 할 수가 없습니다. 오직 남남처럼 지내게 되었습니다. 모든 사람에게 버림을 받은 저는 처음으로 고독이라는 것을 느꼈습니다. 고독을 느끼는 자라 함은 사회로부터나 모든 사람으로부터 버림을 받는 자를 말한다고 생각했습니다. 그러나 고독한 자가 나갈 수 있는 길을 발견하였습니다. 그 때에 바로 선생님 생각이 났습니다. 제가 학교에 결석만 하고 있었을 때 선생님께서 하숙을 옮기라고 하시던 말씀이 생각납니다. 그 때 그 말씀에 순종하여 선생님 댁으로 갔더라면 어찌되었을까 하면서 선생님이 말씀하시던 예수 믿는 일에 대하여 생각했습니다. 선생님의 꾸중과 가르침에는 순종하지 못하였으나 이제 선생님께서 믿으시는 예수를 저도 믿어 보기로 작정하였습니다. 그리하여 그 동안 충실한 교인이 되려고 힘써 왔습니다. 수일 전 서울에서 오다(일본인 목사로 젊은 시절 불량배였다가 회개하고 저명한 전도자가 된 인물, 한국에 대해서도 동정적인 생각을 가지고 후에 한국 이름 '전영복'으로 이름을 바꾸고 한국에서 전도 활동을 함) 목사께서 오셔서 일주일간 부흥회를 열었습니다. 그 중에 자신이 살아온 이야기를 하시는데 그는 중학교 시절에 불량배로 여러 곳을 떠돌아다니며 좋지 못한 일을 행하였다고 했으며, 우연한 기회에 종교를 알고 기독교에 들어 와서 참으로 믿는 신자가 되고, 자신의 모든 죄를 고백하고, 신학교에 입학, 목사가 되어 참된 사람이 되었다고 했습니다. … 그래서 저는 제 자신이 이전에 행했던 모든 일을 생각지 않을 수 없었습니다. 저는 더 배우지 않으면 안되겠다고 생각했습니다. 그래서 갑자기 선생님께 되지 못한 글로써 몇 자 올리게 되었습니다.

　　(1938년 2월 19일, 토요일 일기에서)

　퇴학 당했던 한 제자가 시간이 흐른 후에 보낸 편지인데, 이 편지를 받고 선생은 매우 기뻐하였다. 선생은 남아 있는 양 99마리보다는 길을 잃고 헤매고 있는 1마리의 양이 더 중요하다고 한 성서의 내용을 예로 들면서 양정 재학생 600명의 편지 보다 이 한 사람 퇴학생의 편지가 더 반갑다고 적고 있다. 퇴학 당한 제자의 편지 내용을 보더라도 자신의 잘못을 뉘우치면서 이전에 선생이 하숙을 옮기라고 했던 일,(이는 일부 학생들을 직접 하숙생으로 받아 함께 생활 교육까지 하는 선생의 자택으로 하숙을 옮기라는 당부였다.) 또한 고독함을 느끼는 자가 가야할 길로 선생이 믿는 기독교를 생각했다는 일, 다시 더 배우고 공부해야 하는데 역시 선생의 가르침을 생각하고 편지를 쓰게 된 일, 모두가 평소 선생의 교육자로서의 모습을 엿볼 수 있는 이야기이다.

　아무튼 선생은 이렇게 어떤 처지에 놓여 있는 제자들일지라도 한 사람 한 사람의 머리 속에 남아 자신의 삶의 가치를 되돌아 볼 때 생각하게 되는 선생님으로 남아 있다. 이러한 남다른 교육의 과정에서 선생은 비록 양정이 기독교 학교는 아니었으나 개인적으로 자신의 진실한 기독교 신앙을 가지고 학생들을 감화시켰다. 이것은 학과 공부나 단순한 인성 교육만으로는 기대할 수 없는 보다 근본적인 영혼의 문제까지를 염려하는 선생의 제자 사랑이라고도 할 수 있다. 선생은 개인적으로 성서 교육을 계속하였다. 이러한 성서 교육은 많은 제자들에게 기독교 신앙을 갖게 하였고 그들이 훗날 여러 어려움을 겪거나 실의에 빠질 때 신앙의 힘과 선생의 가르침을 기억하며 이겨 나갈 수 있는 밑거름이 되었다. 그러나 당시 상황은 기독교 신앙을 갖는다는 일이 오늘날과 달리 사회에서 별로 환영받는 일이 아니었을 뿐만 아니라 진학이나 취직할 때에도 불리하게 작용할 때가 많았다고 한다. 이에 관련된 이야기가 담겨 있는 선생의 일기를 다시 보자.

의외의 소식에 놀랐다. 지난 3월에 졸업한 학생 하나가 경성제대 (현 서울대학교) 의대 예과 입학시험에서 떨어졌는데, 그 면접시험 때의 일이다.

문 : 세계에서 제일 좋은 책은 무엇이냐?
답 : 바이블(성서)입니다.
문 : (놀란 얼굴로) 너는 예수교인이냐?
답 : 예, 예수를 믿습니다.
문 : 너희 집안도 모두 기독교 신자냐?
답 : 아닙니다. 저만 혼자 믿습니다.
문 : (다시 놀라면서) 어떻게 믿게 되었느냐?
답 : 우리 학교 담임 선생 '아무개' 선생님이 예수를 믿어 저도 믿게 되었습니다.

이렇게 대답하니 군복 입은 시험관(배속장교)이 매우 불쾌한 표정을 지으면서 나가라고 문을 가리키더란다. 이 이야기는 간접적으로 들었다. 나의 학생들이 어디서나 그렇게 떳떳해지라고 빌었지만, 실제로 자신의 장래와 관련된 운명을 걸고 이처럼 대담하게 신앙고백을 하리라고는 기대하지 못한 일이었다. '청출어람승어람'(쪽이라는 풀잎을 원료로 만드는 푸른 물감이 오히려 그 쪽보다 더 푸르다는 뜻으로 제자가 스승 보다 나을 때 쓰는 말)이라고 그는 성서를 배운지 만 1년도 되지 못하였는데, 가르친 선생보다 더함이 10배요, 세 번이나 예수를 모른다고 부인했던 베드로보다도 영웅이었다. 단지 그것 때문에 대학에 떨어졌으면 어떻게 하나 하는 책임감에 견딜 수 없어 그 떨어진 원인을 믿을 만한 곳에 알아보니, 그가 예수를 믿는다는 일로 떨어진 것은 아닌 게 확실하여 비로소 안심을 하였다. 그는 귓병이 있어 장래에 의사로서 청진기를 사용하기가 부적당하다 하여 낙방하였는데, 학과시험 성적은 대단히 좋은 기록으로 학교측도 크게 애석해했다고 한다.

위 일기에서 살필 수 있는 것은 선생의 감화를 받고 기독교인이 되어 대담하게 신앙을 고백하는 학생들이 있었다는 사실이다. 그런데 당시에 이처럼 기독교 신앙을 고백하는 일이 왜 현실적으로 불리하게 작용했을까? 물론 당시에는 아직 기독교를 믿는 사람이 적은 수였고 전통적인 동양 사회에서 외래 종교인 기독교를 믿는 것에 대해 사회적으로 별로 탐탁지 않게 생각하는 일반적인 분위기도 있었을 것이다. 그러나 더욱 중요한 사실은 앞에서도 우리가 살펴보았듯이 당시 일제 통치기의 한국 기독교는 민족 교회의 성격을 지녀 예수교인이라면 일단 민족주의자가 아닐까 하는 의심을 받았기 때문이다. 특히 경성제국대학이라고 하면 일제가 설립하고 운영하던 국립대학으로서 면접시험에도 일본군 장교가 시험관으로 나온 것을 볼 수 있다. 그에게 있어서는 예수교인이 한국 독립을 꿈꾸는 민족주의자 혹은 일본의 여러 정책이나 일본화 과정에 잘 순응하지 않는 불순분자로 보였던 것이다.

이렇게 김교신 선생의 양정 제자들은 은연중에 기독교 신앙을 갖고 철저한 민족 의식을 지니게 되었다. 그것은 학과 수업을 통해

서가 아니라 선생과 제자들 간의 사사로운 관계 즉 생활을 함께 하고 개인적으로 성서공부를 함께 하면서 얻어진 결과였다. 이로써 선생은 양정에서 수많은 '최악질 민족주의자'(?)를 길러 내고 있었다. 1938년 봄날 선생의 하루 일과와 감상을 살펴보면서 그의 양정에서의 활동을 미루어 짐작해 보자.

> 오전 8시에 등교하여 졸업생의 학업성적부와 생활기록부 한 장을 작성하여 보성전문학교(현재 고려대학교)에 보내고 돌아오는 길에 목욕하다. 쌓인 피로를 풀고자 애써 보다. 고등공업학교와 고등농림학교에 합격한 학생 소식이 도착. 오늘까지의 입학률로 볼 때 매 일요일 성서공부에 참석한 것 때문에 불합격이 되었다는 핑계는 댈 수 없는 것이 분명해졌다. 성서를 가르친 선생으로 안심이 된다. 그러나 성서를 공부한 효과는 오늘보다는 앞으로가 더 클 것이며 인생의 종점에 가까울수록 더욱 뚜렷할 것이다. …

> (1938년 3월 30일, 수요일, 흐린 다음 비)

제2장. 공립 경기와 개성의 송도고보에서

1. 전도 사업을 위한 휴직과 공립 경기 부임

10년 넘게 양정학교에 재직하며 수많은 제자들을 길러내고 많은 추억을 남긴 선생은 1940년 3월에 학교를 사직하였다. 양정학교를 사직한 이유는 큰 사명감으로 몰두하고 있던 「성서조선」이라는 잡지의 편집과 발행, 자신이 굳게 믿는 기독교 신앙을 널리 전도하는 일에 몰두하고자 하는 뜻에서였다. 양정을 사직한 선생은 잠시 동안 만주여행을 했는데, 이곳에 머물면서 일제 말기 아시아 침략에 열을 올리고 있던 일본의 잘못된 길을 보다 확실하게 볼 수 있는 기회를 얻었다. 아무튼 김교신 선생의 양정 사직은 겉으로는 종교 사업이 목적이었으나 내부적으로는 이미 그가 민족주의 기독교인으로서 학생들에게 끼친 영향이 문제가 된 것으로 보인다. 그의 교육을 받은 제자들은 알게 모르게 민족 정신이 강해졌고 이는 당시 일제 당국의 교육 목표이던 '일본화', '황민화' 교육과는 거리가 먼 결과였다. 더구나 일제 말기로 들어서면서 공·사립학교를 막론하고 모든 학교의 교사와 학생들은 일본 정부의 시책에 따라 철저한 일본적 사상으로 무장하여 일본이 벌이는 중일전쟁을 비롯한 아시아 침략 전쟁에 적극적인 지지를 보내는 총동원 체제를 향해 나가야만 했다. 특히 중등학교에서 가르치는 교사들은 학생들에게 일본의 국가 시책과 침략 전쟁이 옳다는 주입 교육을 반복적으로 시켜야 하는 부담이 컸다. 타고난 민족주의자에 더구나 독특한 민족 기독교론을 지니고 있던 선생에게 이러한 시국적 상황은 큰 부담이 아닐 수 없었다. 늘 김교신 선생은 스승 우치무라가 자신의 나라를 진정으로 사랑하는 태도에 감동을 받아 그의 제자가 되었노라고 고백했듯이 자신도 지금 주권을 잃고 식민지의 땅이 된 채 그들의 침략 전쟁에 동원되어야 하는 조선 민족의 처지를 대단히 가슴 아파하고 있었다.

마침내 선생은 자신에게 밀어닥치는 수난의 시작을 느꼈다. 사실 그가 교단을 떠난다는 사실은 가장 중요한 삶의 자리를 빼앗기는 일일 것이다. 평생을 평교사로 교육의 자리에 서기로 마음먹은 선생에게 있어 정든 양정학교의 문을 나선다는 일이 얼마나 가슴 아픈 일이었을까 하는 것은 우리가 충분히 짐작할 수 있는 일이다. 그러나 선생은 중대한 결단을 내렸다. 왜냐하면 자신이 믿고 귀하다고 여기는 참 가치를 사랑하는 제자들에게 가르칠 수 없고 오히려 그 반대로 전쟁이나 침략, 식민지 지배의 정당성을 교육하는 일에 앞장서야하는 위치에 서야 했기 때문이다. 제자들에게 어떤 방법을 통해서라도 한국 민족의 혼을 불어넣어 지금은 비록 다른 나라의 지배를 받고 있지만 언젠가는 수천 년 민족의 역사를 올바르게 이어 나갈 수 있어야 한다는 정신을 심어주기 위해 남다른 열정을 쏟던 선생이 아니었는가? 이제는 일본 군국주의의 말기로 들어서면서 학교에서는 전혀 한국어를 사용할 수 없었고, 일본이 중국과 전쟁을 벌이면서 한국인을 전쟁터에 끌어내어 군인으로, 근로자로 부리는 상황에서 학교 교육 또한 일본의 정책에 협력하여야 하는 상황이었다.

이제 선생은 자신은 한 사람의 종교인으로서 자신의 삶을 완전히 바꾸어야 한다고 생각했다. 학교에서의 교육 활동은 더 이상 의미가 없다고 믿었다. 이미 선생은 한국에서 무교회주의 기독교 운동가로 널리 알려져 있었기 때문에 종교 운동으로 자신의 뜻을 펴는 일에 힘을 다 모으기로 결심을 했다. 양정에 사직서를 제출한 선생은 한동안 자유롭게 전국을 돌며 자신과 같은 뜻을 지닌 기독교 신앙인들과 종교 모임을 갖고 성서 연구도 하며 시간을 보냈다. 그러나 타고나기를 교육자인 선생이 교단을 떠나 생활하기란 여간 어렵고 허전한 일이 아닐 수 없었다. 그래서 선생이 처음으로 교단을 떠났던 기간은 그렇게 길지 않다. 약 반 년 동안의 휴직을 끝내고 1940년 9월 공립 경기중학의 지리교사로 부임했다. 경기중학교는 지금의 서울 경기고등학교의 전신으로 해방 후에는 한국의 최고 수재들이 모이는 명문학교가 되었으나 그 시작은 한국에 와 있던 일본인들이 그들의 자녀들을 교육할 목적으로 세운 총독부 경영의 공립학교로 제1고보라고 불렀다. 이때도 아주 적은 수의 한국인 학생들이 재학하고 있었는데, 아무튼 학업 성적이 대단히 우수한 학생들이 아니면 입학할 생각을 가질 수 없었던 학교였다.

그러나 선생의 경기중학교 교사 생활은 그렇게 길지 못했다. 교육자의 자리로 돌아와야겠다는 간절한 마음과 기회가 생겨 공립학교 교사로 다시 교단에 섰지만 이 학교는 당시 나라 상황으로 볼 때 더욱 충실한 일본적 교육을 시켜야 하는 학교가 아니었는가. 더구나 이 학교의 교사는 더욱 일본 정신에 충실하고 일본 정부나 총독부의 정책에 협조적인 인물이 되어야 할 것을 강요받았다. 그러나 선생이 원래 지니고 있는 사상이나 그 동안의 발자취로 볼 때 학교 당국이나 총독부측의 비위에 맞을 리가 없음은 당연한 일이었다.

선생에게는 마침내 불온사상가라는 꼬리표가 붙었다. 이는 일본의 정책에 협조적이지 않은 반동세력에게 붙는 이름이었다. 그러나 이러한 일본 관헌과 학교 당국의 의심은 선생의 굴하지 않는 민족 정신을 나타내 주는 일로서 오히려 자랑스러운 일이 아닐 수 없었다.

2. 불안한 시국과 짧은 송도고보 재직

공립 경기중학을 물러 나온 선생은 경기도 개성에 있던 송도고등보통학교로 자리를 옮겼다. 이곳이 선생이 평교사로서 마지막으로 교육 활동을 편 학교이다. 이 학교는 기독교계 학교인데 한국인 기독교 지도자 윤치호 선생이 '한영서원' 이라는 이름으로 세운 학교이다. 이는 감리교 계통의 학교로 선교사들의 지원도 받았는데, 경기도 북부 지역의 명문학교로 많은 인재를 길러낸 바 있다. 특히 이 학교에는 한국의 '나비박사' 로 유명한 석주명 선생이 생물 과목을 담당하고 있었다. 선생님은 학생들에게 한국의 자연을 가르쳤고 평생을 나비 연구에 몰두하여 한국에 사는 수많은 종류의 나비를 연구, 도감(圖鑑)을 펴내기도 했다. 이는 지금까지 한국 나비 연구의 귀중한 유산으로 전하고 있다.

송도학교는 남북 분단 이후 인천에서 재건되어 오늘날도 그 정통성을 이어 오는데, 바로 이 학교에서 김교신 선생이 한때 교편을 잡았다. 그러나 선생의 송도고보 재직 역시 오래 가지를 못한다. 이는 당시의 나라 상황이 한 사람의 민족주의 교육자가 교단에서 학생들을 가르치는 일을 더 이상 허용하지 않았을 뿐만 아니라 김교신 선생 개인적으로도 이른바 '성서조선 사건'이라는 수난 사건이 일어나 감옥에 갇히는 일이 일어났기 때문이다. 다음에서 자세히 살펴보겠지만 선생은 오랫동안 자신의 개인 잡지로 발행하던 「성서조선」에 캄캄한 밤처럼 어려운 민족의 상황을 유난히 추운 겨울 연못 속에서 얼어 죽은 개구리에 비유했다. 그러나 이른 봄날 얼음이 풀리자 전멸은 면한 몇 마리 개구리들이 살아 있다는 비유를 통해 한국 민족이 어떠한 고난 속에서도 끝까지 살아 남아 새로운 세상을 열어 가리라는 희망을 노래했다. 이러한 글이 문제가 되어 선생은 물론 잡지에 여러 형태로 관계하던 동지들, 심지어 그 잡지를 열심히 구독하던 독자들까지 체포되어 심한 고문을 당하고 감옥살이를 했다. 이 일로 선생도 1년 이상 고생을 해야 했는데, 이러한 수난은 선생으로 하여금 다시는 교단에 서지 못하게 하는 일이 되고 말았다. 뿐만 아니라 선생은 이 사건을 통해 생애의 마지막 자리에서 무엇을 해야 할지를 결정하기에 이른다. 그러한 결단은 흥남의 질소비료공장에 취업하여 한국인 근로자들과 함께 고통을 나누다가 전염병에 쓰러져 생애를 마치는 날까지 직접적으로 고난 받는 민족과 함께 하는 삶을 살도록 만들었다.

이러한 일제 말기의 어두운 현실은 교육자의 사명과 꿈을 품고 평생 학생들을 가르치는 일에 기쁨과 보람을 두었던 선생의 생애를 완전히 바꾸어 놓았다. 이에 짧지만 송도고등보통학교에서의 마지막 가르침은 평교사로서의 김교신 선생이 마지막으로 제자들을 향해 자신의 교육 혼을 불태웠던 기회가 되었다.

제3장. 평교사로서의 교육 정신

1. 엄격한 교육자로서의 자세

평생을 교단에 서서 학생들을 가르치는 것이 소원이었던 선생은 남다른 교육자로서의 사명과 제자들에 대한 사랑으로 하루하루를 살았다. 앞서 살펴보았던 것처럼 그 교사 생활 대부분을 보낸 양정학교에서 그가 보여 준 평교사로서의 발자취는 지금도 사회여러 부분에서 큰 활약을 보이고 있는 제자들의 기억 속에 그대로남아 있다. 선생이 1939년 양정학교 입학식에서 신입생 담임교사로서 학부형 및 학생들에게 당부한 말씀을 함께 들어 보자.

> 학생 여러분들은 엄격하고 공정한 시험을 통해 스스로의 힘으로
> 입학시험에 합격한 것을 기억하여야 합니다. 첫째로, 세상에는 요행
> 이란 없다는 것을 알아야 합니다. 이렇게 합격한 학생들이니 우리 담
> 임교사에게는 이 인연이 얼마나 귀하고 신기한 일인지 모르겠습니
> 다. 땅에서 솟아난 옥인가, 하늘에서 떨어진 샛별인가 싶어 귀하게
> 보이나이다. 이제부터 앞으로 5년 간 우리는 큰 예술적인 공사를 시
> 작할 것이니 중도에 퇴학하는 이는 교육을 도둑질하는 자요 예술품
> 을 파괴하는 자이니, 양정학교를 더할 데 없이 만족하여야 하고 우리
> 담임교사를 믿어야 하며, 우리들에게 맡겨진 것을 다행으로 생각해
> 야 합니다. … 끝으로 할 말씀은 이러한 학생들의 천진한 모습을 보
> 니 그 눈동자에 배우려는 동경, 존경심, 순종, 소박한 마음 등이 찬연
> 히 빛나고 있습니다. …

선생은 늘 신입생이 새로 들어올 때면 그들 속에 감추어져 있는빛나는 가능성을 기뻐하였다. 그리고 그들 제자들과 자신이 만나

게 된 섭리 곧 그 인연을 소중하게 생각하였다. '땅에서 솟아난 옥'
인가 '하늘에서 떨어진 샛별' 인가 라는 마음이 선생이 새로 입학한
학생들을 대하는 느낌이었다. 그 옥과도 같고 샛별과도 같은 소중
한 인격을 잘 가르쳐 귀히 쓰일 재목으로 길러 내는 데에 교육자로
서 보람을 두었던 것이다. 무엇보다도 학생들 스스로가 민족의 미
래를 짊어지고 나갈 인재들이라는 자부심을 가질 것을 당부하였고
공부를 해나가는 중에 어떤 어려움이 닥치더라도 도중에 절대 포
기하지 말고 학업에 열중하라는 당부를 하고 있다. 그리고 무엇보
다 학생들 한 사람 한 사람이 지니고 있는 가능성을 높이 사 그들의
인격을 완성시켜 나가는 일을 예술에 비유하였다. 즉 예술품 하나
를 완성시키기 위해 온갖 정성을 다 기울여 노력하듯이 교육이란
무한한 가능성의 대상을 두고 그들과 하나가 되어 끊임없이 인격
과 학업을 갈고 닦아 나가는 것으로 보았다.

　　그럼 여기서 양정학교 재직 시의 제자 중 한 사람인 구건(具建)
씨가 회고한 당시 선생의 모습에 대한 기록 중 일부를 살펴보자.

　　잊을 길 없는 선생님에 대한 인상 : 중학 신입생 시절 나의 눈에
비친 김교신 선생은 괴팍한 성품을 지닌 분 그러나 어딘지 매력을
지닌 선생님이었다. 1년쯤 지난 후에 받은 인상은 말과 행동이 일치
하는 신사, 많은 것을 알고 책을 많이 읽는 선생님이었다. 그런데 많
은 독서뿐만 아니라 선생님의 기억력은 놀라울 정도로 정확하였다.
또한 1년쯤 더 지난 후 선생님의 인상은 진정한 애국자, 부지런하고
성실하신 교육자이며 또한 무교회 신앙을 지닌 종교가였다. 그 후의
인상은 예수의 죄 용서로 인해 자유를 얻은 정의와 독립의 사람이었
다. 그분은 진실을 알고 자신의 신념을 굳게 밀고 나가는 자유인이었
다. 자유, 정의, 독립은 그분 성품의 바탕을 이루고 있다. 그분의 투
철하신 교육 정신은 젊은이들의 마음을 움직이고 그분의 신앙은 하

나님께 닿으며 그분의 자유, 정의, 독립 정신은 사회의 가치 기준이 되었다. 그분의 체력 또한 비길 데 없이 강하고 그 활력 또한 끝이 없었다. 그리고 독서력과 기억력도 끝이 없었다. 그분의 굳건한 신념은 어디에 비교할 곳이 없었다. 그리고 이러한 모든 것이 바탕이 된 십자가의 신앙이 있고 이것이 그분의 생명이 되며 생애의 기둥이 되었다. 그분의 일생의 가장 큰 업적은 청년을 위한 진정한 인간 교육이며 「성서조선」과 성서 강연을 통한 순수한 복음 전도였다. 오직 국가와 민족의 먼 앞날을 위해 열심히 일하셨을 뿐 그 이외의 일에는 전혀 관심도 없는 참으로 신성한 생애였다.

이 회고의 글을 통해 보더라도 양정학교 재직 시 제자들의 눈에 비친 선생의 인품을 잘 알 수 있다. 참 교육자요 참 인격자로서의 선생 그리고 진정한 기독교 복음 전도자로서의 거룩한 생애를 엿볼 수 있는 것이다. 그러한 인품과 교육자로서의 자세를 지키기 위해 끊임없이 공부하고 특히 독서를 많이 하던 선생의 모습도 살펴볼 수 있다. 이제 좀더 구체적인 선생에 대한 회상을 제자 구건 씨를 통해 들어 보자.

박물 교실 : 오직 한 차례 선생님이 전용으로 쓰시던 박물 교실에 들어가 본 적이 있다. 나로서는 대단히 영광스러운 일이 아닐 수 없었다. 여름방학 숙제였던 식물 채집을 제출하는 날, 반장과 친구 두 사람이 박물 교실에 과제물을 옮겨 놓기 위해 갔다. 박물 교사였던 선생의 교실은 양정 본관 뒤편 좀 높은 곳에 위치한 별관 건물에 있었다. 과제물을 들고 선생님의 박물실로 들어가 보니 우선 잘 정리된 분위기가 느껴졌다. 사무용 책상이 있고 별도로 박물학 교실이나 물리, 화학 교실에서 사용하는 실험대 탁자가 벽면에 붙여져 있었는데 그 위 한켠에는 쓰다만 원고 용지가 놓여 있었다. 그 옆에는 많은 책

이 펴진 채 놓여 있었는데, 외국어 원서들로 옆에는 사전도 함께 있었다. 또한 그 옆에 영자신문과 영자잡지들이 정리되어 있는 것도 한눈에 들어 왔다. 벽에는 커다란 한국 지도가 걸려 있었고 책꽂이에 꽂혀 있는 책들은 대부분 두꺼운 영문서적들이었다. 거기 두어라는 말씀에 오만 분의 일 지도가 놓인 탁자 옆에 과제물들을 두고 박물실을 나왔다. 그 시절 박물 교실은 선생님이 일하는 장소였는데, 거기서 선생님은 많은 시간을 보내며 여러 가지 작업을 하였다고 생각된다. 원고 집필, 성서 원전 번역, 히브리어 등 어학 공부의 장소였던 것이다. 선생님이 교무실에서 다른 선생님들과 이야기하는 모습은 전혀 본 적이 없다.

이 이야기는 양정시절 선생의 생활 모습을 구체적으로 나타내 주는 회상이 된다. 학생들을 가르치거나 그들과 함께 운동을 하는 때를 제외하고는 박물실이라고 하는 선생 자신만의 공간에서 공부하고 원고를 쓰는 등 늘 선생이 중요하다고 생각하는 일에 몰두하는 모습이었다.

이러한 선생의 모습은 많은 제자들의 본보기가 되었다. 쉼 없이 독서하고 맡은 일에 열심을 다하는 모습은 어떤 말로 가르치는 교육보다 더 큰 힘을 발휘하는 것이었다.

선생의 교육자로서의 모습을 엿볼 수 있는 이야기는 많이 남아 전하고 있다. 역시 양정학교의 제자 중의 한 사람인 최남식(崔南植) 씨는 '나의 생애를 결정한 분'이라는 제목의 글 속에 선생에 대한 이야기를 다음과 같은 말로 시작하고 있다.

내가 양정고보를 졸업한지는 이미 31년, 그 동안 학교에서 사회에서 많은 은사를 만났다. 그러나 지금까지도 나의 뇌리를 떠나지 않고 나 자신을 인간답게 살아가도록 하며 나의 전 생애를 이끌어 주는 분은 김교신 선생이다.

그리고 이어서 선생에 대한 느낌과 추억을 정리하기를 다음과 같이 하였다.

실천가였던 선생 : 우리들은 간단히 말과 행동이 일치한다라는 말을 즐겨 쓰는데, 나로서는 철저한 실천가로서의 선생의 생애를 잊을 수가 없다. 지금이야 서울의 정릉이라고 하면 시내의 일부가 된지 오래지만 우리가 학교에 다닐 무렵에는 아름드리 소나무가 빽빽하던 외떨어진 시골이었다. 선생은 그곳의 사택으로부터 비가 오나 눈이 오나 시계침처럼 정확히 통근하였다. 당시에도 선생님들 중에는 택시를 이용한다든가, 오토바이, 버스 등으로 통근하는 분들이 많은 편이었다. 그러나 선생님은 모자와 외투, 가벼운 차림으로 삼십리 가까운 길을 어김없이 왕래하였다. 자전거를 끌고 학교의 언덕길을 오르는 선생의 모습이야말로 우리들에게 있어서는 십자가를 등에 진 성자의 모습을 보는 듯 엄숙하게 보였다.

체력에 있어서도 선생은 당시 20대 청년에게 절대 뒤지지 않았다. 어느 날 홍제동을 지나 녹번동 언덕을 갔다 돌아오는 코스로 교내 마라톤대회가 있었다. 그때의 양정의 마라톤이라고 하면 손기정 선수를 비롯한 국내외에 이름난 일류 육상 선수가 많이 있었다. 그 중에서 선생이 당당히 10위로 주파한 것이 생각난다. 그것도 도중에 학생들을 감독하면서 뛴 것이기 때문에 얼마나 잘 뛴 성적인가. 까까머리에 런닝셔츠와 팬츠를 입은 모습이니 지나가는 사람들은 모두 같은 중학생인 줄 알았을 것이다. 교내 씨름대회 때도 선생은 선수들과 싸워 네 번에 걸쳐 우승을 따낸 바도 있다.

무서웠던 선생 : 선생은 무척 엄격하고 무서웠던 선생님이었다. 그

무렵 무섭기로 소문나기는 영어를 담당했던 긴 콧수염의 정선생님이 계셨지만, 김교신 선생이야말로 얼마나 무서운 선생님이셨던지 우리는 그 앞에서 끽소리 한 번 낼 수가 없었다. 우리 악동들은 늘 번뜩이는 선생님의 성품과 빈틈없는 태도를 빗대어 '양칼'(면도칼)이라는 별명을 붙였다. … 시험문제를 낼 때에도 앞에다 '쓸데없는 답을 쓰면 모두 영점으로 처리한다'라는 경고문을 써놓았던 것을 잊을 수가 없다. 그 어떤 백점 만점의 답안을 쓰고서라도 자신 없는 답이 하나라도 들어 있으면 영점을 받았다. 그러나 백지를 제출해도 낙제는 없었다. 이에 '좋을 것 같다'라는 등의 답은 있을 수가 없었다. 이러한 것을 통해 지식이라고 하는 것은 정확하게 확신을 가지지 않으면 안 되는 것으로 교육받았다. 오늘날처럼 지식이라는 것이 세상의 흐름에 따라 이래도 좋고 저래도 좋은 것이라는 법은 없는 것이리라. 당시 일제가 일본어를 강요한 시기이지만 학교에 출석했을 때만은 한국이름으로 불리어졌다. 사립학교라고 해도 일본 칼을 찬 군인이 늘 학교에 나와 감시하였다. 어느 날 아침 조회 때였다. 한국어로 출석을 부르는데, 우리가 '예'라고 한국어로 대답을 하자 그 군인이 대단히 화가 나서 칼을 뽑아 들고 '하이'라고 일본어로 대답할 것을 요구했다. 이에 우리는 겁에 질려 일본어로 대답을 했는데, 선생은 계속해서 한국어 이름을 불렀다. 그리고 그 군인을 향해 이름이라는 것은 고유명사로서 어쩔 도리가 없는 것이라고 항의하였다. 그리고 그 다음날부터 출석을 부르는 일을 그만 두었다. 그러한 일은 어린 우리들의 가슴에도 무언가 뜨거운 것이 치밀어 올라오는 것을 느끼게 하는 일이었다.

눈물을 잘 흘렸던 선생 : 몸은 강철같고 성격은 면도칼처럼 날카로웠으나 그 눈에는 눈물이 마를 날이 없을 정도로 자애심이 깊은 선생님이었다. 다른 사람은 보지 못하는 세심한 곳까지 보며 그것은 늘 감동과 아픔의 눈물이 되었다. 민족의 설움과 아픔, 고독 그리고 이 세상의 여러 가지 슬픈 일들이 모두 선생의 눈물이 되어 흘렀다. 도대체 어떻게 할 수 없는 선생의 눈물이었다. …

이상의 내용만 보아도 당시 선생이 엄격하면서도 자애로운 교사로서 제자들에게 어떤 선생이었나를 충분히 이해할 수 있을 것이다. 그 엄격한 가운데서도 고향을 떠나 서울에서 공부하는 제자들을 위해 등산화를 만들어 함께 매주 등산을 하면서 부모와 같은 따뜻한 보살핌을 주었고 일부 학생들은 자신의 집에 함께 기거하며 삶 자체를 모범으로 보이는 교육을 하였다.

2. 민족 정신과 지리 교육

뿐만 아니라 교실에서 선생이 제자들을 향해 열성어린 강의를 해나가는 모습 속에서도 그의 참 교육자로서의 모습과 어두운 시기 진정으로 민족을 사랑하는 한 애국자의 자세를 발견할 수 있다. 선생의 수업시간을 잊지 못하는 제자 김헌직(金憲稙) 씨의 회상을 통해 다시 한 번 선생의 모습을 되새겨 보자.

선생이 담당하셨던 과목은 박물, 지리였다. 수업시간의 대부분은 선생의 정열적인 인생 교훈으로 가득 찼다. 그것은 우리 학생들에게 조금도 싫증을 주지 않았다. 그것이 현실을 똑바로 보고 예리한 비판을 가하는가 하면 또한 전문적 학문(동물, 식물, 곤충, 지리)을 통해 간접적으로 돌려 비유로 표현하고, 때로는 여러 예화를 섞어가며 가르쳐 주셨는데, 그 이상의 가르침이 다시 없을 정도였다. 그러한 말씀 중에는 일본 경찰 정보원이 의심을 품고 탐지하지 않을까 염려되는 부분도 있었다. 그러한 조마조마한 마음도 잠시 뿐 유머가 있는 비유를 들어 말씀하시면 반의 친구들은 모두 폭소를 터뜨린 적이 한두 번이 아니다. 교단에 서신 선생님의 얼굴은, 나쁜 일을 나무랄 때는 더없이 근엄하고 무서운 얼굴이 되었다가도 약하고 힘없는 자를 이야기할 때는 눈물을 흘리시며 자애심이 넘치는 얼굴이 되곤 하셨다. 이처럼 존경스러운 선생님의 인상은 우리들의 가슴속에 영원히 또렷하게 박혀 있다. 이와 같은 선생님의 교육자로서의 정신을 보다 구체적으로 살펴보면 다음과 같다.

조국애, 한국은 영어로는 '조용한 아침의 나라'(morning calm)라고 불린다고 말씀하면서 지극히 사랑하는 이 반도의 지리적인 위치나 기후적인 조건을 설명해 가시면서 문명이 발달할 조건은 이미 준비되어 있으며 서양에 있어서 이탈리아 반도와 대단히 비슷하다고 하셨다. 이탈리아가 과거 대로마제국을 건설했던 것과 같이 우리도 고구려, 신라, 백제 등 강대한 삼국시대가 있었던 것이 아닌가 라고 역사의 예를 들어 주셨다. … 선생께서 가장 숭배했던 인물은 고려 말의 지조 높은 선비 포은 정몽주(鄭夢周)였다. 교실 정면에 포은의 초상화를 걸어 놓고 일편단심으로 조국애를 맹세하고 우리들에게도 그 정신을 불어넣어 주셨다. 그리고 한일합병 이후에 가장 존경하는 인물로는 남강 이승훈(李昇薰) 선생과 월남 이상재(李商在) 선생이었다.

김교신 선생은 동물의 생태를 통해 약소 민족이 살아 남는 원리를 암시해 주기도 했다. 모든 동물의 왕이라고 하는 호랑이나 사자같은 강한 동물은 그 번식이 점차 감소하지만 토끼 등 약한 동물은 점차 증가하는 경향이 있다. 이와 같이 하나님은 강한 자가 지구를 완전히 지배하는 것을 허락하지 않고 약소 민족에게도 생존의 여지를 남겨 두셨다. 인류 역사 속에서 포악한 침략자는 역사의 심판을 받고 있다. 그러한 예로서 폴란드를 세 차례에 걸쳐 나누어 점령한 바 있는 제정 러시아, 독일, 오스트리아의 운명을 이야기해 주셨다. …

이러한 가르침을 회상하는 당시의 제자들의 기록을 종합해 보면 분명히 김교신 선생이 가르치는 과목은 지리와 박물, 즉 세계 여러 곳의 풍물이나 자연 현상 등이 중심이 되는 과학적인 내용임에도 불구하고 그 과목을 통해서도 어떻게든 민족 정신이 길러지도록 노력한 모습을 볼 수 있다. 여러 가지 세계의 역사나 자연 현상을 비유적으로 설명하면서 비록 다른 민족의 지배 아래 주권을 잃고 끊임없는 수난 속에 놓여 있는 우리 나라이지만 인류 역사의 법칙과 세계의 현상, 특히 자연의 법칙에서 발견할 수 있는 하나님의 뜻에 의하면 언젠가는 우리 민족의 정통성을 되찾고 우리 민족을 폭력으로 지배한 일본은 벌을 받을 것이라는 사실을 되풀이하여 가르친 것이다.

특히 선생의 중학 1학년생 지리 수업 시간에는 5만 분의 1로 축소된 한국 지도를 가지고 산의 높고 낮음, 강, 해안, 도시 등에 색을 칠하여 입체적인 지도를 완성시키는 작업이 늘 진행되곤 하였다. 그 수업은 아주 엄격하고 세심하게 진행되었는데, 조금이라도 지도를 그리는 작업에 성의를 다하지 않는다든가, 지도 그리기에 애정을 가지지 않는 학생이 있으면 호되게 꾸짖었다. 이는 단순히 국토 지리 과목에 대한 지식을 가르치고 기능적으로 아는 정도의 수업이 아니었음을 나타내 준다. 당시를 생생히 전하는 제자 홍승면(洪承勉) 씨의 이야기를 들어 보자.

중학 1년생 시절 같은 반 친구였던 H군은 지금은 대학 교수인데, 그가 간직해 온 당시 일기에 따르면 우리 반에 대한 김교신 선생의 지리 수업은 그 해 9월 13일에 시작되었다. 수업이라고 하여 별다른 것은 아니었다. 교과서를 읽는 것도 아니고 별도의 강의를 듣는 것도 아니며, 단지 한반도의 5만 분의 1 지도를 학생들이 각 부분으로 나누어 가지고 각자 색칠을 하는 것이 선생의 지리 수업이었다. 지리

교실은 본관 뒤편 별관 2층이었는데, 지리 시간이 되면 우리들은 지리 교과서와 노트 대신 그림 도구와 5만 분의 1 지도를 준비해 가지고 지리 교실로 가서 색칠하는 작업에 매달렸다. 강이나 하천은 파란색으로 칠하고 해발 백 미터 이상은 갈색으로 칠했는데, 높이가 백미터 이상씩 달라질 때마다 색의 농도를 다르게 하지 않으면 안되었다. 높이가 높아질수록 갈색은 진해지는 것이다. 말로 하기는 쉽지만 실제로 그릴 때는 신경이 쓰이고 대단히 힘든 일이었다. 실수를 범하여 지도가 못쓰게 되면 남전(남선전기회사, 당시 전력 회사) 본사와 화신(종로에 있던 백화점 이름) 사이에 있던 지도 가게까지 뛰어가 새 지도를 사오지 않으면 안되었다. 맡아 색칠할 부분에 바다가 넓게 차지하고 있는 반 친구를 얼마나 부러워했는지 지금도 생생하게 생각이 난다. 바다를 칠하는 일이 비교적 간단한 일이고 바다가 넓은 부분은 그 만큼 육지 부분이 줄어들기 때문이며 해안지대의 지형은 내륙지역에 비해 일반적으로 높낮이가 심하지 않으리라고 상상하기 때문이었다.

선생은 왜 중학 1년생의 지리 시간에 이론적인 수업을 진행하지 않고 지도 그리기를 학생들에게 시켰을까? 그것도 여러 학생들이 함께 비교적 큰 지도를 자세하게 그리는데 국토의 높낮이를 색깔로 표시하고 강과 하천, 각 바다의 부분까지 입체적인 지도 그림을 그리게 하였을까? 이 수업을 진행할 때 선생은 특별한 이유를 설명하거나 그 효과를 자세히 이야기하지도 않은 것으로 전한다. 그저 학생들에게 과제를 주고 다만 그 작업을 정확하게 수행하지 않거나 성의를 보이지 않는 학생에게 불호령을 내린 것 밖에는 없다.

그러나 여기에서 그 수업이 갖는 의미를 생각해 보면 정말 깊은 뜻이 담겨져 있다. 선생의 나라 사랑은 국토를 사랑하고 그 땅에서 이루어진 역사를 기억하는 일로부터 출발하였다. 그가 지리를 택하여 공부한 것도, 그의 문필 활동 중에 민족 역사의 뜻이 늘 등장하였던 것도, 그의 평생 동지 함석헌이 그가 간행하던 잡지 「성서조선」에 '뜻으로 본 한국 역사'를 연재하게 한 것도 모두 서로 관련이 있는 일이다. 잃어버린 나라, 식민지의 젊은 학도들이 조국 땅의 산과 강을 정성스레 그리고 낱낱이 외우는 작업은 민족적 정기를 잃지 않는 가장 기본적인 일이 될 것이다. 언젠가는 꼭 되찾아야 할 우리의 땅에 정성을 다해 선을 그려 넣고 색칠을 하던 당시의 교실 분위기는 지금 생각하여도 숙연해지는 무언가를 느낄 수 있다. 그 지리 수업 시간은 별다른 말이 필요 없었을 것이다. 지도 그리기의 과제를 내어 준 선생이나 상당히 어려운 공동 작업에 몰두했을 학생들이나 마음과 마음으로 통하는 무엇이 있었을 것이다. 지금 이 시대 우리가 분단의 한반도를 지도로 그리거나 공부할 때 국토 분단의 모양에 가슴이 아픈 것과는 또 다른 빼앗긴 조국에 대한 서러움과 그 땅을 꼭 우리들의 손으로 되찾아야 하리라는 민족적 다짐 같은 것이 우러나왔을 것이다.

이와 같이 선생의 가르침은 수업과 생활 전체를 통해 당시 학생들의 마음을 움직이고 결심을 다지도록 하는 힘을 지녔다. 이것이 야말로 가장 확실하게 민족 정신을 길러 내는 일이 아니겠는가.

제4부

선생과 「성서조선」의 발행, 민족 기독교운동

제4부. 선생과 「성서조선」의 발행, 민족 기독교운동

제1장. '성서' 와 '조선' 사이

1. 잡지 「성서조선」의 창간

김교신 선생이 일생을 통해 중요한 일로 자신의 온 힘을 다 기울인 일 중의 하나가 바로 종교 잡지인 「성서조선」의 간행이다. 우리가 앞서 살펴보았듯이 선생은 한 사람의 훌륭한 교육자의 삶을 살았음과 동시에 '민족 기독교운동' 이라고 하는 애국적인 기독교운동에도 자신의 온 힘을 다 쏟아 일했다. 그 중에서도 일본의 스승 우치무라 밑에서 함께 배운 한국인 동지들과 함께 창간했다가 후에 자신의 개인 잡지로 발행을 계속한 「성서조선」은 그의 기독교운동과 나라 사랑을 함께 연결시킨 결정체였다. 그래서 이 잡지는 단순히 종교적인 목적의 잡지라기보다는 당시 어려운 민족의 상황 속에서 한국 동포가 희망을 간직할 수 있는 새로운 힘을 불어넣어 주는 간행물로도 큰 역할을 하였다. 이러한 이유로 결국 이 잡지는 당시 일제 당국의 끊임없는 검열과 단속을 당해야 했고 마침내 '성서조선 사건' 이라는 사건을 통해 잡지는 폐간되고 선생과 그의 동지들이 감옥에 갇혀 혹심한 고통을 겪어야만 했다.

「성서조선」은 김교신 선생이 일본 유학을 마치고 귀국한 바로 직후인 1927년 7월에 매계절마다 발행되는 계간 잡지로 창간되었다. 이 잡지는 일본의 우치무라 선생의 한국인 제자들 중 먼저 귀국한 김교신과 함석헌이 실무 편집을 맡았고 처음의 발행인은 유석동, 편집인은 정상훈, 송두용, 양인성이 참여하였다. 실제로는 잡지를 김교신과 함석헌이 다 만들었으면서도 그때까지 일본에 머물러 있던 유석동과 정상훈의 이름으로 잡지를 내고 발행처도 일본의 주소로 했던 것은 한국 내에서 발행되는 잡지에 대한 조선총독부의 간섭을 조금이라도 적게 받고 자신들이 하고자 하는 이야기를 더욱 자유롭게 싣기 위해서였다고 보여 진다.

이렇게 「성서조선」은 같은 선생님 밑에서 기독교 신앙을 배운 한국인 제자 6인 즉 김교신, 함석헌, 유석동, 정상훈, 양인성, 송두용 등의 동인지로 출발하였다. 그렇기 때문에 처음에는 이들 동인들의 글이 골고루 실렸고 함께 협력하여 한국에서의 새로운 신앙운동을 일으키고 이를 통한 애국의 실천을 목표로 하였다.

이 잡지가 어떤 목표로 창간되고, 어떤 정신을 많은 사람들에게 심어 주고자 했는지를 이해하기 위해서는 우선 「성서조선」의 창간사를 함께 읽어보도록 하자.

하루 아침에 세상에서 자신이 유명해진 것을 알게 된 바이런(영국의 저명한 시인)은 행복한 사람이었다. 그러나 하루 저녁에 '아무래도 나는 조선사람일 수밖에 없구나'라고 연락선 갑판 위에서 발을 구른 사람은 둔한 사람이었구나. 나는 학창 시절에 오직 학문에만 힘쓰면서 가끔 이렇게 위로했다. '학문에는 국경이 없다.' 큰 회당에서 훌륭한 설교를 들으며 감사할 때가 많았다. … '옳은 일을 하는 데에야 누가 무어라 할 것인가.' 정말 학문적인 야심에는 국적이 보이지 않았다. 사랑의 충동에는 어떤 벽도 가로막을 수 없었다. 이상을 실현하고자 하는 데에는 앞길이 양양할 뿐이다. 이때 귓가를 울리는 한마디는 무엇인가, '누가 무어라고 해도 너는 조선인이다.'

아, 어찌 이보다 더 큰 의미를 우리에게 전하는 말이 있으리요. 이를 깨우쳐야 모든 것을 알며 모든 것을 이룰 수 있을 것이다. 이에 우리의 눈은 바라볼 곳이 생겼고 그 대상은 하나인 것이 분명해졌다. 우리는 감히 조선을 사랑한다고 큰소리치지 못하지만 조선과 우리 자신과의 관계에 대하여 겨우 무엇인가를 깨우친 것으로 믿는다. 그 늦음이야 한탄스러운 것이지만.

그러나 자기 자신을 위하여 무엇을 행하고 조선을 위해 무엇을 해야 할지. 오직 분하고 원통해 하는 것만이 다일까. 요즈음 우리 형제들 사이에 평소의 생각이 서로 다르고 좋아하는 것이 서로 다름에도 불구하고 각자 자신의 고집을 굽히고 같은 목표를 향해 함께 나아가려는 태도를 보이는 것은 우리가 같이 기뻐해야 할 일이다. 이것은 어버이가 돌아가신 후에 비로소 효도할 마음이 생기는 것과 같은 이치이다. 우리 같은 불효자들도 그러한 이치에서 빠지지 않는 모양이다. 상황은 이렇게 도저히 이룰 수 없는 일을 이루는 것인가 보다.

다만 같은 제일의 사랑에 대해서도 그 표현하는 방법이 다 다른 것은 할 수 없는 일이다. 우리는 조금의 경험과 믿음으로 오늘의 조선에게 줄 가장 귀한 선물을 마련하였는데, 그것은 특별한 것도 아닌 오직 신구약성서 한 권인 것이다.

그러므로 걱정을 같이 하고 소망을 한 곳으로 모은 어리석은 사람들 5, 6인이 동경 시외 스가나미 촌에서 처음으로 모여 '조선성서연구회'를 시작하고 매주 때를 맞춰 조선을 생각하고 성서를 공부하면서 지내 온 지 반 년을 조금 넘긴 때 누가 제안하여 그 동안의 소원이었던 연구의 일부분을 공개하려하니 그 이름을 '성서조선'이라 하게 되었도다. 우리는 그 이름이 좋고 나쁜지에 대해서는 따지지는 않으려 한다. 다만 우리 마음의 전부를 차지하는 것은 '조선'이라는 두 글자이고 애인에게 보낼 최고의 선물은 성서 한 권 뿐이니 그 둘 어느 하나도 버리지 못하여 정해진 것이 바로 그 이름이다. 우리의 소원은 오직 이것을 통하여 열렬히 사랑하는 순수한 마음을 전하려 하고 그 지성의 선물을 조선, 그녀에게 드리려 하는 것이다. …

우리가 이 「성서조선」의 창간사에서 가장 강렬한 인상으로 느낄 수 있는 내용은 이 잡지의 동인들이 가지고 있는 민족에 대한 사랑이다. 기독교 신앙운동을 하고 성서를 연구해 온 모임에서 그들의 연구 성과를 여러 사람에게 알리고 다른 사람들도 자신들의 뜻에 공감하도록 할 목적으로 펴내는 신앙 잡지가 아닐까 하는 생각도 하게 되지만 우선 그 창간사를 통해 살펴본 목적은 결코 종교적인 목적에만 머무는 잡지가 아닌 것을 충분히 알 수 있다. 그 모든 종교적인 목표 역시 수난 속에 놓여 있는 민족에 대한 사랑을 구체적으로 실천하기 위한 한 방법이라고 볼 수 있기 때문이다. 그들 「성서조선」 동지들은 자신들의 민족을 '애인'이라고 표현했다. 그 사랑하는 사람을 위해 무엇을 줄 수 있을까. 사람에 따라, 분야에 따라, 자신이 처한 위치에 따라 여러 가지 선물을 줄 수 있겠지만 자신들은 최고의 가치라고 믿는 '성서' 그 진리의 가치를 사랑하는 대상에게 바치겠노라는 뜻을 밝히고 있다.

이러한 목표를 세우고 발행된 「성서조선」은 성서 자체에 대한 이해를 돕는 내용은 물론 당시 시대적인 여러 가지 문제에 대한 이야기, 역사와 고전 등 다양한 내용으로 채워졌다. 뜻을 같이 한 이 6명의 글이 골고루 수록되었고 그밖에 다른 사람들의 글도 실렸다. 앞서 이야기한대로 조선총독부의 검열 등을 피하기 위해 처음에는 일본에서 발행하는 형태를 취하였으나 발행인 유석동, 편집인 정상훈 등이 모두 유학을 마치고 귀국한 1929년 8월부터는 한국에서 발행하는 형태를 취하였다. 그러나 여러 사람이 공동 책임으로 잡지를 발행하는 일이 그렇게 쉬운 일만은 아니었다. 나누어서 져야 할 책임의 문제나 참가자들의 모임 준비 등 여러 가지 어려운 문제들이 발생했다. 이에 동지들 중에서도 잡지의 간행과 신앙운동에 가장 열성을 보인 김교신 선생이 그 모든 책임을 떠맡는 형식으로 변화되었는데, 그것이 1930년 5월호부터의 일이다. 김교신 선생의 개인 잡지가 된 이후로도 처음에 참여했던 동인들은 글을 쓰는 등

잡지 발행을 여러모로 계속 도왔다. 열성적인 선생의 노력으로 잡지는 오히려 더욱 알찬 내용으로 꾸며졌고 이른바 계간, 곧 일년에 네 차례 매 계절마다 발행되던 잡지가 매달 발행되는 월간으로 바뀌었다. 이 때부터 「성서조선」은 김교신 선생의 사상과 뜻을 본격적으로 펼치는 발표 지면이 되어 많은 독자들이 선생의 사상과 생활을 이해할 수 있게 되었다. 특히 이 잡지에는 다른 필자들의 글도 많이 수록이 되었지만 선생의 논문, 수필 그리고 여러 가지 주제를 담은 논설문 등 많은 종류의 글이 실렸고 무엇보다 선생의 일기가 발표되어 우리가 이 잡지를 통해 선생의 모든 것을 알고 이해하기가 쉽게 되어 있다. 그러나 문제는 가난한 평교사의 신분이었고 더구나 가문으로부터 물려받은 재산도 전혀 없었던 선생의 형편으로 매달 많은 양의 돈이 드는 잡지의 발행을 계속해 나간다는 일은 결코 쉽지가 않았다. 오직 약 삼백 명 정도였던 정기 구독자가 보내오는 잡지 구독료와 가끔씩 이 일의 가치를 인정하고 도움을 주는 사람들의 지원을 제외하면 모두 선생의 적은 수입으로 잡지 간행의 모든 경비를 댔다. 뿐만 아니라 선생이 써야 하는 부분의 원고를 쓰는 일은 물론 전체적인 원고의 정리, 수정 작업, 인쇄와 제본 과정의 여러 가지 일, 심지어 완성된 잡지를 서점 등에 나누어주고 우편으로 받아 보는 독자들에게 책을 부치는 일까지 선생 혼자 도맡아 하다시피 하였다. 일거리를 자전거에 싣고 인쇄소로 제본소로 페달을 밟으며 단 한 달이라도 잡지 발행을 쉬지 않으려고 애를 썼다.

그렇다면 왜 선생은 이렇게 여러 가지 어려움을 무릅쓰고서라도 「성서조선」을 계속하려고 했을까? 잡지 간행을 통해 선생이 믿는 기독교 복음의 전도에 목적을 두었고 그것은 곧 수난 속에 놓여 있던 민족에게 꺼지지 않는 희망을 주는 일이라고 믿었기 때문이었으리라.

2. 「성서조선」의 나라 사랑 정신

잡지의 이름이 「성서조선」이 된 이유를 우리는 다시 생각해 볼 필요가 있다. 김교신 선생과 그의 동지들이 지녔던 생각 속에는 당시의 어두운 나라 형편 속에서 진실로 나라를 사랑하는 일은 한국 민족으로 하여금 성서의 진리를 깨닫게 하고 성서에서 증거 되고 있는 이스라엘 민족의 수난과 구원의 법칙을 우리 민족의 것으로 믿고 따르게 하려는 데 있었다. 즉 우리 민족이 어떠한 고난과 아픔을 당하더라도 성서에 나오는 이스라엘 민족의 역사처럼 하나님은 한 민족의 수난 속에서 더욱 그 민족을 훈련시키고 새로운 희망을 주신다는 약속을 믿고 이해하도록 하는데 있었다. 이렇게 볼 때 우리 한국 민족도 하나님으로부터 우리 민족만의 사명과 과제를 받았고 그러한 사명을 다 해나가는 과정에서 틀림없이 민족의 구원은 있으리라고 희망을 가졌다.

어떤 사람들은 기독교 신앙이라는 것은 세계적인 종교로 많은 국가나 민족들이 공통적으로 받아들이는 것이기 때문에 어떤 특별한 민족만의 신앙이 되어서는 안된다고 말한다. 어떻게 보면 그것은 대단히 옳은 말이다. 물론 기독교는 어떤 특정한 민족만을 위한 종교도 아니요 또한 어떤 특별한 민족을 미워하는 종교도 아니다. 이러한 입장에서 보면 한국의 '민족 기독교'라는 것이 과연 옳은 생각인가 하는 의심을 품어 볼 수도 있다. 그러나 그것은 한 민족의 구체적인 역사를 통해서 하나님의 뜻과 성서의 진리가 나타난다는 생각을 하는 사람들에게는 오히려 쉽게 이해되는 일이다. 사실 김교신 선생이나 그 동지들이 일본의 스승 우치무라로부터 배운 가장 귀중한 정신은 우치무라가 지닌 자기 민족에 대한 지극한 사랑이었다. 그렇다면 당시의 역사적 형편을 볼 때 일본이 한국의 주권을 빼앗고 말로 다 할 수 없는 고통을 주고 있었는데, 그러한 일본을 사랑하는 우치무라와 한국 민족을 사랑하는 김교신 선생과 주변 사람들에게는 어떤 공통적인 이해가 있었을까? 그것은 바로 우치무라는 옳지 않은 길로 나아가는 자신의 민족에 대해 하나님의 진정한 뜻을 전하는 일을 통해 민족을 향한 사랑을 표현했고, 김교신 선생 등 한국의 청년들은 어두운 역사 속에서도 언젠가는 하나님이 우리 민족을 구원하시리라는 희망, 그렇게 되기 위해서는 우리 민족이 더욱 올바르게 하나님을 믿고 정직하게 살아가야 한다는 정신을 선포하는 일을 통해 서로 하나가 될 수 있었던 것이다.

아무튼 「성서조선」의 중요한 간행 목적의 하나는 한국 민족의 미래에 희망을 거는 일이었다. 그래서 성서와 민족을 하나로 연결시키고자 했다. '성서와 조선'이라고 이름을 지어야 더 자연스러운 일일지도 모르는데, 성서와 조선 사이에 '와'와 같은 글자, 곧 조사 하나마저도 허락할 수 없을 만큼 그 둘 사이를 가깝게 해 두고 싶었던 것이 이 잡지를 간행한 사람들의 소원이었다.

이러한 「성서조선」의 나라 사랑 정신은 김교신 선생의 글 '성서조선의 이해'에 잘 나타나 있다. 이 글을 읽으면서 선생의 나라 사랑 정신을 잘 되새겨 보기를 바란다.

성서와 조선 : 옛사람도 책 속에 온갖 보물이 있다고 하여 좋은 논밭보다도 책이 더 귀한 까닭을 가르쳤는데, 책이 귀한 것은 물론이요 그 책 중에서도 책 중의 책이라고 하는 성서가 가장 고귀한 책이다. 이는 우리의 한쪽으로 치우친 생각이 아니라 성서 그 자체가 그러한 사실을 증거하는 것이요 세계의 역사가 그것을 입증하고 있다. 인도의 심라라는 곳은 더위를 피하기에 가장 좋은 곳이라 하고 이탈리아의 리비에라 지방은 추위를 피하는 데 가장 좋은 곳이라고 하지만, 네 계절 다 좋아 백 년이라도 일하며 먹고 살아가기에 조선 땅 보다

더 좋은 곳이 지구 위에 또 있으랴? 비록 백두산이 없었다 하고 금강산이 생기지 않았다 해도 조선은 더 말할 나위 없는 조선이라고 생각하는데 물론 이것은 우리의 주관적 생각이다. 아무튼 세상에서 제일 좋은 것이 성서와 조선, 그러므로 성서와 조선.

성서를 조선에게 : 사랑하는 자에게 주고 싶은 것은 한두 가지가 아니다. 하늘의 별이라도 따다 주고 싶으나 사람의 힘으로서는 못할 일이다. 어떤 사람은 음악을 조선에게 주며, 어떤 사람은 문학을 주며, 어떤 사람은 병을 고치는 기술로 조선에 사랑을 꽃피우며, 조선에게 옷을 입히며, 훌륭한 모자를 씌울 것이지만 오직 우리는 조선에게 성서를 주어 그 뼈를 세우고 그 피를 만들고자 한다. 같은 기독교를 가지고서도 어떤 사람들은 열심히 기도하는 것이 최고라고 가르칠 것이며, 또 어떤 사람은 신비스러운 체험을 중요하다고 할 것이며, 또 어떤 사람은 신학 지식의 학문적인 이론으로 가르치는 것이 가장 중요하다고 할 것이지만 우리는 다만 성서만을 주고자 한다. 그보다 더 좋은 것을 조선에 주고자 하는 사람은 그렇게 하라. 우리는 다만 성서를 주고자 작은 힘이나마 다하는 사람들이다. 그러므로 성서를 조선에.

조선을 성서 위에 : 과학적 지식의 바탕 위에 새 조선을 건설하려는 과학 조선의 운동이 틀렸다는 것도 아니요 인구의 8할 이상이 농민인 나라에서 덴마크식 농업 조선을 발전시키려는 노력이 시대에 맞지 않다고 탓하지도 않으며, 기타 새로운 도시를 중심으로 한 상공업 조선이나 시대적 분위기에 따라가는 공산당 조선 등 모두 하나하나가 진심으로 조선을 위한다고 나온 것이기에 그것들이 별로 해로울 것도 없겠지만, 이를테면 이런 것들은 모두 풀의 꽃과 같고 아침 이슬과 같아서 오늘은 있었으나 내일에는 그 자취도 찾아볼 수 없을 것이며, 모래 위의 건축이라 비바람을 맞으면 쉽게 부서질 것이

다. 그러므로 이러한 겉만 있는 조선 밑에 영원히 변치 않는 바탕을 넣어야 할 것이니 그 땅 밑의 기초 공사가 곧 성서적 진리를 이 백성들이 가지도록 하는 일이다. 넓고 깊게 조선을 연구하여 영원한 새로운 조선을 성서 위에 세우라. 그러므로 조선을 성서 위에

종교운동, 기독교운동 혹은 문화적인 동기를 가지고 하나의 잡지를 발행하는 일에서 선생과 그의 동지들은 어떻게 이렇듯 대단한 나라 사랑의 포부를 가질 수 있었을까. 그것은 당시의 시대적인 모습과 관계가 깊을 것이다. 김교신 선생이 활동하던 시기, 우리 나라는 일본의 억압 속에서 모든 것을 다 빼앗긴 상태였다. 그 어떤 방법으로도 어려움에 빠진 민족을 고통 속에서 구해 내기가 쉽지 않았고 무엇보다도 민족 모두가 안고 있는 절망감은 민족의 미래에 대한 아무런 희망도 가질 수 없는 상황이었다. 그렇기 때문에 산업이라든가, 과학이라든가, 어떤 구체적인 발전의 방향만으로서는 다른 나라의 지배를 받는 우리 민족의 처지로서 도저히 헤어 나갈 수 없는 정신적인 좌절이 컸을 것이다. 그렇기 때문에 그 어떤 정신적인 힘, 아주 근본적으로 민족을 살려 나갈 수 있는 새로운 힘이 필요하다고 생각한 것이다. 아무리 어떤 사람이 또는 어떤 공동체가 절망의 늪에 빠져 있더라도 살아 나갈 수 있다는 희망을 지닌다면 그것은 그 어떤 도움이나 구원의 방법보다도 그것을 헤어 날 수 있는 원동력이 된다고 할 수 있듯이 당시의 우리 민족에게는 그런 용기를 북돋우어 줄 힘이 필요했다.

그러나 김교신 선생이 우리 민족의 희망으로 삼았던 새로운 정신과 종교로서의 기독교는 서구의 제도적인 형식에 얽매인 그런 기독교가 아닌 한국 민족의 역사와 문화 속에서 새롭게 창조되어야 할 한국적인 기독교였다. 이러한 운동의 중요한 줄거리를 선생은 다음과 같은 글에서 잘 정리해 놓고 있다.

조선에 필요한 기독교 : 조선에는 돈도 필요하다. 힘도 필요하다. 학문도 필요하다. 위대한 예술품도 필요하다. 그러나 가장 필요한 것은 기독교다. 그러나 그것은 기독교 청년회의 기독교가 아니다. 교회의 기독교가 아니다. 제도의 기독교가 아니다. 형식적인 기독교가 아니다. 16세기 종교개혁자들이 체험한 기독교다. 영적 기독교다. 산 기독교다. 즉 그리스도다. 그렇다. 현재의 조선에 절실히 필요한 것은 기독교요, 그 기독교는 살아 계셔 역사하시는 그리스도 자신이다. 우리는 교회를 필요로 하지 않으나 그를 필요로 하며, 청년회를 필요로 하지 않으나 그를 필요로 한다. 그를 얻으면 우리는 전부를 얻은 것이 되며 그를 잃으면 우리는 전부를 잃게 된다.

이러한 선생 나름대로의 독특한 기독교 사상이야말로 외래 종교인 기독교가 민족의 편에 서서 함께 고통을 나누고 미래에 대한 희망을 제시해 줄 수 있는 것이 된다. 잡지 「성서조선」을 통해 사랑하는 조선에 봉사하고 어떤 상황 속에서도 끊어지지 않는 희망을 보여 주고자 했던 선생의 나라 사랑은 암울하던 민족 신앙기에 거의 유일하게 남아 기독교적인 사상을 통한 나라 사랑의 실천을 보인 일이었다.

뿐만 아니라 「성서조선」을 통한 김교신 선생의 민족에 대한 사랑은 외딴 섬에서 병마의 고통 속에 외롭게 신음하고 있던 나병환자들에게까지 관심과 사랑을 쏟았던 것을 볼 수 있다. 지금은 좋은 약도 개발되고 사람들의 생각도 많이 달라져서 걸려도 충분히 나을 수 있고 인간다운 대우를 받으며 치료를 받을 수 있게 된 병이지만 지금으로부터 수십 년 전만 해도 특히 김교신 선생이 살았던 시대만 해도 이 한센씨 병을 문둥병이라고 부르며, 특히 이 병이 걸린 사람들은 하늘의 벌을 받은 것이라고 생각했고 한번 걸리면 다시는 나을 수 없는 병으로 알았다. 그래서 이 병이 걸린 사람들을 소록도와 같은 외떨어진 지역에 모아 수용하여 평생을 가족을 포함한 일반인들과도 만나지 못하게 했다. 그러나 당시 김교신 선생은 이들 소록도의 나환자들에게도 「성서조선」을 보내고 그들과 사귀며 우리 민족 중에 가장 고통받고 있는 민중으로서, 그렇지만 깨끗한 마음을 지닌 사람들로 여겨 교제를 함께 나누었다. 소록도 나환자병원에 있던 문신활이라는 환자가 김교신 선생에게 보낸 편지를 보면 선생과 「성서조선」이 이들에게 어떤 존재였는지 잘 알 수가 있다.

김교신 선생님 귀하

아! 복음의 나팔이신 선생님, 이 소록도에서 영혼과 육신이 모두 썩어 슬픔에 젖은 채 죽음의 길을 걷고 있는 사람이 현재 2천 명이오며 앞으론 5천 명이 될 터이온데, 가련하고 불쌍한 이 생명을 어찌하겠습니까. 육신이 부패한 것도 원통한 일인데 영혼까지 썩게 되면 얼마나 더 불쌍한 자가 되겠습니까. 인간의 사랑을 뛰어 넘는 사랑을 가지신 선생님, 우리 소록도를 특별히 잊지 마시고 복음 안에서 우리 주 예수와 함께 힘써 주시고 돌보아 주시기를 간절히 원하나이다. 금년에는 신앙 동지 5인이 「성서조선」지 한 질을 받아 보오나 남자 병동, 여자 병동의 구역이 달라 함께 볼 수 없사오니 적지 않은 불편을 느낍니다. 대금을 보내어 한 질 더 주문하여 보려고 하나 금전을 구경할 수 없는 우리들, 아무것도 가진 게 없는 자로서 당분간 하는 수 없이 주께 맡기고 기도할 수밖에 없었는데, 이번에 참다 못하여 죄송스럽기 그지없지만 이 답답한 사정을 선생님께 고백합니다.

선생님께서는 변치 않는 주님의 사랑으로 특별히 양해하시어서 「성서조선」지 1, 2부만 힘되시는 대로 무료로 생각하여 주시기를 간절히 바라나이다. 그리고 앞으로 함께 읽는 친구들이 많이 생길 것

같으니 내년에는 다소나마 대금을 보내고 주문할 생각입니다. … 변치 않는 주 그리스도의 사랑 안에서 선생님들과 같이 복음의 생명을 호흡하며 기도와 사랑 안에서 영혼으로 함께 웃고 함께 울기를 끊임 없이 빌고 있나이다. 아멘.

1935년 3월 15일 소록도 갱생원 남부

철없는 소생 문신활 올림

「성서조선」지 몇 부만 무료로 보내 달라는 평범한 편지 같기도 하지만 여기에는 당시 한센씨병 환자들이 겪고 있는 육체적 정신적 고통을 「성서조선」이 위로하는 힘 등이 잘 드러나 있다.

이러한 서신을 받고 김교신 선생은 '문둥아!'라는 글을 썼다. 그 내용의 일부를 보자.

돌이켜 생각해 볼 때 우리도 본래 나환자인 형제 자매를 진심으로 동정해 오던 자가 아니다. 오히려 욕심이 컸다. 세상에서 가장 잘나고 똑똑한 청년들을 전도하여 그들을 사로잡아 그리스도에게 바치려는 욕망은 최근까지도 단념하지 못하고 있는 욕심이지만 이제 … 유력한 청년들은 우리의 말에 귀를 기울이지 않고 우리 친구들에게까지 조롱거리가 되고 보니 소록도의 나환자들만이 '우리의 문둥!'이요 우리는 저들의 '문둥!'이다. 「성서조선」의 남은 책 1, 2부를 저들이 요구했으나, 저들이 필요하다면 그 필요한 만큼을 먼저 제외하고 남은 것을 건강한 자에게 돌릴 것이오. … '문둥아!' 안심하고 요구하며 대담하게 명령하라. 주 예수로 인하여 나는 그대들의 종이다.

(1935년 5월)

이렇게 자연스럽게 연결된 「성서조선」과 소록도 한센씨병 환자들 간의 사랑은 아름답게 깊어만 갔다. 당시 우리 민족의 전체적인 비참함 중에서도 가장 큰 불행 속에 고통받고 있던 이들 환자들에 대한 김교신 선생의 사랑은 곧 민족에 대한 가장 구체적인 사랑의 표현으로 나타나고 있었던 것이다. 나환자들의 글이나 편지를 받아 보고 선생은 하염없이 눈물을 흘렸고, 도대체 왜 하나님께서는 이렇게 아름다운 글재주를 가진 영혼이 맑은 사람들을 모두 '문둥이'로 만들었을까 하고 슬퍼하였다. 그러나 위의 글에서 보는 것처럼 자신은 그들 불행을 입고 있는 이들의 종이라고 고백할 만큼 그들을 사랑하였다. 즉 그들 간에는 기독교 신앙 속에서 하나로 연결되는 위로와 희망이 있었다. 하나님이 내린 말할 수 없이 큰 운명적인 불행은 곧 그 속에 하나님만이 아는 뜻이 담겨 있을 것이라는 믿음이었다. 어쩌면 그러한 큰 불행을 통해 그들의 영혼을 맑고 아름답게 하시며 그들로 하여금 진정한 사랑의 귀한 모습을 발견하게 하실 것이라는 사실이었다. 이것은 곧 김교신 선생의 수난 받는 민족에 대한 이해와도 같은 것이다. 다른 민족의 극심한 박해를 받으며 나라를 빼앗겨 신음하고 있는 한국 민족이라고 할지라도 언젠가는 하나님의 커다란 뜻 가운데 세계사 속에서 한국 민족이 이루어 낼 사명을 지니고 있다고 보았던 것이다.

「성서조선」이 목표한 여러 가지 사명 중에 이렇듯 가장 고통스러운 시련 속에 처해 있는 한 사람 한 사람에게까지 보인 관심과 사랑은 가장 고귀한 정신의 한 부분이었다. 이것은 또한 뒤에서 살펴보겠지만 김교신 선생이 마지막 활동지로 삼았던 흥남질소비료공장에서 노동자들과 함께 했던 삶과도 연결시켜 볼 수가 있다. 일본 당국에 강제로 끌려 간 징용으로 근무 환경도 나쁜 상황 속에서 중노동에 시달리는 근로자들의 고통에 함께하며 그들의 생활을 조금이라도 도와주려고 하다가 결국 그들 사이에 퍼진 전염병에 걸려 최후를 맞아야 했던 김교신 선생의 마지막 삶과도 비슷한 사랑이었다는 말이다.

결국 「성서조선」이 나아간 길은 이와 같이 여러 고통의 자리에 처한 우리 민족 한 사람 한 사람에게 용기와 희망을 주는 일이며 성서의 진리를 깨우치게 하는 일이었다고 볼 수 있다. 그리고 마침내는 당시 민족적 상황 속에서 나라 사랑의 가장 구체적인 실천을 보였는데, 곧 일본 침략자들과의 대결이었다. 한국 민족은 완전히 없어 진 것으로 삼고 더구나 노예와 같은 취급을 하는 일제의 박해 속에서도 영원히 살아 남아 찬란하던 민족 역사의 전통을 다시 회복할 것이라는 희망의 신앙을 버리지 않았다. 이러한 「성서조선」의 나라 사랑 정신 때문에 결국은 '성서조선 사건'이 일어나고 김교신 선생과 그에게 열렬한 협력을 보내던 동지와 구독자들이 감옥에 갇히는 고난을 당해야 했다.

제2장. 한국적 기독교운동

1. 선생을 향한 비판들

참다운 교육을 위해 온 힘을 다 쏟는 교육자요 종교가로서 열성적인 신앙을 실천하던 김교신 선생이었지만 선생의 생각과 행동에 대해 비판하는 사람들은 당시에도 많이 있었다. 그것은 특히 선생의 독특한 기독교 사상에 대한 것이었는데, 서양 선교사들의 가르침에 깊이 빠져 있던 한국 교회 지도자들이 주로 선생의 사상을 비판하였다. 물론 그러한 비판들 속에는 일부 겸손하게 받아들이고 생각해 보아야 할 내용도 포함되어 있지만 대부분은 서양 기독교의 입장에서 선생의 기독교관을 비판한 것이 많았다. 선생을 비판한 가장 대표적 인물이 당시 평양에서 기독교 문필 활동가로 많은 글을 쓰고 잡지를 간행하며 장로 교회의 신학을 대표하던 김인서 선생이다. 그는 특별히 김교신 선생과 그의 동지들에게 절대적인 영향을 주었던 일본의 사상가 우치무라를 강력히 비판하면서 김교신 선생과 글을 통한 논쟁을 벌이기도 하였다. 김인서 선생을 중심으로 한 인사들이 우치무라 선생과 그의 제자들을 비판한 가장 중요한 내용은 두 가지 점으로 정리될 수 있다.

첫째는 그들이 기독교인으로서 성서의 진리를 말하고는 있으나 이른바 '무교회주의자'로서 2천 년 동안의 기독교 전통을 이어 내려온 교회 제도를 인정하지 않는다는 점이다. 이는 상당히 전문적인 기독교 신학의 이론을 가지고 설명할 수 있는 이야기지만 쉽게 정리하자면 기독교를 믿는 방법의 차이에서 오는 비판과 의견 차이였다. 즉 우치무라와 김교신 선생 등은 당시 한국과 일본의 기독교회, 곧 여러 서양 교파의 선교에 의한 교회 제도로서 장로 교회니 감리 교회니 성결 교회니 하는 형식적인 제도를 거의 무시하였다. 그 이유는 이러한 교회 제도들은 서양의 여러 나라들이 자신들의 문화와 역사의 전통 속에서 하나님의 말씀을 보존하고 복음을 증거하는 형식으로 만든 것이기 때문에 꼭 그대로 한국이나 일본의 기독교가 그것을 받아들일 필요가 없을 것이라는 주장 때문이었다. 또 그러한 교회 제도가 서구 선교사들이 아시아, 아프리카, 남미 등 비기독교권에 선교하면서 무조건적으로 자신들의 제도만을 옳은 것으로 믿고 지키도록 강요해 온 역사는 잘못된 것이라는 생각이었다. 하나님의 말씀이나 복음은 그것이 한 민족이나 독특한 문화 속에서 그 나름대로의 형식을 가지고 발전할 수 있다는 생각을 했다. 그리고 이들은 성서의 진리를 선교사들의 안경을 통해 보고 이해하는 것이 아니라 직접 한국인이면 한국인으로서, 일본인이면 일본인으로서 보고 받아들이는 자세가 중요하다고 보았다. 더욱이 이미 당시의 서구 기독교는 루터나 칼빈이 이룩한 종교 개혁 시대의 순수한 개혁의 모습을 다 잃고 다시 개혁되지 않으면 안되는 부패한 모습으로 변해버렸다고 생각했다. 따라서 우치무라의 일본적 기독교나 김교신 선생 등이 주장한 한국적 기독교는 새로운 종교 개혁과 같은 것이라는 생각이었다. 이러한 이론과 주장에 대해 당시 보수적인 서구 기독교의 신학과 신앙 형태를 지켜 나가고자 했던 한국 교회의 중심 지도자들은 김교신 선생 등의 생각을 위험하고 잘못된 것으로 비판했다. 이들에게는 '무교회주의'라고 하는 것은 기독교가 지닌 가장 본질적인 기초를 부정하는 주장으로 보았기에 교회를 통하지 않은 신앙이나 성서 공부는 아무런 의미가 없을 뿐만 아니라 오히려 기독교를 파괴하는 행위라고 생각했다. 그리고 김교신 선생 등의 주장에 의하면 교회가 지닌 여러 제도적인 조직 중에서 목사나 장로, 그 밖의 교회 안에서의 직책이나 계급이 아무런 의미가 없는 것이라 하여 이른바 '만인사제론' (모든 사람이 거룩한 성직자의 직분을 다 행사할 수 있다는 이론)에 대해서 심각한 걱정을 하였다. 이것은 이미 교회의 제도에 따라 나름대로 안정된 권한을 갖고 있던 사람들이 자신들의 역할에 대한 도전을 염려한 것이라고도 볼 수 있다.

둘째로 김교신 선생 등이 사람들로부터 계속적인 비난을 받았던 것은 당시 일본의 침략을 받고 있던 처지에서 일본인을 스승으로 모신 친일본적인 인물들이라는 생각 때문이었다. 심지어 김인서 선생 같은 이는 일본 총독 데라우치가 현실 세계의 한국을 지배하고 침략했다면 우치무라 총독(?)은 한국의 정신적 세계와 종교계를 침략하고 있다고까지 비판하였다. 더구나 그러한 정신적 침략은 더욱 뿌리깊은 문제로 한국인 모두가 철저히 경계하지 않으면 안된다고까지 하였다. 그러나 이러한 비판이야말로 앞서의 신학적인 비판 보다 더욱 분명하게 잘못된 비판임을 알 수 있다. 우선 김교신 선생 등이 스승으로 모신 우치무라는 당시의 일반적인 일본의 사상가나 기독교 지도자들과는 달리 한국에 대한 이해와 한일 관계의 올바른 미래에 대해 분명한 구분을 할 수 있었던 사람이었다. 그리고 실제적으로도 자신의 조국 일본이 올바르지 않은 길로 나아갈 때 그것을 나무라고 바로잡을 것을 주장할 수 있을 만큼 확고한 신념을 가진 인물이었다. 또한 자신이 자신의 조국 일본을 사랑하고, 일본에 진정한 기독교의 복음을 건설하려고 했던 만큼 자신의 한국인 제자들이 그들의 조국인 한국을 깊이 사랑하고, 참된 한국적인 기독교 복음을 꽃피우려는 생각을 이해하고 도와주려는 모습을 발견할 수 있다. 따라서 무조건 우치무라가 일본인이고 그 일본인을 스승으로 삼은 김교신 선생은 반민족적인 인사라고 몰아부친 비판자의 논리는 대단히 억지스러운 것이 아닐 수 없다. 그것은 김교신 선생의 삶, 그가 발행한 잡지「성서조선」의 정신, 마지막으로 선생과 그의 동지들이 당한 일제로부터의 수난만 보더라도 확실하게 증명되는 일이다. 그 시절 민족주의를 주장하던 거의 모든 인사들과 단체들이 모두 일제에게 굴복하고 친일의 대열에 서거나 그것을 피해 숨는 사람이 대부분이던 시절에 김교신 선생과 그의 동지들은 끝까지 민족이 다시 살아날 수 있는 희망의 신앙을 노래하다가 일제에 검거되어 극심한 고난을 겪는 것으로도 그 비판은 옳지 않았다는 사실을 알 수 있다.

아무튼 김교신 선생에게 쏟아진 '무교회주의자' 혹은 '일본주의자' 라는 비판은 실제적으로는 아무런 의미가 없는 남을 비판하기 좋아하는 사람들, 자신들의 위치나 조직을 잘 지키려는 사람들의 억지스러운 비판이었음을 잘 알 수 있다. 그러나 이러한 한국 교회와 사회로부터의 극심한 비판은 김교신 선생과 그의 동지들에게 큰 외로움을 주었고 자신들의 일을 추진해 나가는 데 있어 커다란 방해가 되었던 것이 사실이다. 예를 들어 김교신 선생이 주도하는 성서연구회의 집회나 강연회는 장소를 빌릴 수 없어 애를 먹었는데, 비교적 자유스러운 분위기의 기독교 단체인 기독교청년회(YMCA) 같은 데에서도 장소를 빌려 주지 않았다.

가장 철저한 기독교인이었으면서도 한국의 기독교인 다수로부터 비판을 받아야 했던 김교신 선생, 가장 확고한 민족주의자이면서도 일본통이라고 비판을 받아 그 나라 사랑 정신까지 오해를 받았던 선생의 삶과 신앙 속에서 우리는 많은 것을 함께 생각할 수 있을 것이다. 결국 가장 참다운 것은 어떤 시대에서도 그에 따른 많은 시련을 받는다는 사실, 또한 의로운 일은 많은 박해 속에서 더욱 의로워질 수 있다는 사실을 발견할 수 있는 것이다.

2. '한국적 기독교' 이해

앞서 우리가 여러 차례 이야기했던 것처럼 김교신 선생이 한국에서 벌인 기독교운동은 그 중요한 목적이 한국 민족의 정신적인 재생, 즉 새로운 역사적 사명을 갖고 일어서는 일에 있었다. 따라서 우리는 선생과 그의 동지들이 벌이는 운동을 '한국적 기독교운동'이라는 이름으로 부르는 것이다. 그것을 서구 기독교 교리에 젖은 사람들은 '무교회주의'라고 비판을 했고 다른 한편으로는 이러한 운동의 참고가 된 것이 일본의 기독교 운동가 우치무라의 사상이었다는 이유로 일본적이라는 비판도 받아야 했다. 그러나 김교신 선생의 기독교운동만큼 진정으로 나라를 사랑하는 한국적 기독교는 기독교 역사 그 어디에서도 찾아보기 어렵다. 그의 동지 함석헌 선생은 비판자들의 말에 대해 다음과 같이 자신들의 입장을 주장하였다.

그러면 그 신앙(무교회 신앙)은 조선에 대하여 어떤 믿음을 가지는가. 그 신앙을 가지는 일이 조선과 무슨 관계가 있는 것인가. 교회의 신자가 우리들을 향해 자주하는 비판은 독선주의, 즉 우리들은 우리들 밖에 모른다는 이야기입니다. 그러나 절대로 그렇지 않습니다. 그렇다면 우리가 무슨 수도승이라도 된다는 말입니까. 만일 정말 그렇다면 그건 오히려 복있는 일이겠습니다. 아닙니다. 우리는 조선의 구원이 없이 우리 자신의 구원을 생각하지 못하는 자입니다. 우리는 '나의 형제 곧 골육의 친척을 위하여 내 자신이 저주를 받아 그리스도에게서 끊어질지라도 원하는 바로라.(롬 9:3)' 하는 성경 말씀을 읽을 때마다 감격하는 자입니다.

이 주장은 '무교회주의'라고 하는 조금은 독특한 신앙운동이 이들 자신들만의 신앙적 만족을 위해 행하는 운동이 아니겠느냐는 비판을 받자 그렇지 않다는 것을 말하고 있다. 이들 김교신 선생과 그 동지들이 서양의 교회 제도를 반대하고, 특히 일본인에 의한 일본 기독교를 주장하던 우치무라 선생의 영향을 크게 받은 이유는 무엇보다도 한국인에 의한 나름대로의 기독교를 꿈꾸었기 때문이다. 아무튼 이른바 한국의 무교회주의 신앙인들은 그들 자신의 나라 '조선'의 구원을 최고로 생각하는 사람들이었다. 그들은 이것을 부끄러움 없이 온 세상을 향해 선포했다. 이것이 바로 일본인의 제자들이라는 비아냥을 받은 김교신 선생과 그 동지들이 한국에서 가장 중요시했던 신념이었다. 그들이 우치무라를 존경하고 따랐던 이유도 그가 일본의 참다운 애국자이었기 때문이다. 우치무라는 그 시대 일본 군국주의의 잘못된 길에 대해 비판적인 태도를 보였다. 바로 이러한 면이 한국인 제자들에게 있어서 그가 진정한 일본의 애국자로 비쳐졌다. 이에 김교신 선생은 우치무라를 가리켜 "머리카락부터 발톱까지 전부 참 애국자의 화신"이라고 절대적 칭찬을 아끼지 않았다. 이러한 우치무라의 모습은 한국인 제자들에게 그가 지녔던 독특한 기독교 사상보다도 더 큰 감명을 주었다. 여기서 다시 말하지만 그렇다면 왜 한 사람의 일본인 애국자가 대단히 민족주의적인 성격을 지닌 한국인들에게 그토록 큰 감명을 주었을까. 더구나 그 고통스러웠던 시대, 일본에 의한 민족 수난기에 말이다. 여기에는 대개 다음 세 가지의 이유가 있었던 것으로 보인다.

첫째, 앞서 말했듯이 우치무라의 '애국'은 당시 다른 일본인들의 '애국'과는 달랐다. 즉 무조건적으로 일본의 군사주의나 다른 나라를 침략하는 일을 찬성하고 따랐던 대다수 일본의 지도자들과는 달리 우치무라는 일본의 미래에 대한 걱정을 가지고 있었다. 그래서 잘못된 것은 잘못되었다고 말할 수 있는 태도를 지녔다. 이러한 우치무라의 자세야말로 참된 애국으로 보였던 것이다. 이것은 우치무라가 천황에 대한 종교적 숭배를 거절하여 받았던 수난, 러일전쟁을 반대하여 많은 사람들로부터 비난을 받았던 일 등에서 잘 나타난다.

둘째, 우치무라의 애국은 다른 나라 사람들이 그들 자신의 나라를 사랑하는 일을 인정하는 것이었다. 이것은 자기 자신이 일본을 사랑하는 것만큼 한국인들이 그들의 민족을 사랑하는 것을 인정한다는 뜻이다. 물론 이는 한국인뿐만 아니라 다른 어느 나라 사람들에게도 마찬가지겠지만, 특히 당시 한국의 경우 한국 민족 자체가 일본의 지배를 받고 있었고 많은 일본인들이 한국 민족의 존재를 인정하지 않은 때였다. 특히 일본의 애국자라고 할 수록 한국의 민족주의 정신을 억누르고 부정해야 할 상황에서 이러한 우치무라의 태도는 한국 제자들에게 큰 감동이 될 수 있었다.

셋째, 우치무라의 애국적인 기독교론을 이야기할 수 있다. 우치무라가 자신의 나라 일본을 그토록 사랑하는 것은 그것 자체에만 목적이 있는 것이 아니라 그 일본을 통해 결과적으로는 그가 믿는 하나님에 대한 영광을 나타내기 위함이라는 것이다. 그렇기 때문에 우치무라의 기독교론 자체가 일본을 하나님께 온전히 드리기 위한 기독교였다.

이러한 우치무라의 사상에 깊은 영향을 받은 김교신 선생은 물론 여러 한국인 제자들은 자신들의 신앙과 나라 사랑을 하나로 연결시키는 운동에 열성을 기울였다. 그러나 여기에 분명한 하나의 갈등이 있었다. 즉 스승 우치무라가 사랑하는 나라는 일본이며, 그가 이상적으로 이루어 내려고 하는 목표는 '일본적 기독교'였다. 그러나 그의 한국인 제자들이 사랑하는 나라는 빼앗긴 나라 한국이요 또한 목표는 '한국적 기독교'였다. 그런데 당시 한국은 일본의 식민지 지배 하에 있었고 이로 인해 한국적인 것과 일본적인 것은 서로 대립되는 일이 될 수밖에 없었다. 이에 따라 가장 일본을 사랑하는 우치무라, 그의 한국인 제자들은 한국내에서 가장 대표적인 민족주의자들로 반일본적인 존재가 될 수밖에 없는 것이었다. 애국의 방법이나 자기의 민족을 하나님의 영광을 위한 대상으로 가꾸어 가려는 생각은 같았을지라도 그 대상 곧 한국과 일본이라는 각 민족은 시대적으로 적대적인 관계에 놓여 있을 수밖에 없었던 것이다.

아무튼 우치무라가 자신의 민족 일본을 참으로 사랑하여 한국인 제자들에게 참 스승으로서의 존경과 사랑을 받았다면 역시 김교신 선생은 일본의 우치무라는 물론 그의 일본인 제자들로부터 참된 한국인이요 기독교인으로 더할 수 없는 존경을 받았다. 김교신과 함께 우치무라의 제자이며 훌륭한 학자로서 전쟁 후에는 일본 최고의 대학 도쿄(東京)대학의 총장을 지낸 야나이하라(矢內原忠雄)는 다음과 같은 말로 김교신 선생의 나라 사랑과 신앙, 그 인격을 칭찬하였다.

이스라엘의 나다나엘(성서의 인물)이 '참 이스라엘'이라고 불리운 것과 같이 김교신 씨는 진정한 조선인이었다. 그는 조선을 사랑하고, 조선 민족을 사랑하고, 조선어를 사랑하였다. 아울러 그의 민족애는 다른 민족을 가볍게 여기고 자기 민족만 아는 민족주의와는 다르다. 그는 그리스도의 복음에 의하여 새롭게 태어난 조선인이었다. 온화함에서 근면에서, 조선인으로서 타고난 미덕이 신앙에 의하여 더욱 깨끗하게 되었다. 그는 그리스도 안에서 자기 민족을 사랑하고 그리스도를 전하는 것으로 자기의 애국심을 삼았다. … 이제 하늘에 있는 그의 영광과 땅에 남은 우리들이 중간에 가로막힌 담을 헐고 둘을 자기 안에서 하나로 만들어 새 사람을 이루고 평화를 주시는 그리스도의 십자가를 일본과 조선 사이에 동양과 세계 사이에 든든히 세워 그리스도의 피로 영원한 평화의 기초를 세워야 할 것이다.

이러한 이야기들을 종합해 보면 김교신 선생과 그의 동지들이 우치무라의 영향을 받아 한국에서 일으킨 '한국적 기독교운동'이라는 것은 곧 두 가지의 중요한 목적과 정신을 담고 있다.

첫째는 기독교가 서양의 종교로서, 서양 선교사들이 가져다 준 제도와 형식 아니면 그들이 정리한 교리만으로는 별 의미가 없을 것이라는 생각이다. 이것은 한국 민족이 그 역사 속에서 외래의 어떠한 종교나 사상을 받아들일 때도 같다고 생각한 이들이 있었다. 아무리 그것이 훌륭하고 완전한 사상이나 종교라고 하더라도 한국 민족의 독특한 문화와 공동의 삶 속에서 새롭게 창조되지 않으면 결코 그것은 우리들 자신의 것이 될 수 없다는 것이다. 그래서 김교신 선생이 주장한 한국적 기독교라는 것은 미국의 기독교, 영국의 기독교, 일본의 기독교가 따로 있듯이 우리 민족에게도 우리 민족의 특별한 복음이 있다는 것이다.

둘째는 한국 기독교가 민족이 고통 속에 있던 시기에 우리 민족을 향해 어떤 역할을 하여야 하는가 하는 문제이다. 그것은 어떤 절망 속에서도 희망을 잃지 않는 일, 그러한 어려움과 고통을 통해 하나님이 이 민족을 통해 이루어 내시려고 한 특별한 뜻이 있다는 것을 온 민족에게 알게 하려는 노력인 것이다. 이것은 한국 기독교가 한국에 들어오면서 부분적으로 해왔던 중요한 역할이기도 한데 김교신 선생이 생각한 한국과 기독교의 관계는 그것을 완전히 하나로 연결하는 일이었다. 민족의 수난이 크면 큰 때일수록 기독교의 복음은 그 민족의 운명을 만드시는 하나님의 뜻을 더욱 밝히 알 수 있게 한다는 사상과도 통하는 것이다.

이렇게 정리해 보면 김교신 선생의 '한국적 기독교'라는 것은 오랜 전통과 문화를 바탕으로 다시 창조되어야 하는 기독교라는 의미와 고통 중에 있는 민족과 함께 하는 현실적인 의미로서의 기독교 그 두 가지 다를 포함하는 것이라고 할 수 있다.

제3장. 개구리의 죽음을 슬퍼함

1. 성서조선 사건의 발단

김교신 선생을 비판하는 사람들이 가장 중요한 비판으로 삼는 것을 꼽으라면 선생이 일본에서 오랫동안 유학을 했으며 일본인 사상가인 우치무라의 둘도 없는 제자라는 것이다. 이것은 결국 일제의 식민 지배를 받고 있던 당시 시대 상황에서 '일본통'이 아닐까 하는 의심을 받았다. 일본통이라는 것은 일본과 가까운 사람, 곧 일본의 정치나 문화에 호감을 갖고 협력하는 사람이라는 뜻이다. 겉으로만 보아서는 그러한 조건을 지니고 있었을지도 모른다. 무엇보다 일본을 그토록 사랑한다는 우치무라의 제자요, 그의 특별한 애국심에 감동을 받았다는 고백 자체만 보면 그러한 일본통이라는 평가가 결코 틀린 말이 아닐 수도 있다. 다만 우리가 여러 차례 강조하였지만 우치무라가 당시 일본의 다른 지식인들과는 달리 자기 나라의 잘못된 길을 비판할 줄 아는 진정한 애국자였다는 사실을 꼭 참고해야 할 것이다. 그러나 이러한 사실만으로 그에 대한 모든 해답을 찾을 수는 없는 일일 것이다. 또한 최근에는 우치무라에 대한 연구가 많이 진행되면서 우치무라가 그렇게 완전하게 일본의 잘못을 지적하고 한국의 입장을 이해했던 것은 아니라는 의견도 많이 나오고 있다. 결국 우치무라도 철저한 일본인으로서 자기 조국의 올바른 미래를 위해 충고하고 애를 쓴 모습은 보이지만 만일 그러한 일본의 이익과 식민지 한국의 입장 중에 선택해야 할 순간에 선다면 조국 일본의 이익을 선택할 수밖에 없었다는 이야기이다. 그것은 구체적으로 1919년 한국에서 3 · 1 운동이 일어났을 때나 1923년 일본의 관동대지진 당시 아무 죄도 없던 한국 사람들을 학살했던 일본인들의 폭동을 바라보면서도 특별한 말이나 행동을 취하지 않았기 때문이다. 따라서 우치무라의 특별한 애국심이나 한국에 대한 남다른 입장 등을 이유로 들어 그 제자들에 대한 사상을 모두 잘 평가하기는 부족한 면이 있다.

　김교신 선생이 겉으로의 경력이나 특징을 뛰어 넘어 특별한 민족주의자로서 평가될 수 있는 것은 바로 그분 자신의 사상과 행동 때문이다. 교육자로서 교단에 서서 학생들을 가르치면서 행했던 굽힐 줄 모르는 나라 사랑의 모범, 수많은 글을 통해 표현한 민족 사랑의 표현들 그리고 마침내는 그가 목숨처럼 아끼던 잡지 「성서조선」을 통해 진행시킨 여러 가지 일들을 통해 선생의 애국심은 증명될 수밖에 없는 것이다.

　김교신 선생이 그의 잡지 「성서조선」을 발행해 나가는 동안의 시대적인 상황은 여러 가지로 어려움이 많은 때였다. 특히 1930년대 후반 일본 군국주의자들이 한국뿐만이 아니라 만주 침략을 시작으로 아시아 일대를 지배하려는 욕심을 나타내기 시작하면서 우리 나라는 모든 면에 있어 더욱 어려운 시련을 당해야 했다. 모든 한국 사람들이 일제의 노예가 되다시피하여 그들의 침략을 위한 수단으로 이용되어야 했고 우리 나라 국토의 모든 자원과 식량 등도 그들의 전쟁을 위한 보급물이 되어야 했다. 이러한 일은 일본이 1941년 미국과 전쟁을 일으키면서 더욱 심해졌다. 이러한 한국인들에 대한 전쟁 동원과 강제 탄압에 대해 많은 한국인들은 더욱 저항하고 이것을 옳지 않은 일로 여겼는데, 이 때문에 일본은 한국인들의 민족 의식이나 독립 투쟁을 더욱 박해하였다. 마침내 조선민족 말살 정책이라고 하여 한국 민족의 존재 자체를 없애려는 노력을 기울였다. 이미 중국 침략이 시작된 1937년부터 일본은 한국을 군사 기지로 조성하는 일에 힘을 기울이고 한국 민족을 완전히 일본화하는 일에 온갖 방법을 다 동원했다. 이를 위해 이른바 '내선일체'(內鮮一體)라는 명분을 내세웠는데, 이는 일본과 한국은 하나라는 이야기이다. 곧 일본과 한국은 하나이기 때문에 일본에 지배를 받는 한국이란 아예 없다는 것이다. 이것은 철저한 한국 민족에 대한 말살 정책인데, 그러면서도 실제로는 한국인을 철저히 차별했다. 한국인들은 전쟁의 총알받이로 혹은 험한 일을 다 해야 하는 노동자로, 정신대로 끌려갔고 한국 땅에서 생산되는 거의 모든 식량과 자원은 일본을 위한 전쟁물자로 빼앗겼다. 이 시기에는 일제의 철저한 탄압으로 인해 국내에서의 모든 독립운동이나 민족 의식을 불러일으키는 교육, 계몽 활동은 완전히 말살된 상태였다. 특히 일본의 전통 종교인 신사 참배를 한국의 모든 국민들에게 강요하였고 한국말을 전혀 사용치 못하게 했으며 한국인들의 이름을 모두 일본식으로 바꾸는 창씨개명을 시켰다. 그리고 '황국신민서사'라고 하는 일본 천황에 대한 충성의 말을 외우게 하여 언제 어느때나 이를 복창하게 하는 등 천황에 대한 충성을 강요하였다. 이

중에서도 신사 참배의 문제는 한국 기독교인들에게 있어 가장 큰 고통이 아닐 수 없었다. 기독교인들은 그 종교 자체가 하나님 이외에는 다른 어떤 신도 섬겨서는 안된다는 절대적인 계명을 가지고 있었으며 또한 한국 기독교가 초기부터 지니고 있던 남다른 민족의식으로 인해 일제 종교에 대한 반감이 유난히 컸다. 이에 많은 기독교인들이 신사 참배를 거부한 죄로 옥에 갇히고 심한 고문을 당했으며 심지어 50여 명의 인사들이 이로 인해 순교하는 수난을 당하기도 하였다.

이와 같은 시대 상황 속에서 많은 한국인들은 독립운동을 위해서 혹은 살아갈 길을 찾아 국외로 도주하였고 국내에 남아 있던 많은 사람들은 일제에 협력하여 현실적인 편안함을 찾거나 아니면 굶주림의 고통 속에 하루 하루를 버티며 살아야 하는 형편이었다. 이러한 때에 민족의 미래에 대한 희망을 갖는 일이라든가, 한국인들의 가슴 속에 민족에 대한 자부심을 심어 주는 일은 결코 쉬운 일이 아니었다. 김교신 선생의 잡지 「성서조선」은 바로 이러한 시대에 계속적으로 그 역할을 다하며 발행되었다. 그러나 이 잡지의 간행도 그렇게 순조로운 일만은 아니었다. 내용에 대한 일제 당국의 검열을 철저히 받아야 했고 조금이라도 일본의 국가 시책에 어긋나든가 불순하다고 생각되는 부분이 나오면 삭제되어야 하고 이를 이유로 발행이 중지되는 일도 자주 있었다. 김교신 선생은 교사로서 자신이 가르치고 있는 학교가 점차 나라 형편의 어려움 속에 자율적인 교육 정책을 세우지 못하고 일일이 간섭을 받고 탄압을 받는 어려움을 겪어야 했음은 물론 잡지의 발행자로서 이에 따른 탄압과 고통도 말할 수 없이 큰 것이었다.

슬플 때에 마음대로 슬퍼할 수 있으면 오히려 위로되는 수도 있건만 슬퍼도 슬픔을 나타낼 수 없고 따라서 위로의 말 한마디 전해 줄 사람 없으니 슬픔은 두 배나 더 뼈에 사무친다. 모든 것이 거짓이요 공갈의 세상.

(1937년 8월 12일 일기)

당시의 시대 상황을 선생의 일기를 통해 다시 한번 느껴 보려면 다음과 같은 내용을 살펴볼 수 있다.

휴가 중 당직으로 아침부터 학교에 나와 봉래 언덕 위에서 쉬다. 뜰 아래 서울역에서 때때로 군대를 격려하여 보내는 군중들의 만세 소리 울려나오고 공중에는 비행기의 프로펠러 폭음이 요란하다. 오늘까지는 세상이 아직 별고 없는 듯하다. 중일간의 전쟁은 그 중심이 상해 쯤으로 옮겨간 듯. 시골에 내려간 학생의 편지에 '… 농촌도 요즘은 전쟁 이야기로 불안한 듯 합니다. 어젯밤에 동리 청년회당에 관리가 와서 전쟁에 대한 강연을 하다가 청강자 중 하나가 한번 하품하는 것을 보고 뺨을 때리며 강연을 계속하는 광경을 보았습니다.' 운운

(1937년 8월 15일 일기)

김교신 선생은 당시 시국 형편을 염려하며 일제의 한국 민족 말살 정책에 대해 강력한 비판 의식을 지니고 있었다. 그래서 「성서조선」지에 실리는 선생의 사사로운 일기 형식을 빌어 많은 사람들이 생각하고 염려해야 할 문제를 다루었다. 일제 당국은 여기에 대해서 크게 신경을 쓰고 기회가 있으면 어떻게 해서든지 선생의 활동을 탄압할 때를 찾고 있었다.

김교신 선생은 당시의 신문 등 언론을 비판하고 정치, 사회, 문화 모든 부분에서 잘못된 방향으로 흐르는 모습에 대해 신랄한 비판을 서슴치 않았다. 마침내 일제가 「성서조선」에 대해 어려운 결

단을 하지 않으면 안될 조건을 제시하였다. 당시 어려운 시기 일제는 신문과 잡지 등 모든 간행물에 대해 앞서 언급한 '황국신민서사', 곧 일본 천황을 찬양하고 그의 백성으로서 충성을 맹세하는 내용의 문구를 수록해 발행하도록 하는 조치를 취한 바 있다. 따라서 김교신 선생의 「성서조선」도 계속 발행을 위해서는 잡지 뒷면에 '황국신민서사'를 게재하고 발행해야 할 형편이 되었다. 이에 김교신 선생은 이제야말로 더 이상 「성서조선」을 발행할 수 없는 때가 왔다고 믿었다. 그러한 비민족적인 내용을 수록한 채 잡지를 발행한다는 것은 처음 「성서조선」을 발행할 때 목표로 했던 창간 목적 곧 민족과 성서를 하나로 연결시켜 진정한 민족에 대한 사랑을 전하고자 했던 뜻과 정반대의 일이 되는 것이라고 생각을 했던 것이다. 선생은 이러한 결심을 동지들은 물론 열심히 잡지를 구독하던 독자들에게 통고하였다. 그러나 그들의 대다수 의견은 달랐다. 비록 일제 당국이 강제로 잡지의 한 면에 '황국신민서사'를 게재하게 하고 만약 그렇게 하지 않으면 잡지의 발간을 금지시킨다는 상황 속에서도 「성서조선」은 끝까지 간행되어 그 본래의 사명을 다해야 한다는 것이었다. 즉 그러한 일제의 악랄한 방해와 침략의 굴레를 뒤집어쓰고서라도 민족의 희망을 노래하고 꿈을 심는 「성서조선」의 작업을 멈추어서는 안된다는 것이었다. 이에 선생은 자신의 결심을 바꾸었다. 그래서 비록 「성서조선」의 본래 뜻과는 맞지 않는 '황국신민서사'를 등에 업고서라도 한 줄의 진실이라도 더 써서 펴내자. 그것이 이 암흑의 때에 반딧불만큼의 희망이라도 포기하지 않는 일이 될 것이라고 생각하게 된 것이다. 그러자니 당대 최고의 민족주의자라고 해도 지나치지 않을 선생의 심정이 어떠하였으리라는 것은 짐작이 가고도 남는다. 이에 오늘날에도 「성서조선」의 후반부 발행 잡지를 보면 그 뒷면에 일제의 침략 구호인 '황국신민서사'와 '전승의 신년을 맞이하며'와 같은 일제의 정책적인 기사가 게재되어 있는 것을 발견하고 이를 이상하게 여기는 사람들이 많이 있다. 사람들은 김교신 선생의 성품으로 보아 그와 같은 일을 행하면서까지 잡지를 간행했을 리가 없는데 「성서조선」의 뒷면에 그러한 일본의 침략 언어가 실려 있다는 것이 이해되지 않는다는 것이다. 그러나 조금더 깊이 생각해 보면 그러한 수난의 상황 속에서도 선생이 이 잡지를 통해 이 민족에게 주고자 한 교훈과 말씀의 뜨거운 열망이 얼마나 컸는가를 말해 주는 일이기도 하다. 모든 민족주의적 간행물들이 폐간되고 일제의 정책에 찬성하고 앞장서서 아부하던 친일 언론만 존재하던 시절 형식적으로는 일제의 강요에 따르는 듯 하면서도 내용적으로 민족에게 마지막 희망을 주고자 했던 「성서조선」의 가치는 역사적으로 큰 의미를 지니고 있다.

이러한 과정에서 「성서조선」은 계속적으로 정간과 발매 금지를 당해야 했고 이미 인쇄된 부분을 검은 잉크로 지우고 펴내야 하는 고통을 겪어야 했다. 이미 「성서조선」은 폐간의 일을 계속 예고받고 있었는지도 모른다.

여기서 우리는 폐간에 이르기까지 어두운 시국 상황 속에서 선생과 「성서조선」이 겪어야 했던 일을 좀더 자세하게 살펴볼 필요가 있을 것이다. 김교신 선생은 그 동안에도 여러 차례 자진 폐간을 결심하기도 했다. 또한 휴간 정도로 시간을 끌어 보기도 했다. 그러나 이상한 것은 박해가 심할수록 더욱 이 잡지를 출간해야 하지 않을까 하는 마음이 계속 든다는 것이었다. 무엇보다 이 일을 함께 걱정해 준 것은 둘도 없는 동지이자 친구인 함석헌 선생이었다.

세월 형편은 우리에게 조선의 오늘을 위한 영적인 준비를 명령하심이 더욱 긴급해 지는 듯 합니다. 하나님이 우리를 버리지 않기를 바랍니다. 그러면 건투를 빕니다.

이와 같은 함석헌 선생의 편지를 받은 김교신 선생은 마음을 더욱 굳게 가다듬었다고 한다. 마침내 경기도 경찰국으로부터 전화를 받고 선생은 호출 당하였다. 폐간 권고를 받고 결심을 일단 굳혔다. 그러나 다시금 독자들의 열성적인 성원이 생각이 나서 우선 휴간하기로 하고 독자들에게 휴간 통지서를 보냈다. 휴간 약 보름 후 선생은 우치무라 선생의 꿈을 꾸었다. 그 후 이상하게도 당국으로부터 다시 출간해도 된다는 통보가 왔다. 중단했던 작업을 바삐 진행하여 복간호를 인쇄에 넘겼다. 이것이 제105호였는데, 1937년 9월의 일이다. 105호가 나온지 한달 쯤 후인 1937년 10월 22일 선생은 다시 경기도 경찰국에 호출되어 수 시간 동안 심문을 당하고 돌아 왔다. 여러 가지 사항에 대해 진술을 하고 수십매에 달하는 진술서에 서명을 하고 돌아 왔다. 이 무렵 그와 뜻을 같이 하던 일본인 친구 야나이하라 다다오가 일본의 중국 침략을 비판하는 강연을 하여 도쿄대학 교수에서 쫓겨나고 또 다른 우치무라 문하의 친구 이토는 자신이 내던 사상 잡지 「새로운 시온」을 폐간할 수밖에 없겠다는 편지를 보냈다. 이 무렵이 바로 선생이 잡지를 자진해서 폐간해야 하지 않을까 가장 심각하게 고민한 때로 보인다. 바로 이 무렵 전국의 여러 독자들로부터 따뜻한 격려의 편지들이 많이 왔다. 그 중에 남부지방의 한 독자가 보낸 편지의 일부를 보면 다음과 같다.

보내주신 엽서와 「성서조선」지는 오늘 함께 받아 잘 읽었습니다. 싸움에 나갔던 병사가 부상하여 팔다리를 잃고 부상병으로 돌아 왔을 때 그를 맞는 부모의 기쁜 마음이 어찌 그 팔다리가 없다고 하여 덜할 수 있겠습니까. 자식이 죽은 줄만 알았던 부모에게서 팔다리가 없지만 그 모습을 보게 된 마음은 무어라고 표현할 수 없으리만치 기쁨이 넘치는 것은 어느 부모라도 마찬가지일 것입니다. 선생님의 마음도 충분히 알 수 있을 것 같습니다. 자진폐간은 앞으로도 절대로 생각지 말아 주옵소서. 어떠한 모습으로라도 계속 잡지를 대할 수 있기를 간절히 바라나이다.

(1938년 1월 17일자)

이 편지의 중요한 내용은 전쟁에 나간 병사가 비록 팔다리가 잘리는 부상을 입는 한이 있더라도 제발 살아서 돌아오기만을 기다리는 것이 그 부모의 심정이듯이 「성서조선」의 발행자와 독자들은 그것이 어떤 모습으로, 어떤 어려움을 당한다하더라도 혹은 어떤 일제의 강요로 침략의 구호를 함께 싣는다 하더라도 폐간되지 않고 계속 발행되는 것이 백 번 천 번 낫다는 심정을 담고 있는 것이다. 이뿐만 아니라 비슷한 사명을 하던 일본의 동지로부터도 다음과 같은 내용의 편지가 도착하여 선생의 힘을 북돋워 주었다.

주의와 지조를 생명으로 하는 성서잡지에는 내용이야 어떻든 권력의 힘으로 무엇을 싣도록 강제되었다고 하는 것은 실로 생각할 수 없는 일입니다. 귀하께서 이 일에 대해 얼마나 큰 고통을 맛보았을 것인가 하고 생각하면 가슴 아픔을 느낍니다. 멀지 않아 여기에도 이런 때에 더욱 진정한 복음이 필요하다고 생각합니다. 각기 최후의 한 순간까지 십자가의 깃발로 전진합시다. 어떤 권력과 폭력과 위협의 압박에도 변하거나 침묵할 수 없는 중대한 진리만을 전합시다.

바로 이 편지의 내용에 나오는 '권력의 힘으로 무엇을 싣도록 강제되었다고 하는 것'이 곧 '황국신민서사'요 그밖에 일제가 강요하는 여러 가지 침략적인 표어들을 의미하는 것이다. 그렇다면 여기서 계속 이야기되는 '황국신민서사'의 내용은 대체 무엇인가?

황국신민의 서사

1. 우리는 황국신민이며 충성으로 군국에 보답함.
2. 우리 황국신민은 서로 신애 협력하여 단결을 공고히 함.
3. 우리 황국신민은 인고단련 힘을 배양하여 황도를 선양함.

그 뜻은 대개 일본 천황의 은총을 입는 일본 국민인 우리는 그 천황과 일본의 은혜에 보답해야 하며 그러기 위해 국민간에 서로 믿고 사랑하며 단결을 강하게 하고 참고 단련하여 천황의 영광을 만 천하에 빛나게 해야 한다는 것으로 되어 있다.

그밖에도 「성서조선」은 계속 발행을 하기 위해 일본 군국주의 자들이 요구하는 많은 침략의 글귀들을 싣고 곧 팔다리를 다 잘리운 부상병과 같은 모습으로 그 생명을 지키고 있었다. 그러나 검열과 탄압은 여기에서 그치지 않았다. 제112호를 낼 때에는 발행 허가 요구서를 세 번이나 내야 했다. 그 동안 일본에서도 비슷한 경향의 잡지들이 많이 자진 폐간되거나 탄압을 받고 있었는데, 1938년 김교신 선생은 일단 임시 휴간을 하고 일본에 있는 친구들의 의견을 듣기 위해 일본으로 갔다. 도쿄의 친구들은 선생에게 그 어떤 고난이 오더라도 최후의 순간까지 잡지 간행은 계속되어야 한다고 용기를 불어넣어 주었다. 이에 선생은 어떤 어려움이 있더라도 스스로 잡지를 그만두지는 않겠다는 결심을 하고 한국으로 돌아 왔다. 귀국한 후 선생은 어떤 굴욕을 다 감수하면서도 잡지의 발행을 계속하였다. 그 한 호 한 호를 펴내는 일이 곧 마지막 호를 낸다는 자세로 정성을 다하였다. 이렇게 하여 잡지는 1942년 시국이 한치

앞도 내다보이지 않는 암흑이 최고점에 도달할 때까지 계속 출간되었다. 당시 한국 역사 속에서 그 시기까지 이만한 민족적 신앙적 양심을 지키며 나온 간행물은 달리 찾아볼 수 없는 유일한 것이었다.

그러나 그 어두운 시절 민족의 마지막 양심의 하나로 남아 있던 이 잡지의 죽음은 이미 코앞에 닥치고 있었다. 마침내 그 죽음의 그림자는 제158호(1942년 3월 1일 발행)에 드리워져 있었다. 그 강제 폐간호의 권두언은 세 편으로 짜여져 있는데, 각각의 제목을 보면 '강성의 길', '부활의 봄', '조와' 등이었다. 마침내 「성서조선」의 죽음을 부른 칼럼, 그러면서도 칠흑 같은 어둠 속에서 끊어지지 않는 한국 민족의 궁극적 희망을 노래하고 이 「성서조선」을 우리 민족이 영원히 잊을 수 없는 생명의 잡지로 만든 제목의 글이 개구리의 죽음을 슬퍼한다는 뜻의 '조와'(弔蛙)였다. 우선 그 유명한 김교신 선생의 글을 함께 읽어보자.

작년 늦은 가을 이래로 새로운 기도터가 생겼었다. 바위가 병풍처럼 둘러싸고 가느다란 폭포 밑에 작은 연못을 이룬 곳에 널찍한 바위가 하나 물 속에서 솟아나서 한 사람이 꿇어 앉아서 기도하기에는 아주 좋은 자연의 예배당이다.

이 바위 위에서 때로는 작은 소리로 때로는 큰 소리로 기도하며 또한 찬송하고 있노라면 앞뒤 좌우에서 엉금엉금 기어 나오는 것은 웅덩이 속에서 바위 색깔로 보호색을 이룬 개구리들이다. 산 속에 큰일이라도 생겼는가 하는 표정으로 새로 찾아 든 손님에게 접근하는 친구 개구리들이 때로는 5, 6마리, 때로는 7, 8마리.

늦은 가을도 지나서 연못 표면에 얇은 얼음이 얼기 시작하자 개구리들의 움직임이 나날이 둔하여 지더니 나중에 두꺼운 얼음이 얼어 연못 속이 전혀 보이지 않게 된 후로는 기도와 찬송 소리가 개구리들의 귓가에 들리는지 안들리는지 알길이 없었다. 이렇게 소식이 끊긴지도 어언 몇 달이 지났을까.

봄비 쏟아지던 날 새벽, 이 바위 속의 얼음도 드디어 풀리는 날이 왔다. 오래간만에 친구 개구리들의 소식을 살피고자 연못 밑바닥을 구부려 찾았더니 오호라, 개구리의 시체 두세 마리 연못 끝에 떠다니고 있지 않은가!

짐작해 보면 지난 겨울의 매서운 추위에 작은 연못의 밑바닥까지 얼어서 이런 슬픈 일이 생긴 모양이다. 다른 해 겨울에는 얼지 않았던 데까지 얼어 붙은 까닭인듯. 얼어 죽은 개구리의 시체를 모아 땅에 묻어 주고 보니 연못 밑바닥에 아직 두어 마리가 기어 다닌다. 아, 전멸은 면했나 보다!

(「성서조선」 제158호 1942년 3월호)

이 글은 김교신 선생의 매일 매일의 삶 속에서 느끼는 감상을 우리 민족의 운명에 잘 비유하여 쓴 명문장이다. 이 글이야말로 평소 선생이 가지고 있던 민족의 미래에 대한 간절한 희망 그리고 「성서조선」이 이루려고 했던 목표를 가장 잘 드러낸 글이라고 할 수 있다. 김교신 선생은 매일 이른 새벽 선생의 자택이 있던 정릉의 계곡을 올라 새벽기도를 드리곤 하였다. 그 새벽기도는 눈이 오나 비가 오나 추운 겨울날이나 거의 빠짐없이 드리는 선생의 일과였다. 그 정릉 계곡의 물가에 작은 연못을 이룬 바위 위가 선생이 고른 기도터였는데, 거기에서 이 글의 주인공이 되는 개구리 친구를 만난 것이다. 그러나 이 글에서 진정 나타내려고 하는 뜻은 거기에 있지 않다. 작은 연못은 우리 나라요 개구리들은 우리 민족을 뜻한다. 그리고 추운 겨울은 일제의 극심한 탄압과 박해를 의미한다. 연못의 밑바닥까지 얼어 붙어 겨울잠을 자던 개구리까지 얼어 죽게 만든 지난 겨울의 매서운 추위는 일제 말기의 절정을 이룬 식민지 탄압을 뜻하는 것이다. 그 추위에 얼어 죽은 불쌍한 개구리는 고통을 견디지 못하고 죽음을 맞거나 변절하고 만 민족을 나타내는데, 여기에서 선생이 말하고자 하는 것은 결코 그것만이 아니다. 그 매서운 지난 겨울의 추위에도 불구하고 살아 남아 연못 밑바닥을 기어다니는 나머지 개구리들, 결코 전멸은 면했다는 부르짖음이다. 어떤 고난 속에서도 끝까지 살아 남을 우리 민족의 정신과 끈기를 표현한 것이다. 민족 수난의 절정에서 전한 선생의 말씀은 이 글을 읽는 독자들의 가슴속에 깊이 새겨지고도 남았다. 바로 이러한 숨은 뜻을 일제 관헌들은 발견해 낸 것이다. 이 글에 나타난 한국 민족의 굴하지 않는 정신은 한민족 말살을 끊임없이 추진해 가던 일본 권력자들에게 두려움이 되었고 마침내 이것을 이유로 김교신 선생과 그의 동지들, 「성서조선」의 독자들까지 처단해야겠다는 증오심으로 바뀌었다. 마침내 선생은 이 글을 마지막으로 '성서조선 사건'에 휘말렸고 선생의 분신과도 같던 이 잡지는 강제 폐간되고 말았다.

2. 선생과 동지들의 투옥

선생과 「성서조선」 사건의 관련자 13명은 1942년 3월 30일을 전후하여 일본 경찰에 검거되었다. 이들은 만 1년 동안 서대문감옥에서 재판도 받지 않은 채 고통스러운 감옥 생활을 겪고 1943년 3월 29일 석방되었다. 이들이 「성서조선」의 문제로 감옥에서 고생을 하고 또한 300명 정도의 「성서조선」 독자들도 각각 자신이 거주하고 있던 고향이나 직장 등지의 관할 경찰서에서 10여 일 이상씩 경찰의 조사를 받으며 고생을 했는데, 이것을 '성서조선 사건'이라고 부른다.

1940년대로 들어서면서 일제의 한국에 대한 민족 말살과 사상적 탄압은 극도에 이르러 당시의 살벌한 분위기 속에 국내에서는 거의 어떤 개인이나 단체도 일제에 대해 저항하거나 민족운동을 일으키는 일이 없는 형편이었다. 아무런 활동을 하지 않는 상태에서도 조그만 꺼리만 하나 있으면 핑계를 대어 감옥에 가두고 온갖 고문을 다하며 일제 정책에 무조건 따르고 협력할 것을 강요하는 상황이었다. 더구나 이른바 '치안 유지법 위반'이나 '불경죄' 등의 말도 안되는 법률은 한국인이 한국인으로서의 생각을 가진다든가, 일본 천황에 대한 충성의 표시를 조금만 덜 하여도 무거운 죄로 다스릴 수 있는 당시의 법이었다. 이로 인해 많은 한국인들은 한국의 말, 한국 이름을 쓰지도 못할 뿐더러 언젠가는 한국이 일본으로부터 독립할 수 있으리라는 생각조차도 마음 놓고 할 수 없는 지경이었다. 또한 일부 기독교인들은 일본 종교인 신사에 신앙의 양심 때문에 참배하지 않았다고 하여 감옥에 갇혀 고문을 당하고 심지어 순교까지 한 이가 많았다. 그들 기독교인들이 일본 경찰이나 검사 앞에 끌려가 받는 질문은 대단히 유치한 것들이었다.

"천황 폐하가 더 높으냐? 예수 그리스도가 더 높으냐?"
"천조대신(일본종교의 최고 신)이 더 위대하냐? 하나님이 더 위대하냐?"

이런 질문에 대해 일본 관헌들이 만족할 만한 대답을 하지 않으면 심한 고문을 당하거나 오랫동안 감옥에서 고생을 해야만 했다. 그 과정에서 죽임을 당하는 경우도 많았다. 이렇게 어려운 시기 김교신 선생과 그의 동지들은 지독한 민족주의자로 몰려 드디어 일본 경찰의 취조를 받았다. 선생의 투옥 과정과 옥중 생활의 일부를 전하는 자료를 중심으로 간단히 정리해 보면 다음과 같다.

선생은 1942년 3월 30일 아침 개성 송도중학교에 출근하던 도

중, 한 경찰이 다가와 아는 척을 하며 서울로 함께 갈 것을 요구했다. 그는 수갑을 채울까 말까 망설였는데, 선생은 법대로 하라면서 수갑을 채우도록 했다. 서울로 압송되는 도중에 많은 학생들과 친구들을 만났으나 예수가 십자가에 못박히기 위해 끌려갔던 일을 생각하며 아무 부끄럼이 없었다고 했다.

심문하는 경찰의 첫마디가 '민족의식이 있는냐?'는 것이었는데, 그것이 정치적인 뜻이라면 없고, '조선사람인 것을 의식하느냐?'라는 질문이면 물론 있다고 대답하였더니 형사는 자신의 질문 방법이 서툴렀다고 생각했는지 어색해 했다고 한다. 한편 취조 후에 유치장으로 들어갔는데 한 청년이 벽에 기대어 눈물을 흘리다가 다가와 "대단히 죄송합니다. 저 때문에 선생님께서 이렇게 고생을 하시게 되었으니 어찌할 바를 모르겠습니다."라고 사과를 했단다. 알고 보니 그 청년은 사상 문제로 양정학교 4학년을 중퇴한 학생이었는데, 그는 형사에게 자신의 담임선생이 김교신 선생이라고 말했기 때문에 선생이 잡혀 온 것으로 착각하고 그것을 사과하기 위해 먼 길을 달려 와 그렇게 죄송해한 것이었다. 처음에는 사식이 허락되지 않아 그곳에서 내주는 형편없는 식사를 해야 했는데 다행히도 그 후 밖에서 넣어 주는 음식을 먹을 수 있었다. 이는 선생의 한결같은 태도에 경찰들도 감동을 받았기 때문이라고 했다.

한편 담당 형사는 자신이 한국에서 유명한 모모 인사들을 모두 일본측에 협력하도록 바꾼 사람이라고 자랑하며 선생도 일찌감치 마음을 바꾸어 먹을 것을 졸라대었으나 선생은 바꾸고 말고 할 것이 아무것도 없는 오직 한결같은 한가지 마음뿐이라고 이를 거절했단다.

옥중에서도 선생은 규칙적이고 건강한 생활을 하였다. 형편없는 식사였으나 달게 먹고 주기도문을 100번에서 300번을 매일 외웠고 유치장 안에서도 늘 아침 운동으로 해오던 냉수마찰을 되도록이면 늘 지속했다.

취조 중의 여러 가지 뒷 이야기가 많이 있다. 한번은 검사의 심문 중에 무조건 잘못한 것을 알고 뉘우치느냐는 다그침에 침묵으로 버티다가 계속 다그치자 조목조목 질문하면 잘 대답하겠노라고 하여 검사를 오히려 당황시킨 일도 있다. 앞서 보았듯이 당시 일본의 경찰이나 검찰은 한국 기독교인들을 취조할 때 지나치리만큼 유치한 질문을 퍼부었는데, 역시 김교신 선생에게도 예외가 아니었다. 형사가 취조하던 중에 당신은 하나님을 믿느냐고 물었다. 이에 믿는다고 대답하니 전지전능(모든 것을 다 알고 모든 것을 다 할 수 있는)하신 하나님으로 믿느냐고 하기에 그렇다고 했다. 그랬더니 다시 하나님은 우주 만물을 창조하신 하나님으로 믿느냐고 해서 역시 그렇다고 하니까 그러면 일본 천황도 하나님이 창조하였느냐 하기에 그렇다고 했다. 그러니까 형사는 아주 큰 증거나 잡은 것처럼 으시대며 본인의 입으로 그렇게 말했으니 더 이상 심문할 필요도 없다고 하였다. 이것은 당시 불경죄나 치안유지법의 중요한 위반 요건이 되는 것이었는데, 천황을 살아 있는 신으로 떠받드는 것이 일본과 그 식민지의 모든 사람들에게 천황에 대한 절대적 충성을 강요하던 일본 정부의 말도 안되는 억지였다.

그러나 감옥에서도 선생의 인격은 많은 사람들에게 감화를 주었다. 심지어 선생을 취조하던 경찰이나 검사들조차도 한치의 빈틈도 없이 자신의 생각을 펴나가는 선생의 성품에 감동을 받았다. 비록 1년 동안의 미결수(재판을 받지 않고 감옥에 갇혀 있는 사람) 생활을 하며 극심한 고통을 겪었으나 이와 같은 옥중에서의 이야기는 언제 어느 곳에서나 흐트러짐이 없었던 선생의 성품을 잘 나타내주고 있다.

너희들은 우리가 지금까지 잡아 온 놈들 중에 제일 악질들이다. 다른 놈들은 결사(조직체를 만드는 일)니 독립운동이니 파뜩파뜩 뛰다가도 잡다가 족치면 전향(마음을 바꾸어 일제에 협력하는 태도로 변함)하기 때문에 다루기가 쉬웠는데, 너희 놈들은 종교니 신앙이니 이상이니 하면서 500년 후를 내다보고 앉아 있으니 다루기가 더 힘들었다.

'성서조선 사건'에 관련된 사람들을 취조하고 난 후 일본 경찰이 내뱉은 푸념이다. 이것이야말로 당시 김교신 선생과 그의 동지들 「성서조선」의 열성 독자들이 지니고 있던 철저한 민족 신앙의 모습을 간접적으로 증명해 주는 독백이 아닐 수 없다. 시기적으로도 일제 말기의 가장 어려운 시기, 거의 모든 민족 세력이 일제에 항복을 하고 이른바 '전향'을 해버린 때에, 현실적으로도 도저히 일본의 그와 같이 철저한 억압 속에서 한국 민족이 다시 부활하는 것은 불가능해 보이는 상황에서 더구나 일제의 뜻에 순종하지 않으면 죽음을 택하는 일이 남아 있을 뿐인 현실 속에서 뜻을 굽히지 않고 민족 신앙을 주장한 이들의 용기야 말로 높이 평가해야 할 기상이다.

이 사건의 중심 인물인 김교신 선생과 성서조선의 필자 이외에도 당시 평양연합기독병원의 의사 장기려, 광성학교 교사 김석목 등 많은 독자들도 평양경찰서에 끌려가 고통을 받았는데, 대부분 이들의 태도 또한 같았다.

이 '성서조선 사건'은 일제 식민지 시기 조직적인 민족운동 사건으로는 마지막 사건이라고도 할 수 있다. 이미 당시의 시대적 분위기가 절망적인 것으로 일제에 의한 한국 민족 말살과 박해가 최고조에 달해 있던 1940년대 초 꺾이지 않는 민족 정신으로 뭉친 사람들이 곧 이들 「성서조선」과 관계를 맺고 있던 사람들이었다. 그래서 일제 관헌들도 김교신 선생과 이들 인사들을 조직체나 만들고 독립운동에 앞장선다고 활발히 나서다가도 몇 차례의 탄압으로 뜻을 굽히는 사람들과 비교, 민족의 500년 후까지를 생각하는 최악질(?) 민족주의자들이라는 말을 했던 것이다. 결국 이들이 이와 같은 정신을 가지고 행동할 수 있었던 것은 어떠한 고난 속에서도 하나님은 우리 민족을 버리시지 않을 것이라는 신앙을 지녔기 때문이다. 이러한 신앙이야말로 진정한 '민족 기독교'의 모습으로 한국 기독교가 가졌던 그와 같은 특징을 가장 잘 지니고 있던 신앙 그룹이 「성서조선」의 사람들이었다.

김교신 선생 등 감옥에 갇힌 13명은 1년 동안의 혹심한 고통을 치르고 석방되었다. 그리고 많은 「성서조선」 독자들도 열흘씩, 보름씩 갇혀 조사를 받았다. 이로써 사건은 마무리가 되었으나 선생의 입장에서는 자신이 민족을 향해 줄 최고의 선물로 자부했던 잡지 「성서조선」이 폐간되었다는 크나큰 아픔을 지녀야만 했다. 이러한 절망적인 상황에서 이제 선생은 최후로 자신의 온 몸을 바쳐 헌신할 자리를 찾기에 이른다. 이제는 상과 교훈과 신앙적 감동만으로는 더 이상 어찌해 볼 수 없는 상황을 느끼고 수많은 한국인 노동자들이 끌려와 일하고 있던 흥남질소비료공장으로 들어가 그들과 몸으로 함께 하며, 나누어야 할 고통의 짐을 지기로 한 것이다.

제5부

노동 근로자로서의 최후와 생애 평가

제5부. 노동 근로자로서의 최후와 생애 평가

　역사를 기록할 때 꼭 필요한 사관(史觀)이라는 것이 있는데, 그것은 역사적인 사실을 어떤 입장에서 선택하고 기록하는가 그리고 역사적인 사실에 대한 의미나 가치를 평가할 때 어떤 기준을 가지고 하느냐는 것이다. 이러한 사관은 시대를 따라 여러 가지로 변화되어 왔는데 특히 최근에는 '민중적 사관'이 큰 가치로 평가받기 시작하고 있다. 민중적인 관점이란 역사의 주인공으로 큰 활약을 보인 대단한 인물이나 지도자들을 중심으로 기록한 것이 아니라 이름도 빛도 없이 사라져 간 수많은 민중들의 삶과 움직임을 그 중심으로 삼아 기록하는 것이다. 이러한 사관의 변화에 따라 때로 지금까지 높이 평가되던 이들에 대한 비판도 새로 일어나고 그 동안 감추어져 있던 '민중적 삶'을 살아간 인물들에 대한 새로운 평가도 일어나고 있다.

　우리의 주인공인 김교신 선생도 당시에 그가 한 공부의 높이, 사상과 정신의 깊이를 본다면 그 시대의 대표적 지도자 중 한 사람이요 특별한 계층의 사람이라고 해도 지나친 말은 아닐 것이다. 그러나 우리가 그 동안 여러 차례 말했듯이 대단한 교육자이면서도 평생을 평교사로 남아 학생들을 가르치며 일상생활 속에 나타난 그의 평민적 모습을 살펴보면 그에게는 민중적인 정신이 늘 함께 했었다고도 볼 수 있다. 그런데 이러한 입장에서 김교신 선생을 가장 높이 재평가할 수 있는 생애의 모습은 곧 그의 말년이라고 볼 수 있는 흥남질소비료공장에서의 생활과 노동자들의 슬픔과 고난에 함께 하며 그들과 함께 죽어간 최후를 이야기할 수 있다.

　이렇듯 김교신 선생의 생애를 통해 가장 슬프고 감동적인 삶이 이 시기에 있었고 그러한 선생의 삶의 진실이 가장 잘 드러나는 시기에 선생은 홀연히 세상을 떠났다. 이제 선생의 삶, 그 마지막의 모습을 향해 가슴을 열고 다가 서 보자.

제1장. 출옥과 방황

1. 불기소 처분

1942년 3월 30일을 전후하여 불온사상을 가진 사람으로 취급, 일본 경찰에 구속되었던 김교신 선생과 여러 동지들은 만 1년 동안 재판도 받지 않은 채 계속 취조만 받고 아주 좋지 않은 환경의 감방에서 극심한 고통을 당하다가 1943년 3월 29일 불기소 처분(재판에 넘기지 않고 그냥 풀어 주는 일)으로 모두 석방되었다.

선생과 그 동지들이 미결 상태로 1년 간이나 고생했으면서도 재판에 회부되어 정식 죄목으로 형을 받지 않고 풀려난 이유는 무엇일까. 이에 대해 여러 가지로 생각해 볼 수 있지만 크게 두 가지로 살펴볼 수 있다.

첫째는 앞에서도 일부 이야기하였지만 일제 관헌들이 선생과 그의 동지들의 떳떳한 태도에 대해 점차 자신을 잃었던 것이 아닌가 한다. 일본 경찰의 악명 높은 고문이나 계속되는 심문에 있어서도 조금도 뜻을 굽히지 않고 자신들이 생각하고 있는 것과 처음부터 가졌던 입장을 굽히지 않고 주장하는 모습은 아무리 악랄한 관헌들이라 하더라도 감동할 수밖에 없었던 것이 아닐까 한다. 더구나 당시 많은 민족지사들이 일제의 강압 속에서 태도를 바꾸어 일제의 위협에 순종하거나 스스로 나서서 협력하는 때에 이들의 꿋꿋한 태도는 크게 돋보이는 것이 아닐 수 없었을 것이다.

둘째는 이들 김교신 선생 등의 주장이 종교적 신념과 나름대로의 사상적 기초를 바탕으로 하는 것으로 처벌하는 쪽에서 이것을 뒤집을 만한 논리가 분명하지 못했던 점도 들 수 있다. 「성서조선」이 지닌 민족주의적 성격이 분명하기는 한데, 그것은 어디까지나 기독교 신앙적인 바탕에 서 있는 것이고 그 표현조차도 은유적인 비유법을 쓴 것이기 때문에 구체적인 법의 적용으로 이들을 처벌하기에는 많은 어려움이 있었던 것이다.

그러나 일본 관헌들의 목적은 일단 「성서조선」의 발행 금지에 있었다고도 볼 수 있기 때문에 그들의 가장 중요한 목적은 이루었는지도 모른다. 「성서조선」을 통해 한국 민족의 불멸하는 희망을 노래하던 선구자들의 날개를 꺾어 놓는 것만으로도 큰 성과가 아닐 수 없었을 것이다. 이렇게 보면 김교신 선생은 자신이 감옥에 들어가 고생을 한 것보다는 목숨처럼 아끼며 정성을 다해 펴내던 잡지가 중단된 일이 더욱 가슴 아팠을 것이다. 참다운 기독교 신앙을 통한 민족 기독교의 수립의 방법으로 「성서조선」을 통한 진실과 감동을 전하고자 하는 노력이 이제 이렇게 완전히 좌절되고 만 것이다. 또 교육자라는 신분으로 교단에 서서 민족의 미래를 담당할 어린 학생들에게 가르침을 통한 사명을 다하던 선생이 그 교육의 자리를 빼앗긴 것이 슬펐을 것이다.

이 '성서조선 사건'은 선생과 그의 동지들이 비교적 오랜 기간 감옥에서 고생을 하고 풀려 나왔다라는 사건으로서뿐만 아니라 어두운 시절 민족의 마지막 양심으로서 바른 말을 전하던 잡지가 완전히 그 존재를 잃어버리게 된 사건으로서도 중요성이 있다.

아무튼 선생과 동지들이 불기소 처분으로 풀려나면서 표면적으로는 이 사건이 마무리가 되었는데, 이에 관련되었던 모든 인사들은 일제 치하 계속해서 일본 경찰의 철저한 감시의 대상이 되었고 모든 활동에 있어 큰 제한을 받는 처지가 되었다. 이 '성서조선 사건'이야 말로 일제 식민지 시대 거의 마지막 민족주의 사상에 대한 탄압 사건이라는 점에서 일반 역사적인 의미가 상당히 크다.

이로써 선생은 말을 통한 민족 계몽, 글을 통한 민족 의식의 확산, 그 모든 활동의 자유를 빼앗기고 한동안 큰 좌절 속에 빠진다. 그러나 마지막으로 자신의 삶 자체와 몸으로 사는 행위를 통한 민족 사랑의 분야가 남아 있었다. 바로 그러한 활동을 향해 선생 자신의 최후의 삶을 바치려고 했다.

2. 방랑의 신앙 여행

감옥문을 나선 선생의 심정은 그야말로 참담한 심정이었을지도 모른다. 시대는 모든 면에 있어 어려움이 절정에 달해 있었고 무엇보다 일본의 침략 전쟁에 끌려 나가야 하는 민족의 설움은 무슨 말로도 표현할 길 없는 극심한 상태였다. 더구나 한반도에서 생산되는 모든 식량은 일본군의 식량으로 다 빼앗아 가고 한국인들은 기름을 짜고 남은 깻묵이나 콩찌꺼기 등을 식량으로 배급받기도 했으며 그것도 모자라 나물이나 나무껍질로 배고픔을 견디는 동포가 많았다. 식량뿐만 아니라 모든 물자가 전쟁을 위해 동원되는 바람에 국민들의 생활이란 곤란하기 그지없었다. 거기에다 젊은이나 학생들은 일본군 병사로 전선에 끌려나갔고 장년의 노동력이 있는 사람들은 징용이라고 하여 한국 각지나 일본, 만주와 중국에 이르기까지 탄광이나 전쟁물자를 만드는 공장 등으로 끌려가 매일매일 중노동에 시달려야 했다. 또한 젊은 여성들은 이른바 '정신대' 로 끌려가 일본군의 위안부 노릇을 해야 하는 상황이었다. 이러한 일 이외에도 한국인들은 철저한 일본 당국의 박해 속에서 말도 글도 완전히 빼앗겼으며 철저한 일본식 교육과 사회적인 통제 속에서 일본인의 노예와 같은 생활을 해야만 했다. 이러한 시대에 한국인으로서의 민족적 자존심이나 미래에 대한 희망을 갖는다든가 하는 것은 도저히 생각해 볼 수도 없는 노릇이었다.

감옥을 나온 선생은 이러한 민족의 현실을 보고 심히 슬퍼하였다. 그러한 현실적인 고난을 입고 있는 우리 민족의 모습이 안타깝고 가련한 것은 물론 그러한 상황 속에서도 희망을 찾지 못하고 있는 정신적인 문제가 더욱 안타까웠다. 한 개인은 물론 민족의 경우에도 현실적으로 어떠한 고난과 어려움을 당하고 있더라도 그것을 견디고 이겨나가면 언젠가는 꼭 새로운 시대나 기회가 돌아오리라는 희망을 가지고 있다면 오히려 큰 문제가 되지 않을 것이다. 그러나 당시의 한국 모습은 현실적으로도 말할 수 없는 고통을 겪고 있었을 뿐만 아니라 정신적으로도 아무런 희망을 가지고 있지 못했다.

선생은 일찍부터 우리 민족에 대한 하나님의 계획을 확실히 믿고 있는 신앙인이었다. 우리 민족에 대한 고통의 크기가 크면 클수록 그 해방의 때는 가까워왔음을 믿는 신앙인이었다. 즉 선생은 정신적 선구자요 예언자였다. 일본이 가까운 시일 내에 망하리라는 것 그리고 우리 민족이 그로부터 독립하리라는 사실을 누구보다도 확신하고 있는 터였다. 그러나 그러한 선생의 생각을, 그러한 희망의 예언을 민족에게 전할 아무런 방법이 없었다. 그래서 선생의 출옥 후의 삶은 한때 방황하는 것처럼 보인다. 우선 전국에 흩어져 있는 같은 생각을 하는 신앙의 동지들, 「성서조선」을 구독했던 독자들 그리고 양정학교 출신의 제자들을 찾아다니며 개인적으로 자신의 생각과 민족의 미래에 대한 확신에 찬 예언을 말하고 다녔다. 그것은 무엇보다 하나님이 우리 민족을 구원하리라고 한 약속의 때가 가까웠음을 알리는 일이었다. 선생의 영향을 받은 많은 동지들, 제자들은 선생의 방문과 격려에 큰 힘을 얻고 새로운 희망을 갖게 되었다. 희망을 가지는 일처럼 당시 한국 민족에게 중요한 일은 더 이상 없었다.

그러나 선생은 이미 일제 측에서 보면 사상불온자로 낙인 찍혀 있었던 '요시찰인물'(주의를 기울여 언제나 감시하고 살펴보아야 할 위험한 인물)이었다. 선생의 여행이나 활동에는 늘 그림자처럼 감시의 눈초리가 함께 따라 다녔다. 선생의 움직임 하나 하나는 물론 공개적으로 하는 말 한마디까지도 모두 기록되고 보고되는 상황이었다. 이는 선생과 함께 고난을 입은 모든 동지들도 마찬가지 상황이었다.

이에 선생이 여러 군데를 방문하고 동지들을 격려하는 여행도 많은 방해와 어려움을 당해야 했다. 더구나 당시의 시국이 선생과 같은 위험한 민족주의계 인사가 여유 있게 여행을 다닐만한 편안한 형편이 아니었다. 방문자나 방문을 받는 자 모두에게 오는 경제적인 부담, 즉 식량 배급의 문제까지도 있는 형편이었다. 이에 짧은 방랑을 끝내고 선생은 시국 형편이 좋아질 때까지만이라도 국외에서 은둔하기로 하고 만주로 갔다. 도문이라고 하는 곳에 머물며 목장일을 돌보기 시작했다. 그야 말로 옛 전공을 살려 농업일을 하면서 어려운 때를 견뎌 볼까도 하는 생각이었다. 그러나 선생은 결코 자신의 편안함을 위해 몸을 숨기고 사는 일은 맞지 않는 인물이었다. 마침내 자신의 온 몸을 던져 민족의 아픔을 함께할 곳을 찾기에 이르렀다. 곧 한국인 징용 노동자가 5천 명 이상 끌려와 일하던 흥남질소비료공장에 자원하여 취직하고 그곳에서 노동자들과 아픔을 함께 나누는 일에 온 몸을 던진 것이다.

제2장. 흥남질소비료공장에 취직

1. 국내 징용의 현장

일제 말기 일본은 아시아와 세계 정복의 욕심을 부려 계속적으로 전쟁을 벌였다. 중국에 침입하여 중일전쟁을 일으킨 것은 물론 미국 하와이의 진주만을 공격하여 마침내 미국과의 전쟁인 태평양 전쟁을 일으켰다. 이와 함께 동남 아시아로 진출하여 필리핀은 물론 태평양 여러 곳의 섬들인 말레이 반도와 인도네시아, 싱가포르에 이르는 지역까지 점령하였다. 이러한 일본의 끊임없는 전쟁에 많은 한국인들이 동원되었다. 앞서 말한 대로 젊은이들이나 학생들이 징병제나 학도병이나 지원병이라는 이름으로 끌려가 일본인들과 함께 일본군으로 전장에서 싸워야 했고 젊은 여성들은 '정신대'라는 이름으로 강제로 끌려나가 일본군들의 위안부 일을 해야 했다. 뿐만 아니라 나이가 어느 정도 들어 군인으로 전쟁에 직접 참가하기 어려운 사람들은 역시 강제 연행으로 끌어내어 '징용'이라는 이름으로 강제 노동을 시켰다. 이들은 주로 탄광에서 석탄 등을 캐거나 전쟁에 필요한 물품을 생산하는 공장 등에서 임금도 제대로 못 받고 아주 심한 노동을 해야 했다. 일본의 여러 지역과 중국, 동남아 등 일본이 노동력을 필요로 하는 곳에는 어디에나 한국인 강제 징용자들이 끌려갔는데, 한국 내에도 일본이 필요로 하는 공장, 탄광, 작업장 등에 한국인 징용자들이 많이 있었다. 정든 고향과 가족을 떠나 낯설고 물선 먼 곳까지 강제로 끌려 와 인간다운 대우도 받지 못하고 강제 노동에 시달려야 했던 이들의 하루 하루란 비참하기 이를 데 없는 것이었다.

이러한 징용들의 일터 중에 한국내에 있던 대표적인 곳이 함경 남도 흥남에 있던 질소비료공장이었다. 당시 군대의 식량이 모자라 허덕이던 일본은 어떤 수단과 방법을 다 동원해서라도 한국에서의 많은 식량에 혈안이 되어 있었다. 공장에서 만들어지는 화학비료를 많이 쓰는 한이 있더라도 곡식 생산을 늘리려는 것이 목적이었다. 땅이야 황폐해 지건 말건 그것이 문제가 아니었다. 이러한 이유로 화학비료의 생산이 크게 필요했고 그 생산을 주로 담당하던 공장이 당시 흥남에 있던 이 비료공장이었다. 당시 통계를 보면 이 공장에 대부분 강제로 끌려와 일하고 있던 한국인 노동자의 수는 5천 명을 넘었는데, 이들은 한결같이 좋지 않은 작업 환경과 긴 노동 시간에 시달려야 했다. 이들은 부족한 식량 때문에 충분한 영향을 섭취하지도 못한 채 많은 시간 노동에 시달려야 했고 주택과 위생 문제 등 여러 가지 조건이 나빠 건강을 잃거나 심지어 목숨을 잃는 사람들도 많이 있었다. 국내 징용은 그나마 좀 나은 편으로 일본이나 만주, 동남아시아 등지로 끌려간 징용의 생활이란 더욱 심각한 것이었다.

당시 한국인들은 구체적인 직장, 공무원이나 당국이 인정하는 국가 생활에 도움이 된다고 판단되는 직장에 다니는 사람, 그밖에 꼭 필요한 산업에 종사하는 사람이 아닌 경우에는 예외 없이 징용으로 끌려나가야 했다. 여기에는 지식 수준이 얼마나 높으냐, 지난날 어떤 일을 했느냐 하는 것은 아무런 검토 조건이 될 수가 없었다. 그래서 당시 적절한 직업을 가지고 있지 못하던 지식인들이 임시직으로 우체국의 촉탁 직원이라든가, 은행이나 금융조합 등의 임시 직원 등으로 취직하여 징용을 피하려는 노력도 많이 했다.

당시 김교신 선생은 양정은 물론 공립 경기, 개성의 송도학교의 교원직도 모두 잃고 이른바 무직인 상태에 있었다. 다른 일자리를 찾아보려 해도 이미 '성서조선 사건'에 의해 불온사상가로 낙인찍혀 더욱 어려운 형편이었다. 선생이 평생을 해온 일이란 교단에 서서 학생들을 가르친 일밖에는 없었는데 이미 그 교단은 빼앗긴지 오래였고 당시의 시대 형편 속에서 선생과 같은 민족주의자가 학생들을 가르칠 수 있는 학교도 없었다.

일단 김교신 선생은 고향에 돌아 와 일자리를 찾았다. 그러나 이는 쉽지 않은 일이었고 이미 일제에 의해 주목되는 인물이 된 선생이 강제 징용으로 끌려갈 일은 시간 문제나 다름이 없었다. 이에 마침내 선생은 결단을 내렸다. 그 징용을 피하기 위해 여러 가지 방법을 써보는 것보다는 오래전부터 생각해 온 민족, 그 중에서도 민중이라고 할 수 있는 힘들고 어려운 사람들을 위해 선생이 희생할 수 있는 일을 실천에 옮기는 것이었다. 곧 국내 징용의 형식으로 고향 함흥에서 그리 멀지 않은 흥남의 질소비료공장에 취직을 자원했다. 그곳에 끌려 와 노동일을 하고 있는 수많은 한국인들의 생활에 조금이라도 도움이 될 수 있는 일, 가능하다면 그들에게 참다운 기독교의 복음을 전하여 고달픈 영혼을 평안하게 하고자 하는 목적 등이 함께 했다. 이로써 선생은 그 때까지 살아 온 삶과는 전혀 다른 모습의 삶, 즉 수많은 민중들의 삶과 함께 하는 낮은 자리로 직접 내려와 사상과 정신으로만이 아닌 육체적인 삶의 실천으로 한국과 한국인을 사랑하는 삶을 시작했다.

2. 노동자들의 벗

김교신 선생은 일본질소비료공장 흥남연료용흥공장 노무과 조선인 노무자 주택 서본궁 관리계 계장으로 취직했다. 얼핏 보기에는 당대 최고의 교육을 받은 지식인이요 교육자였던 선생이 공장의 노무과(노동자들의 봉급, 기숙사, 근무시간 등을 관리하는 부서)에서 일한다는 일은 무척 어울리지 않는 일처럼 보인다. 그러나 당시 선생의 입장에서 국외로 나가는 강제 징용에 끌려가 일본이나 만주, 동남아 등지로 가게 된다면 개인적인 희생뿐만 아니라 최후까지 한국 민족을 위해 살고자 한 선생의 결심과도 거리를 두게 되는 일이 아닐 수 없었다. 이에 선생은 국내 징용과도 같은 흥남공장에 취직하여 징용의 위협도 피하고 그 활동 범위 내에서나마 한국인 노동자들을 위한 생활을 하고자 했다. 그런데 이 공장에서 제일 높은 책임자로 있던 일본인 노구치(野口) 사장은 선생이 일본 유학

시절부터 친분이 있던 사람이고 공장 관리직 사람들은 대개 도쿄 제국대학 출신이었다고 한다. 아무튼 징용으로 끌려갈 위기에 있던 선생이 이 공장에 정사원으로 취직을 하게 된 것은 비교적 어려운 일이었으나 선생의 인격과 능력을 귀하게 여겨 도와주는 사람들이 많았다. 특히 선생의 바로 위 관리자인 일본인 노무과장은 그 자신 비교적 양심적인 일본인으로서 일본의 전쟁에 반대 의견을 가진 사람으로 선생을 이해하고 잘 대해 주었다.

선생의 흥남비료공장 생활은 그야말로 희생적인 노력을 다하는 하루하루였다. 일본이 전쟁에 지는 날이 가까워졌음을 믿고 있던 선생은 무엇보다도 불쌍한 노무자들이 건강을 잃지 않고 살아 남아야 하며, 신앙적으로 기독교를 받아들여 희망을 잃지 않고, 개인적으로 건전한 생활을 할 수 있도록 도와주는 일에 최선을 다했다. 선생이 공장에서 직접적으로 해야 하는 일은 노동자들의 주택을 관리하는 일이었는데, 실제로 주어진 일 이외에도 선생이 한 일은 헤아릴 수 없을 만큼 많다. 첫째로 본래의 일인 주택관리였다. 길을 고치고, 하수도를 깨끗이 하며 화장실을 청소하고 소독했다. 부엌과 침실을 점검하고 이불이나 빨랫감을 햇볕에 말리고 소독하는 일까지 돌보았다. 이러한 일을 위해 몸소 팔을 걷어 부치고 어려운 일을 도맡아 했다. 둘째로 노동자들을 상대로 하는 교육 활동에 열심을 다했다. 그 자녀들을 위한 유치원을 세웠고 노동자들을 모이게 하여 여러 가지로 계몽하고 특히 이 모든 것을 한국어로 교육했다. 당시 시국 상황으로 인해 이러한 한국어로 하는 교육에 대해 여러 차례 주의를 받고 경고도 받았지만 한국인들에게는 한국어로 하는 교육이 오히려 효과적이라는 이유를 내세워 자신의 뜻을 밀고 나갔다. 이는 한국어로 교육하는 일 자체가 민족 정신을 잃어버리지 않게 하려는 선생의 깊은 뜻이 담겨 있는 일이었다. 셋째로 노동자들의 생활 개선이다. 어떤 어려운 상황 속에서도 자기 생활을 잘 정리해 나가고 몸을 함부로 하거나 희망을 버리고 생활하는 일이 없도록 하기 위해 여러 모로 노력하였다. 넷째로 앞서 한국어로 교육하는 근본적인 목적과도 통하는 것으로 노동자들에게 민족의식을 갖게 하는 일이었다. 이것은 당시 상황 속에서 대단히 어려운 일이었으나 머지 않은 일본의 패망을 알고 있었던 선생은 노동자들에게 조선인으로서의 자기 자신을 잘 돌아보라는 말로 이에 대한 생각을 불어넣어 주었다. 다섯째는 인격적으로 올바른 사람들이 될 수 있도록 도와주는 노력이었다. 시간을 잘 지키고 거짓말을 절대로 하지 않으며 자신의 일을 스스로 처리하며 모든 것을 깨끗한 마음가짐으로 해나가는 일을 강조하였다.

사실 이러한 일의 대부분은 선생이 공장에서 맡은 원래의 책임과는 직접적인 관계가 없는 일들이었다. 그러나 선생은 자신이 흥남질소공장에서 꼭 해야 하는 일을 이러한 것으로 정하고 되도록이면 노동자들과 마음을 터놓고 사귀며 친해질 수 있도록 노력하고 애썼다.

이러한 선생의 노력은 많은 결실을 맺어 이곳 노동자들의 생활 태도와 근무 환경은 눈에 띄게 달라졌다. 정신적으로 육체적으로 어려운 상황 속에서 생활하던 노동자들은 조금이라도 여유가 생기면 술 먹고 노름을 하고 서로 싸움을 일삼던 생활을 했는데, 선생의 끈질긴 설득과 여러 가지 노력으로 인해 그들의 생활 태도가 달라지기 시작했다. 그들의 주택 환경이 깨끗해진 것은 물론 여러 가지 나쁜 버릇도 많이 사라지고 마음가짐도 많이 안정되어 갔다. 이러한 눈에 띄는 성과가 나타나자 많은 주위 사람들이 선생에게 존경심과 좋은 감정을 갖기 시작했고 특히 선생의 직속 상관이던 일본인 고다마(兒玉) 과장은 선생을 존경하여 늘 선생을 찾아 함께 이야기하고 여러 가지 문제도 상의할 정도로 친한 사이가 되었다.

이와 같은 선생의 흥남질소비료공장 생활에 대해서는 많은 뒷

이야기가 전한다. 비록 선생의 원래 사명과는 별로 맞지 않는 일을 하면서도 언제 어느 상황에서나 최선을 다하는 선생의 삶이 예외 없이 나타나고 있는 것이다. 즉 인간으로서 성실하게 최선을 다하는 삶과 아무리 수난 중에 있는 민족이지만 그 미래에 대한 희망을 버리지 않고 그 민족을 사랑하는 일 그리고 하나님을 믿는 기독교인으로서 부끄럽지 않은 신앙의 자세를 지키는 일이 그것이었다.

선생은 이미 한국인 노동자들에게 있어서 뿐만 아니라 일본인 관리자들 사이에서도 그 높은 인격으로 인해 널리 알려지고 존경을 받아 공장 내에서 여러 가지 하고자 하는 일을 할 수 있는 위치가 되었다.

「성서조선」 독자 중의 한 사람으로 초등학교 교사를 지내던 안경득이라는 사람은 의사인 아버지로부터 선생이 근무하던 흥남공장에 취직을 해서라도 선생을 가까이에서 모시면 어떻겠느냐는 권유를 받고 입사하게 되었는데 그가 이곳에서의 생활을 자세히 기록하여 선생에 관한 이야기가 많이 전하고 있다.

이 공장에 들어오는 사람들은 처음에 꼭 군대에 들어온 것과 같은 훈련 기간을 거치게 되어 있었다. 그런데 하루는 입사한 안경득이 김교신 선생과 친분이 있는 것을 안 일본인 반장이 '김선생의 전화 한 마디면 훈련소 생활은 면할 수 있다' 라는 말을 했다. 이에 안경득이 선생을 찾아가 그런 부탁을 하자 선생은 안경득을 노여운 눈으로 바라보다가 갑자기 뺨을 한대 올려치면서 말하였다. "비겁한 놈! 네가 지금 일본인들에게 쫓겨왔느냐, 잡혀 왔느냐, 무엇 때문에 영원한 패배자가 되려고 하느냐, 원수가 던진 칼을 받아 그것을 유익하게 쓸 줄 아는 용기와 지혜가 있어야 한다. 조국의 내일을 위해 몸과 마음을 단련하기 위해 이곳에 온 목적이 아니면 차라리 집으로 돌아가고 그렇지 않으면 훈련소로 돌아가라." 이에 안경득은 깨닫는 바가 커 조용히 훈련소로 돌아갔다고 한다.

또한 선생은 시계보다 더 정확한 생활을 하였는데, 그 밑에 일하던 약 50명 정도 되는 직원들은 그 동안 불규칙한 출퇴근을 해왔기 때문에 선생의 정확한 시간 지키기에 불평이 많았다. 그러나 선생은 전부 한국인이던 부하, 동료 직원들에게 철저히 시간을 지키는 국민으로서의 모범을 보이고자 한 속뜻을 지니고 있었다. 선생은 매일 아침 출근 시간 20분전에 공장에 나와 기도와 묵상을 하고 성서를 읽는 것으로 하루를 시작하였다. 그러한 규칙적인 선생의 생활 모습에 감동을 받아 점차 기독교 신앙을 갖는 사람들이 많이 있었다. 또한 조회시간을 간단한 운동 시간으로 삼아 운동장을 달렸고 직원들을 모아 아침 교육을 하였다. 그 내용은 대개 민족과 역사, 종교와 도덕, 보건과 위생에 관한 것이었다.

그밖에도 선생이 이 공장에서 일하는 동안에 여러 가지 이야기가 전하고 있다. 당시 이 공장 주변에는 대단히 큰 키에 몸무게가 80Kg이 넘는 사람으로 수염을 기르고 싸움 잘하기로 소문난 불량배가 있었다. 이 사람은 주변의 약한 노동자들을 괴롭히며 행패를 부리는 일이 많았다. 선생은 이 사람을 완력으로 꺾어야겠다고 생각하여 팔씨름 시합을 하자고 했고 이 힘센 싸움꾼을 팔씨름으로 눌러 다시는 공장 주변에서 사람들을 괴롭히지 못하도록 하였다. 아무튼 선생은 책상에서 사무를 보는 일을 하면서도 틈만 있으면 노동 현장에 나가 노동자들과 대화를 나누었고 어떻게 해서든지 많은 사람들과 사귀려고 애를 썼다.

그러나 선생의 이러한 활동은 역시 일본 당국의 의심을 받았고 이에 대한 조사를 준비한다는 소식을 접했다. 일본 헌병대의 특별반이 조직되어 선생과 그의 동지들을 다시 조사한다는 이야기가 있자 선생은 동지들을 안심시켰다. "하나님이 함께 하는 우리를 당할 자가 없다. 모든 것을 주께 맡겨라."라며 주변 사람들에게 이야기했다. 선생의 특별한 나라 사랑과 신앙적인 자신감에 많은 일본인들도 존경심을 가지고 있었다.

그런데 이 무렵 선생이 따로 계획한 것 중의 하나는 여러 곳에 흩어져 있는 제자들을 이 흥남질소비료공장으로 불러모으고자 했던 것이다. 이것은 가까운 시일 안에 일본이 패망할 것을 예상하고 그 이후 새로운 한국 독립을 위한 준비를 동지인 제자들과 함께 이곳에서 했으면 하는 것이었다. 특히 선생은 가장 중요한 산업 시설의 하나였던 이 공장을 인수하여 독립 이후의 한국 사회에 도움을 줄 수 있는 기관으로 만들고 싶은 생각도 있었던 것 같다. 이처럼 제자들을 이곳 공장으로 다 불러모으려고 했던 선생의 뜻은 제자 유달영에게 보낸 편지 속에 잘 나타나 있다.

유달영 군

내일의 일도 알 수 없는 형편의 나인 까닭에 군을 위해서 이것이 과연 좋은 일인지 어떨지는 한마디로 이야기할 수 없으나, 어떤 일이 있든지 군을 이 공장으로 데려오기로 나의 마음을 결정했네.

조용한 곳에 숨어서 독서를 하려는 군을 바쁘고 정신 없는 공장으로 끌어들이는 것에 대해서 매우 망설였으나 마침내 뜻을 정하고, 성공과 실패의 운명을 걸고 목적한 일을 향해 돌진하기로 했네.

함석헌 선생에게도 초청장을 냈어요.

김종흡, 박희병 두 선생에게도.

만사 제쳐 놓고 달려오게. 이창호 군도 벌써 와 있네.

작년에 들은 바로는 빚이 있는 듯 하였는데, 집과 그 밖의 재산으로 팔 수 있는 것은 모두 팔아서 정리하고 가벼운 차림으로 오도록 하게.

사택이 있으므로 전 가족이 이전하도록, 생활비는 작기는 하지만 매월 23원 가량일세. 배급품이 풍부한 편이니까 우선 먹고살기에는 걱정이 없네. 국민학교가 가까운 곳에 있으니 아이들 전학 수속을 가지고 올 것.

1944년 12월 16일
일본질소연료주식회사 용흥공장 근로과
김교신

이렇게 주변에 생각을 같이 하는 제자들과 동지들을 모아 함께 고생하며 민족이 해방될 날을 기다리고자 했던 선생의 생각은 완전히 실현되지는 못했지만 앞날을 내다보는 선구자의 모습이 잘 나타나 있다.

제3장. 죽는 날까지 하늘을 우러러

1. 발진티푸스와 짧은 최후

김교신 선생이 흥남질소비료공장에서 활동한 기간은 불과 10개월 밖에 안되었다. 뜻하지 않은 전염병의 발병으로 선생은 쓰러진 것이다. 선생이 발진티푸스라는 병에 걸려 병석에 누운 것은 1945년 4월이었는데, 불과 8·15 해방을 4개월 앞둔 때였다. 흥남공장의 노동자들 사이에 이 전염병이 퍼지자 선생은 자신의 몸은 전혀 돌보지 않고 병에 걸린 노동자들을 한 사람이라도 더 치료를 받게 하고 회복시키기 위해 애를 쓰다가 마침내 자신이 이 병에 전염된 것이다.

1945년 4월 8일 한국인 노동자들이 모여 살던 마을에 큰 소동이 벌어졌다. 악성 발진티푸스라는 병이 제6동 숙사에서부터 발생했다. 이에 공장 측에서는 환자를 가려내고 소독을 해 더 이상 전염되지 않도록 하기 위해 바쁘게 움직였다. 그러나 당시 상황으로는 약품이 부족하고 전문적인 의사도 부족하여 이 전염병을 효과적으로 막을 수가 없었다. 특히 이 병은 몸을 깨끗하게 하지 않고 옷을 자주 빨아 입지 않아 옷 속에 기생하여 사람의 피를 빨아먹는 기생충인 이가 옮기는 병이었는데, 당시 공장 노동자들은 목욕을 자주하거나 세탁을 자주 할 수 있는 상황이 아니었다. 이 병에 걸렸다고 판단되어 당국에 의해 따로 옮겨 진 환자도 올바른 치료를 받을 수 없었기 때문에 다시 회복되어 돌아오는 일은 거의 불가능하였다. 이 때문에 병에 걸려도 그 사실을 밝히지 못하고 숨어서 치료하려고 하였다. 그래서 더욱 병은 퍼져 나갔고 이 병으로 쓰러지는 환자가 더욱 늘어났다. 이러한 일을 맞아 선생은 끼니를 제때에 먹는 것도 잊어버리고 환자들을 돌보았고 전염의 위험이 있었음에도 환자들 방에 들어가 그들을 간호하고 며칠을 세워가면서 어떻게든지 병이 퍼지는 것을 막아 보려고 애를 썼다. 이러한 선생의 활동으로 많은 환자와 그 가족들이 도움을 받았지만 안타깝게도 선생이 이 병에 걸리고 말았다. 선생이 발진티푸스에 걸려 최후를 맞기까지 곁에서 함께 있으며 그 병상일기를 쓴 박춘서라는 제자의 일기를 김정환 선생이 요약해서 정리해 놓았는데, 그 일기를 함께 보면서 선생이 병에 걸린 후 돌아가시는 과정까지를 살펴보도록 하자.

1945년 4월 18일 - 이창호 목사가 '김선생께서 배가 몹시 아프시다고 하면서 오전 중에 나가셨는데 혹 맹장염이 아닌지 몰라요.' 했다. 나는 '급성 맹장염이면 급한데요.' 하면서 응급 수단에 필요한 몇 가지 약을 가지고 저녁에 댁에 가 체온을 재어 보았더니 38도 7부, 맥박은 90이었다. 주사를 놓아 드리려고 하니 선생께서 별로 찬성하지 않았다. '미국의 루즈벨트의 죽음이 하나님의 섭리라면 내가 병상에 눕게 된 것도 무슨 뜻이 있을 거야.'하셨고 또 '묘향산 깊은 골짜기의 바위에 걸터앉아 낚시질이나 한번 해 보았으면 좋을 것 같아.'하셨는데, 평소의 선생님 같지 않게 퍽 쓸쓸해 보였다. 이 날이 마침 선생님의 생일이어서 사모님께서 별식을 준비하셨는데 하나도 들지 못하게 되었다고 서운해하시며 우리에게 권했다.

1945년 4월 20일 - 열이 몹시 높아 한잠도 못 주무셨다는 선생님은 퍽 외로워 보였다. 선생은 아무것도 음식은 들지 않으면서 병과 싸우겠다고 하신다. '그제 박군이 다녀간 후에 열을 내리기 위해 해열제를 먹고 땀을 많이 흘렸어. 열도 내리고 해서 오늘은 출동하려고 냉수마찰을 하고 나니 매우 춥고 머리도 아파.' 나는 선생님의 치료 방법이 잘못되었다는 것과 지나친 무리를 후회하였다. 체온은 39도 3부, 맥박은 98이다.

1945년 4월 21일 - 나는 선생님을 간호하는 첫날부터 안마를 해드리는 것이 습관처럼 되었다. 오늘도 선생님이 부탁을 해서 안마를 하는데, 성경을 읽어 달라고 하신다. 어느 것을 읽을까 여쭈어 보니 아무 데라도 좋다고 하셔서 펼쳐지는 대로 구약성서의 시편 1편, 3편, 13편 다음으로 요한복음 14장, 17장을 읽었다. 선생님과 친분이 깊은 안상철 의사가 오셔서 진찰하시고, 이곳 병원은 일본인과 조선인에 대한 차별 대우가 심하니 함흥의 박 의사 댁으로 가자고 졸랐다. 한편 공장의 고다마 과장도 소식을 듣고 일본인 의사를 곧 보내겠다고 전해 왔다.

환자는 한방치료만으로 해보려다가 이제 양 의사에게 맡겼다. 기다리던 자동차가 와서 사모님과 이창호 씨와 안 의사의 아들과 내가 환자를 모시고 탔다. 벌써 환자는 심장이 몹시 약해졌다. 병원 한 병실에 입원했다. 선생은 모두 돌아가라고 했다. 머뭇거리다가 저녁이라도 준비하면 어떻게 하느냐고 걱정하셨다. 요새 한끼 밥은 피가 나는 밥이라고 하셨다.

1945년 4월 24일 - 환자의 얼굴은 며칠 전과도 몹시 달랐다. 열은 40도가 넘고 맥박은 120회나 된다. 성경을 읽으라고 하셔서 시편 24편을 읽었다. 이불 바로 덮는 것, 안마, 냉찜질, 성경읽기 그리고 기도, 미음 떠 넣는 것 등 나는 곁에 모시고 간호를 했다. 오후 1시 경 낯모르는 의사가 와서 진찰을 했다. 저고리를 벗기고 보니 발긋발긋한 발진이 온 몸에 돋았다. 사모님은 선생이 이렇게 중병인지 모르는 것 같았다. 2층이 춥다고 아래층 온돌로 모셨다. 환자의 열은 몹시 높아 콧속과 입 속이 모두 타고 숨소리가 대단했다. 안 의사는 링거 주사약을 구하려고 함흥 시내를 모두 뒤졌으나 얻지 못하고 손수 만들어 쓰기로 했다. 링거 주사를 놓고 또 심장이 강해지는 약도 주사했다. 안 의사가 찬송을 불러 드리려고 하니 고개를 끄덕여, 사모님이 선생님이 가장 좋아하는 찬송이 322장이라고 해서 모두 그 찬송을 합창했다. 다시 살아나실 가망이 없다고 느낀 것이다.

함흥에 선생님의 칠촌 아저씨 되는 의사가 있다고 하여 안 의사가 데려다 보이기로 했다. 사모님께서 그 병원을 찾아 도와 달라 간청을 했더니, 그 의사는 안 의사를 전화로 불러 욕설을 하며, 어째서 전염병을 경찰에 보고하지 않고 나까지 끌려 다니게 하느냐고 소리를 질렀다. 환자는 벌써 의식을 잃고 있었고 가래가 끓는 소리가 났다. 우리는 기도를 소리내어 했다. 어제까지는 기도를 하면 '아멘' 했는데 지금은 아무 소리도 없다. 어제 저녁에 의사 표시를 못해서 안타까워하신 것이 생각난다. 한마디 유언도 없다.

1945년 4월 25일 - 새벽 4시 40분 운명하셨다. 회사에서 고다마 과장이 달려 왔다. 친척 몇 사람이 모였다. 끝까지 법정 전염병이 아니고 폐렴이었다고 뒷일을 수습하기로 했으나 고다마 과장의 강경한 주장으로 유족을 도와야 한다고 해서 모든 것을 사실대로 하였다. 회사에서 순직으로 처리하도록 고다마 과장이 끝까지 애썼다.

이상 7일 동안의 병상일기를 통해 선생의 죽음을 지켜보았다. 별도로 전하는 안경득(앞의 일기에 나오는 안 의사의 아들)의 기록에 의하면 선생은 유언이라고도 할 수 있는 몇 마디를 남겼다. 병세가 위급해 졌을 때 선생은 안 의사를 가까이 오라고 손짓한 후 다음과 같이 말했다고 한다.

안 의사, 나 언제 퇴원하여 공장으로 갈 수 있습니까? … 나 40평생에 처음으로 공장에서 민족을 내 체온 속에서 만나 보았오. … 이 백성은 참 착한 백성입니다. 그리고 불쌍한 민족입니다. 그들에게는 말이나 빵보다 따뜻한 사랑이 필요합니다. 누가 그들을 그렇게 불쌍한 무리로 만들었느냐고 묻기 전에 이제 누가 그들을 도와 줄 수 있느냐가 더 급한 문제로 되었습니다. 안 의사 나와 함께 가서 일합시다. 추수할 때가 왔으나 일꾼이 없습니다. 꼭 갑시다.

선생이 돌아가신 다음날인 4월 26일 선생의 시신은 전염병으로 죽은 까닭에 화장을 했고 장례식은 함흥중앙교회 목사의 집례로 진행되었는데, 급하게 별세한데다 당시 시국 상황 탓도 있어 한 50여 명의 조문객들만 참석하였다. 이 자리에서 직책상으로는 선생보다 윗자리에 있던 일본인 고다마 과장은 다음과 같은 조서를 했다.

… 나는 평소에 김계장을, 직장의 계급으로는 아래였지만 그 인격에 감동하여 선생으로 모셔왔고, 단 하루를 만나지 않아도 그리워졌고, 일을 너무 많이 하셔서 정양하라고 충고도 여러 번 했으나 듣지 않고 일에만 전력하여 이렇게 돌아가시게 되었으니, 존경하는 선생

을 잃어 슬픔이 한이 없다.

5월 1일에는 공장에서 많은 직원들이 모인 가운데 영결식이 있었는데 여기에서도 고다마 과장은 오늘날까지 선생과 같은 위대한 인물을 접해 본 적이 없다고 말하며, 일본 경찰의 감시 대상 인물이었던 선생의 영결식에도 역시 많은 경찰들이 함께 참석해 있는 것을 보고 그들이 그 동안 선생을 괴롭혔던 일에 대해 심하게 비판하는 말도 했다.

선생의 묘소는 함흥에서 50리 떨어진 함남 함주군 가평면 다래봉 선산 가족 묘지 부친의 묘소 옆에 모셔졌다. 이렇게 하여 선생의 아쉽고 짧은 생애는 끝이 난 것이다. 그렇게 기다리던 조국 해방을 불과 몇 달 앞두고 젊은 나이에 이 땅을 떠난 것이다. 그러나 결코 선생의 민족에 대한 사랑과 그 정신은 이 땅을 떠난 것이 아니었다.

2. 영원한 겨레의 스승으로

문 앞에 흐르는 물 의구히 흘러 있고
울 뒤에 맑은 송풍 제대로 맑았고나
봄볕은 서창을 비춰 님의 얼굴 보는 듯

이 시내 마시면서 이 바람 쏘이면서
흐리운 이 세상 맑히자 애쓰던 마음
그 마음 어디 찾을꼬 북한산만 높았네

시냇물 흘러가고 솔바람 불어가고
산사의 저녁종이 울리어 가는 저녁
다녀간 님을 그리며 나는 어딜 가려노

김교신 선생이 세상을 떠난 후 몇달이 지나자 그렇게 우리 민족
이 목매어 바라던 해방이 되었다. 일제가 물러가고 삼천리 방방곡
곡에 만세소리가 드높을 때 선생의 평생 동지이자 그의 인격을 그
리워하던 친구 함석헌 선생은 해방이 되자 제일 먼저 선생의 존재
를 떠올렸다. 그리고 무엇보다 그렇게 그리워하던 민족의 독립을
보지 못하고 안타까이 돌아가신 선생의 넋을 아쉬워했다. 위의 시
는 해방 직후 함석헌 선생이 김교신 선생이 살던 서울 정릉의 옛집
을 찾아 선생을 그리워하며 지은 시이다.

　　짧은 생애를 통해서나마 최선을 다해 살아갔던 선생의 삶의 향
기는 오랜 세월을 두고 선생을 그리워하는 동지, 제자들에 의해 이
어져 내려 왔고 오늘날에는 선생이 남긴 소중한 글들을 읽는 젊은
이들에게 그 향기 그대로 전해져 내려오고 있다. 선생은 이제 그가
끝까지 버리지 못해 아쉬워했던 학교의 교단도, 처음으로 민족의
체온을 직접 느꼈다고 고백하던 민중들과 함께 하던 삶의 자리도
떠난 지 오래다. 그러나 그럼에도 불구하고 선생의 올곧은 정신과
굴하지 않던 신념, 나라 사랑의 고귀한 영혼만은 영원한 겨레의 스
승으로 살아 남아 우리들의 가슴 속에 흐르고 있는 듯하다. 선생이
남기신 올바른 인격, 정직한 태도, 불타는 신앙 등의 고귀한 정신
은 많이 있지만 그 중에서도 첫 손가락을 꼽아야 할 일은 역시 수난
의 절정에 서 있던 가엾은 민족에 대한 사랑이었다. 그 사랑이 어
찌나 진하고 절절한 것이었던지 자신의 몸과 마음을 모두 바쳐 사
랑하고도 모자랄 지경이었다. 그 한 예로 선생은 정릉에 살던 시절
자신이 주로 시간을 보내며 작업을 하거나 쉬던 서재에 대형 한국
지도를 걸어 놓고 있었고 이 지도는 흥남질소비료공장에서 일할
때도 사택 벽에 걸어 두고 늘 하염없이 바라보곤 하였다고 전한다.
물론 선생의 전공이 지리과목이기 때문에 전공과 관계된 관심일
수도 있으나 그보다는 이 땅, 이 나라의 역사와 미래에 대한 끝없

는 애정과 희망을 꿈꾸고 살았던 선생의 한 모습이라고 할 수 있을 것이다.

여기서 김교신 선생이 우리들의 가슴에 영원한 스승으로 남을 수밖에 없는 이유를 몇 가지 조목으로 정리해 보자.

첫째, 정성을 다해 학생들을 가르치는 참된 교육자로서의 삶을 살았다. 이것은 김교신 선생의 생애 중에서 가장 중심적인 활동이요 업적이라고 할 수 있는데, 그것도 끝까지 평교사로서 직접 교단에 서서 학생들에게 지식을 얻는 일은 물론 인격과 사랑을 갖추는 참된 인간교육을 위해 한치도 게으르지 않았다는 사실이다. 이 때문에 선생에게 가르침을 받은 많은 제자들은 학업이나 학교생활에 좋은 결실을 보인 우수한 제자들은 물론 낙오하거나 여러 면으로 실패를 겪은 이들까지 선생의 가르침과 성실함에 깊은 존경심을 지니고 있다. 바로 이러한 측면은 오늘도 한국 교육자의 한 지표로서 선생의 모습을 바라볼 수 있는 측면이다.

둘째, 성실한 기독교 신앙가로서의 삶을 살았다. 일본 유학시절 기독교 신앙을 고백하고, 특히 우치무라라는 일본의 기독교 사상가의 영향을 받아 진정한 '한국적 기독교'를 세우고 실천하는 일에 평생을 바쳤다. 선생의 기독교 신앙은 당시 한국 기독 교회 인사들에게 일부 비판을 받은 이른바 무교회주의적 특성을 지닌 것이기도 하였으나 그것보다는 서양의 교회 제도나 선교사들의 일방적인 생각만을 전하는 기독교보다는 한국의 역사와 문화 속에서 새롭게 발견된 기독교의 진리를 이해하고 실천해야 한다는 생각이었다.

셋째, 「성서조선」이라는 잡지를 통해 성서의 진리가 한국이라는 상황 속에서 어떤 의미를 지니는 것인가를 끈질기게 증거한 잡지 발행인이었다. 특히 이 「성서조선」은 철저히 민족 신앙을 나타내어 성서의 진리를 찾는 길이 곧 수난 속에 있는 민족을 구하는 일이라는 사실을 믿고 실천한 잡지였다. 이 잡지는 훗날 계속적인 일제의 여러 가지 검열과 삭제 등 탄압에 시달리면서도 여러 독자들에게 한국 민족에 대한 하나님의 사랑을 믿는 희망을 제시하였다. 결국 이 잡지에 쓴 선생의 '조와' 라는 글이 한국 민족주의를 끈질기게 나타낸 글이라는 이유로 잡지는 폐간되고 선생과 동지들 그리고 열렬한 구독자들까지 검거되어 혹심한 수난을 입는 사건도 일어났다. 이 사건에서 보여주듯이 최후의 순간까지 선생은 민족에 대한 희망을 버리지 않고 우리 민족이 다시 살아나기를 굳게 믿은 민족주의자였다.

넷째, 일제 말기의 가장 어려운 시기 흥남질소비료공장에 취직하여 강제 징용으로 끌려와 있던 5천여 명의 한국인 노동자들을 위한 일에 몸을 바쳐 일했다. 그들의 주택, 위생 문제, 그들을 대상으로 한 교육과 계몽활동에 열심을 다했고 곧 있으리라고 믿은 민족의 해방을 기다리며 제자들을 불러모으고 어떤 어려움 속에서도 굴하지 않는 인내로 새로운 시대를 기다리는 일에 열심을 다했다. 그러나 해방이 있던 해인 1945년 4월 노동자들 사이에 발진티푸스라는 전염병이 돌자 자신의 몸을 돌보지 않고 한 사람이라도 희생을 줄이기 위해 헌신하다가 선생 자신이 이 병에 감염되어 순직하였다. 이 과정에서 보여 준 선생의 희생 정신과 진정한 민족에 대한 사랑의 실천은 많은 후세 사람들에게 큰 감동을 주고 있다.

이와 같은 이유로 지금도 선생의 인격과 가르침을 기리고 따르는 많은 제자들의 모임이 있고 특히 선생이 남긴 많은 글들은 전집으로 편집되어 읽히고 있으며 선생에 대한 학자들의 연구도 계속되고 있다.

아무튼 우리 민족의 가장 어두웠던 시절 김교신 선생과 같은 겨레의 스승이 있었다는 사실 하나만으로도 얼마나 다행스러운 일인지 모른다. 선생의 정신과 신념은 오늘도 우리들 가슴에 살아 있다.

▌ 김교신 선생 연보

연 도	내 용
1901. 4. 18	함경남도 함흥 사포리에서 아버지 김염희와 어머니 양신 사이의 장남으로 출생.
1903	아버지 김염희 21세의 나이로 별세.
1912	함흥의 청주 한씨 한매와 결혼, 슬하에 2남 6녀를 둠.
1916	함흥공립보통학교를 졸업.
1919. 3	함흥공립농업학교를 졸업, 일본으로 건너가 도쿄(東京) 세이쇼쿠(正則)영어학교에서 수학.
1920. 4	도쿄 시내에서 성결교회 길거리 전도인의 설교를 듣고 그때까지 믿던 유교를 버리고 기독교에 입교할 것을 결심.
1920. 6	성결교회에서 세례를 받고 기독교인이 됨.
1921. 1	다니던 교회에서 싸움이 일어나 목사가 쫓겨나는 일을 보고 회의, 교회를 나와 무교회주의계 운동가 우치무라(內村鑑三)의 문하에 들어갔고 이후 7년 간 그의 문하에서 성서를 배움.
1922. 4	도쿄고등사범학교 영어과 입학.
1923	같은 학교 지리박물과로 전과.
1927. 3	도쿄고등사범학교 이과 제3부를 졸업.
1927. 4	귀국하여 함흥 영생여자고등보통학교 교사로 취임.
1927. 7	송두용, 함석헌, 양인성, 유석동, 정상훈 등 6인의 동지로 「성서조선」이라는 잡지를 창간.

1928. 3	서울 양정고등보통학교 교사로 취임, 이후 약 10년 간 이 학교에서 가르침.
1930. 5	「성서조선」 제16호부터 주필이 되어 책임편집을 담당함.
1930. 6	서울에서 '성서연구회'를 개최, 이후 매년 일주간의 겨울철 성서집회를 포함, 이 집회를 10여 년간 계속함.
1933	『산상수훈연구』를 발행(1931년 1월부터 1932년 2월까지 「성서조선」에 연재했던 글)
1935	제자 유달영으로 하여금 「최용신양 소전」을 집필하여 간행토록 함.
1940. 3	복음전도에 전념하기 위해 10여 년간 근무해 온 양정학교를 사임함.
1940. 4	함석헌과 함께 『우치무라와 조선』을 발행.
1940. 9	제일고등보통학교(현 경기고교)에서 교편을 잡았으나 불온사상가라는 이유로 6개월만에 쫓겨남.
1941. 10	개성 송도고등보통학교 교사로 부임.
1942. 3	「성서조선」 권두언 '조와'가 발단이 되어 '성서조선 사건'이 일어나고 전국의 열열 구독자들과 함께 검거됨. 그중 함석헌, 송두용 등 12인의 동지들과 함께 1년 간 감옥생활을 함.
1943. 3	불기소처분으로 출옥, 전국 각지를 순회하며 신앙동지들을 격려함.
1944. 7	함흥 흥남질소비료공장에 입사, 노동자들의 복지와 교육, 의료, 주택 등을 개선하는 일에 힘을 쏟으며 해방을 기다림.
1945. 4. 25	발진티푸스로 갑작스럽게 별세.
1964-1975	노평구 등이 『김교신전집』 발행.
1982	「성서조선」(영인본 전8권) 간행.

▶ 「성서조선(聖書朝鮮)」지 창간사

하루 아침에 명성이 세상에 자자함을 깨어 본 바이런(영국의 시인 – 주)은 행복스러운 자이었다. 마는, 하룻 저녁에 '아무런대도 조선인이로구나!' 하고 연락선 갑판을 발 구른 자는 둔한 자이었다.

나는 학창에 있어 학욕에 빈취(貧醉)하였을 때에 종종 자긍하였다. '학문엔 국경이 없다'고. 장엄한 회당 안에서 열화같은 설교를 경청할 때에 나는 감사하기가 비일비재이었다. '사해가 형제 동포라'고 단순히 신수(信受)하고. 에도성(江戶城: 지금의 도쿄)의 내외에서 양심에 충(忠)하고 나라를 사랑함에 절실한 소수자가 제2국민의 훈도에 망식몰두함을 목도할 때에 나의 계획은 원대에 이르려 함이 있었다. '옳은 일을 하는데야 누가 시비하랴?'고. 과연 학문적 야심에는 국경이 보이지 않았다. 사랑의 충동에는 사해가 흉중의 것이었다. 이상의 현실에 이르려는 전도가 다만 양양할 뿐이었다. 때에 들리는 일성은 무엇인고?

'아무리 한 대도 너는 조선인이다!'

아, 어찌 이보다 더 무량의 의미를 우리에게 전하는 구(句)가 달리 있으랴? 이를 해(解)하여 만사휴(萬事休)요, 이를 해(解)하여 만사성(萬事成)이로다. 이에 시선은 초점에 합함을 얻었고 대상은 하나임이 명확하여 지도다. 우리는 감히 조선을 사랑한다고 대언치 못하나 조선과 자아와의 관계에 대하여 겨우 '무엇'을 지득(知

得)함이 있는 줄 믿노라. 그 지만(遲晚)함이야 어찌 남의 웃음을 대하리오만.

그러나 자아를 위하여 무엇을 행하고 조선을 위하여 무엇을 계(計)할고. 오직 비분개세(悲憤慨世)만이 능사일까. 근일 우리 형제들 사이에 그 평소의 사상이 상반하고 항일의 취향이 각이함에 불구하고 각기 자아를 굽히고 동일의 표적을 향하려 하는 경향이 보임은 우리의 공하(恭賀)할 바어니와 이는 실로 친거후(親去後)에 효성이 동함과 일리이니 우리 불효자인들 어찌 그 예에 빠지랴? 경우는 기적을 행하는가 보다.

다만 동일한 최애(最愛)에 대하여서도 그 표시의 양식이 각이함은 부득이한 사세(事勢)이라. 우리는 다소의 경험과 확신으로써 오늘의 조선에 줄 바 최진최절(最珍最切)의 선물은 신기치도 않은 구신약성서 한권이 있는 줄 알 뿐이로다.

그러므로 걱정을 같이하고 소망을 한 곳에 붙이는 우자(愚者) 오륙인이 도쿄시외 스기나미촌(杉竝村)에 처음으로 회합하여 '조선성서연구회'를 시작하고 매주 때를 기하여 조선을 생각하고 성서를 강하면서 지내온 지 반세여에 누가 동의하여 여간의 소원 연구의 일단을 세상에 공개하려 하니 그 이름을 「성서조선(聖書朝鮮)」이라 하게 되도다. 명명의 우열과 시기의 적부는 우리가 불문하는 바라. 다만 우리 염두의 전폭을 차지하는 것은 '조선(朝鮮)' 두 글자이고 애인에게 보낼 최진(最珍)의 선물은 성서 한 권 뿐이니 양자의 하나를 버리지 못하여 된 것이 그 이름이었다. 기원은 이를 통하여 열애의 순정을 전하려 하고 지성의 선물을 피녀(彼女)에게 드리려 함이로다.

「성서조선(聖書朝鮮)」아, 너는 우선 이스라엘 집집으로 가라. 소위 기성 신자의 손을 거치지 말라. 그리스도보다 외인을 예배하고 성서보다 회당을 중시하는 자의 집에는 그 발의 먼지를 털지어다.

「성서조선(聖書朝鮮)」아, 너는 소위 기독신자보다도 조선혼을 가진 조선 사람에게 가라, 시골로 가라, 산촌으로 가라, 거기에 나무꾼 한 사람을 위로함으로 너의 사명을 삼으라.

「성서조선(聖書朝鮮)」아, 네가 만일 그처럼 인내력을 가졌거든 너의 창간일자 이후에 출생하는 조선 사람을 기다려 면담하라, 상론(相論)하라.

동지를 한 세기 후에 기약한들 무엇을 탄할손가.

· 1927년 7월 ·

▶ 영혼에 관한 지식의 고금

공자는 계로의 질문에 대답하였다. '미지생언지사(未知生焉知死)'라고. 만일 가능하다면, 생각지 않고라도 견딜 수 있다면 동양의 고성(古聖)의 교훈을 그대로 마음에 새겨 이 사후 문제는 다시 염두에도 오르게 말고 현생만 보고 살고자 원한다. 아, 얼마나 단순하고 행복스러운 인생이 될까.

그러나 보라, 공부자(孔夫子)로서 이 말을 하여 묻던 자의 주의를 다른 데 전환시키고자 하는 당세의 관심사를! 칠십이 넘은 현철(賢哲)의 솔직한 대언을! 그 초려(焦廬)를!

철학자가 흔히 그 담담한 사색적 생활의 고뇌를 탄하여 '인간은 사색적 동물로 났으니 무가내하(無可奈何)'라 한다. 마는 철학자란 특수 계급에 한할 뿐만 아니라, 모든 생(生)을 받은 자, 전인류가 사(死)를 목격하게 됨을 의아 관심하는 것처럼 무가내하의 사(事), 필연적인 일이 다른 데 무엇이 있는가? 생하려는 자가 사멸에 종하는 것처럼 큰 모순, 배리(背理)가 세상에 또 있는가. 이것이 과연 성자의 교훈이 엄연함에도 불구하고 전인류가 때의 고금을 물론하고 현우(賢愚)의 별(別)이 없이 알고 싶어하는 최대 문제이기 때문이다.

문제 중의 문제이기 때문에 인류의 역사만큼 그 만큼 그 긍정 부정의 논쟁도 많거니와 우리는 지금 성서 중에서 그 부정론의 예봉을 열거할진대 마가 12장 19절 이하의 사두개인들의 변증을 볼 수 있다. 그들은 예수를 붙잡고 묻기를 시작한다.

"선생님이여 모세가 우리에게 써 주기를 사람의 형이 자식이 없이 아내를 두고 죽거든 그 동생이 그 아내를 취하여 형을 위하여 후사를 세울지니라 하였나이다 칠 형제가 있었는데 맏이 아내를 취하였다가 후사가 없이 죽고 둘째도 그 여자를 취하였다가 후사가 없이 죽고 세째도 그렇게 하여 일곱이 다 후사가 없었고 최후에 여자도 죽었나이다 일곱 사람이 다 그를 아내로 취하였으니 부활을 당하여 저희가 살아날 때에 그중에 뉘 아내가 되리이까"

사두개인들의 변증은 과연 주도하였다. 만일 영계의 사실을 친히 눈으로 본 자가 아니고서는 어떠한 대교사일지라도 이에 대하여 일언반구의 해답도 못할 뻔하였다.

그러나 사두개인은 당시뿐만 아니라 현대에도 얼마든지 있다. 과연 현대일수록 많은가 보다. 지금 사두개인과 같은 정신을 가지고 근대적 과학적 지식으로써 2000년 후에 다시 그 난문을 반복하는 모(某) 이학(理學) 박사의 생물학 강화를 경청하여 보자(이하 번역문).

"인류까지 모든 생물의 반열 중에 넣고 생각하여 보면 인류는 포유동물 중의, 짐승류 중의, 원숭이류 중의 성성류(猩猩類)와 동류에 속한 것은 명백한 것이므로 신체를 떠나는 혼이란 것이 인류에게 있다 하면 원숭이 따위에게도 있다고 생각하여야 할 것이며, 원숭이에게 혼이 있다면 개에게도 있다고 보아야 할 것이다. 이와 같이 비교 추리하면 어떤 따위까지는 영혼이 있고 어떤 따위 이하에는 영혼이 없는지 도저히 그 경계를 정하지 못할 것이다. 가령 하등동물까지 영혼이 있다고 하면 이들 동물이 인류와는 전연 다른 방법으로 새끼를 낳고 죽어갈 때에 영혼은 어느 때에 신체에 들어오며 어느 때에 신체에서 나가는가를 생각하여 보면 참말 우스운 일이다. 말미잘이 분열하여 두 마리가 될 경우에는 영혼도 분열하여 두 개가 되어 양쪽으로 가는가? 그렇지 않으면 지금까지 우주에 거처할 곳이 없이 떠돌던 혼이 새로이 한쪽에 들어올까? 만약 그렇다면 전부터 있던 혼과 새로 온 혼이 어떻게 하여 각기 받아 가질 몸을 정할까 하는 등 얼마든지 수수께끼가 생기는 것이다.

또 인류에게만 한하여 생각하여 볼지라도 난세포의 수정으로부터 엽실기(葉實期), 위상기(胃狀期)를 지나서 신체 각부가 점점 발육하여 종결한 성인이 될 때까지를 한 폭에 대관(大觀)한다 할지라도 과연 언제 처음으로 영혼이 출현되었는가 물으면 역시 대답에 궁하는 것이다.

신체를 떠난 개체의 혼이 영구히 불멸이라면 오늘까지의 죽은 자의 혼이 모두 어떤 곳에서든지 존재할 터이니 그 수는 얼마인지 모를 것이며 그들은 어느 대에 출생한 것인가? 나중을 불멸이라 상상하면 시초도 무한이라 상상하여야 옳으리라. 가령 처음도 없고 끝도 없으므로 영구히 존재하는 것이라 하면 그것이 신체에 들어오지 않기 전에 무엇 하고 있었는가? 운운"

양자간에 2천 년의 시일을 상거하였으나 그 논지의 조리정연함과 변론자를 … 당대의 수재들이라. 그러나 "그리로서 왔으니 그 곳 일을 알으시는"(요 3:11, 31) 이는 이와 같은 고금의 사두개인들에게 여전히 대답하신다.

"예수께서 가라사대 너희가 성경도 하나님의 능력도 알지 못하므로 오해함이 아니냐 사람이 죽은 자 가운데서 살아날 때에는 장가도 아니 가고 시집도 아니 가고 하늘에 있는 천사들과 같으니라 죽은 자의 살아난다는 것을 논의할진대 너희가 모세의 책 중 가시나무 떨기에 관한 글에 하나님께서 모세에게 이르시되 나는 아브라함의 하나님이요 이삭의 하나님이요 야곱의 하나님이로라 하신 말씀을 읽어보지 못하였느냐 하나님은 죽은 자의 하나님이 아니요 산 자의 하나님이시라 너희가 크게 오해하였도다 하시니라"(막 12:24, 27).

알지 못하는도다, 과연 저들은. 문제의 요점은 이론의 주밀한 데 있지 않고 추리의 교묘한 데도 있지 않다. 오직 사실을 친히 목격하신 자(요 1:18)만이 최후의 권위를 가지시는 것이다. 현미경에 나타나 보이지 않고 망원경에 걸리지 않으니 하나님이 없다고 단언하는 종류의 과학자들에게 어찌 전지자의 연민이 없으랴!

그러므로 주 예수의 자취를 좇아 충실히 순종하는 현대의 사도 선다 싱은 런던에 여행하였을 때 당시 영국의 현학 대가 등의 질문에 대답한 바가 있었다.

"종교라고 특별히 소수의 천재에게 한한 것이 아니라 지금 만일 한 생물학자가 있어서 한 대가를 이루려고 한다면 어려서부터 특별한 흥미와 수 십 년 동안 끊임없는 실험과 연구를 거치고야 되는 것과 마찬가지로 신앙 문제에도 상당한 시일과 노력을 들이고야 됩니다. 또 지금 생물학 대가가 있어서 종교적 체험을 깨닫지 못하거나 혹은 부인한다 할지라도 두려울 것이 없으니 이는 마치 한 번도 현미경 아래에 세포를 규시(窺視)한 일이 없는 애가 생물학자의 학설을 부인하려고 꾀함과 같습니다."라고.

- 1927년 7월 -

▶ 지질학상으로 본 하나님의 창조

　　근대 과학이 발달함을 따라 사람마다 자기의 과학 지식에 대한
정확 정도와 총량을 반성하여 볼 겨를도 없이, 또한 성서의 창조
설에 경청하여 보려는 인내와 용기도 없이 그저 막연히 과학은 새
롭고 참된 것이고 성서 ― 특히 모세의 창조설은 묵고 낡은 것이
라고 확신(?)하게 되었다. 그러므로 1851년에 다윈의 『종의 기원』
(The Origin of Species)이 발간된 이래로 이를 신 창세기(New
Genesis)라 하여 찬양을 마지아니한 사람은 홀로 헉슬리(Huxley)
한 사람뿐이 아니었다. 근일에 지질학이 과학 계열의 일각에 신기
히 대두함에 성서의 기록한 바 '신의 창조', '6일간 완성', 인류
발생의 연대, 그밖의 중요한 문제에 걸쳐 일일이 지질학설과는 상
용치 못할 것인 줄로 유포하는 학자 적지 않으므로 자연과학의 문
에 추종하면서 동시에 성서에 신종(信從)하는 것이 과학적 양심의
존부(存否) 문제라고까지 말하게 된 현대 및 현대인이다. 우리는
그 천박을 웃어 넘기기 보다도 우선 고생물학의 태두 큐비에
(Cuvier) 씨의 직언을 들어 보자. "모세는 애급인의 모든 지혜로써
교육을 받고 그 장성한 후에 우리들에게 변화 부절(不絶)하는 천지
개벽론을 열어 주었다. 근래의 지질학적 연구는 생명이 연속적으
로 창조된 그 순서에 관하여 창세기 기사와 완전한 일치를 보게
되었다."

　　10년 간 망원경을 모든 천체에 향하고 탐색하였으나 신을 발견

하지 못하였다고 호언하는 천문학자가 있는 동시에 천문학자로서 신이 없다고 말하는 자는 광인이라고 단언한 현학(衒學)이 있음은 비사(譬辭)가 아니고 사실이다. 보는 자가 다 보는 것이 아니요, 듣는 자가 다 깨닫는 것이 아니다.

이 일문은 원래 창세기 1장의 성서적 연구가 아니므로 영적으로 농후치 못함과 성서의 불비를 조소하는 과학적 우주개벽설 혹은 지구형성론 특히 다수인의 신수(信受)하는 라플라스의 설(The Theory of Laplace)에 대한 난점과 결함의 지적은 여기에 생략하고 다만 창세기 제1장 연구의 입문으로 필요한 문제 수 건을 지질학과 비교 해석을 시(試)코자 한다.

1. 성서에 의하면 신의 창조는 6일간에 완결되었다고 한다. 곧
제 1일에 천지의 창조와 광명 암흑의 분리
제 2일에 수계와 대기의 분리
제 3일에 대양과 대륙의 분리 및 식물의 발생이 있어 창조의 전반 과정을 필하고,
제 4일에 일월성신의 출현
제 5일에 어류와 조류의 출현
제 6일에 가축, 곤충, 짐승류의 출현이 있고서
나중으로 창조의 목적인 인류의 창조로써 대업을 마치게 된다.

이에 창세기는 '일'이라는 시간의 단위를 말하여 천지의 형성으로부터 인류의 발생까지 근근 6일간에 필하였다고 하나 지질학에서 층서와 화석으로 구분하여 시생대, 원생대, 고생대, 중생대, 신생대 등으로 계산하는 각기 일생대의 기간은 적어도 수십만년씩 되리라 하니 이것이 양자 서로 다른 중요점의 하나요,

2. 모세에 의하면 식물이 발현된 후에 동물적 생물이 출현되었다 하나 지질학상으로 탐색한 결과는 식물화석을 보장한 최고 지층 속에 동물화석, 갑각동물, 산호 등이 병존하여 사실과 위반됨을 증(證)한다 하니 이것이 창세기의 위신(威信)에 관한 제2의 중요

난점이다.

그러나 우리가 모세의 기사를 읽을 때에 주의하여야 할 것은 창세기는 학생이 교실에서 필기하거나 기자가 의장(議場)에서 속기한 것처럼 하여 된 것이 아닌 것을 알아야 할 것이다. 묵시 혹은 계시는 일언일구씩을 청취한다기보다 환영을 통하여 한 폭의 회화를 직관함과 방불하니 모세의 6일 창세기는 6막물의 연극을 보고 기록한 것인 줄로 보면 해석에 매우 유조(有助)할 것이요 그리고 지질학의 탐구한 바에 의하여 그 일생대로부터 일생대로 변하는 때의 천동지변의 대조화의 경이를 실감하여 보니 한무리아기(寒武利亞期)로부터 이첩기(二疊紀)까지 고멸다습한 고생대 독특한 장면에서 서식하던 거생물들이 삼첩기(三疊紀)의 장면으로 일전함에 거의 모두 그 자취를 소실하고 비교적 평온하였던 고생대 특유의 주역이 등장케 되니 현대에 우리가 목격하는 제 생물의 선조되는 집합적 동물(Collective Type)은 이 생대에 전성을 극(極)하였다가 백악기의 종말에 임하여 지구의 표면이 일신하는 때 즉 동해와 황해, 지중해 등이 함락하고 히말라야산, 알프스산 등 세계의 거악이 솟아오르고 태평양 주위의 화산, 온천이 염부(鹽釜) 보다도 더 자주 토연할 때에 일본이 섬나라가 되고 인도가 아시아에 속하게 될 뿐만 아니라, 그 위에 등장하는 생물도 일신하여 구생대(舊生代)의 것은 거의 자취를 끊고 신장면에 적응할 만한 신종품으로 정용(正容)을 차리고, 다시 제3기말 혹은 제4기초에 이르러 비로소 인류의 출현을 보았으니 이 최후의 창조도 나이애가라 폭포 생성 (약 3만 6000년 전)보다도 4, 5배 고대의 사실이다. 지금 이 일변천, 일조화를 신생대로써 중생대에, 고생대로써 원생대에 추고(推古)하여 보라. 모세가 일생대의 연수가 비록 수십만 년씩이었다 할지라도 그 일기간에 현시되는 한 폭의 그림, 연출되는 1장의 극을 '1일' 이라는 시간의 용어로 표시하였다 한들 계시란 무엇임을 짐작하는 자에게 24 시간이란 개념이 하등의 장해가 될 것인가? 식물과 동물의 출현 순서에 대하여서도 세밀히 보는 때에 창세기와 지질학과의 모순이 있음을 부인하는 것은 아니나, 지질학 상으로라도 대체를 관찰하는 때에 생물 출현에 3대 시기(Three Great Epoch)가 있었음을 시인치 않을 수 없으니 제1은 석탄기의 식물전성기, 제2는 양서류의 전성기, 제3은 포유동물의 발생에 이르렀으니 대체의 광경으로 보아서 식물이 동물적 생명보다 앞서서 전성을 향락하였다 함은 오히려 지질학이 쾌히 승낙하는 바이다.

3. 창세기 1장 2절에 지구가 생성되어서부터 물로 포위되어 있었다 한다. 이는 과학의 증명과 꼭 일치하는 바니 지구 표면을 가리우고 있는 수성암의 층서는 전혀 모두 물의 작용으로 침전매적(沈澱埋積)한 결과이므로 당초에는 지구의 표면이 수면으로만 보였을 것이요,

4. 동 3절에 '하나님이 가라사대 빛이 있으라 하시니 곧 빛이 있거늘' 하여 제1일부터 빛이 있었다 하였으나 태양과 달, 별의 창조는 제4일에 있었으므로 고래에 지자로 자임하는 학자들이 태양이 출현하기 전에 빛이 어찌 있었으랴 하고 모세의 어리석음을 조롱하던 근거의 일절이었으나 근래의 과학적 연구는 점점 가경에 들어가 태양과 하등의 관련이 없이 전연 독자적으로 빛이 존재할 수 있음을 입증할 뿐더러 오늘의 극광(Aurora)의 이(理)와 같이 상반되는 양전기의 작용으로 새벽, 낮, 밤의 구별이 있을 것을 과학자 편에서 과학자를 반박하여 오늘은 벌써 모세가 어찌 그 시대에 그 이치를 알았을까 신기로워할 뿐이다.

5. 동 9절에 '하나님이 또 가라사대 천하의 모든 물이 한 곳으로 모이고 마른 흙이 드러나라 하시니 이같이 된지라' 하였는데, 근세 과학으로 가장 명백히 발견한 사실의 하나는 대륙이 본래 대양의 바닥에 잠겨 있었던 것이 점차 솟아올라와 오늘과 같이 된 것이라는 큰 수확일 것이다.

6. 동 11절, 12절에 식물의 대번식을 기록하였는데 그 시기는

대륙이 대양에서 융기하여 출현된 처음이었고 또한 태양이 출현되기 전의 일이었다. 근세 과학과 모순되는 것이 있는 듯하나 석탄기층이 웅변으로 증명하는 것은 식물적 생물이 동물적 생물보다 전성을 극하였다는 사실과 따라서 태양 광선보다도 더 일층 다량으로 식물 생명이 요구하는 성분을 포함한 광선이 천지 창조의 당초에 존재하였다는 사실이다. 그리고 모세는 기원전 15세기의 사람이고 우리는 기원후 20세기의 사람들이다.

7. 창세 제4일에 일월성신의 출현이 있었다고 기록하였는데 카를 밀러(M. Karl Muller)와 같은 이는 순전한 과학자 입장으로써 석탄기 종말에 태양 광선이 들어와 영향하였음을 증명하였으니 즉 태양계 자신으로 봐서는 태양과 지구 및 그밖의 혹성, 위성 등의 관계가 처음으로 정당한 위치에 고정된 시기라 할 것이며 한편으로는 한층 우수한 생물의 번영을 위한 대능자(大能者)의 준비로 볼 것이다.

8. 창조 제5일에 동물적 생물의 대발현을 기록하였다. 전에 고생대중에 식물의 대번식이 있어 석탄기를 이루어 오늘의 우리들에게까지 목도케 함과 같이 고생대의 삼첩기, 주라기, 백악기에 걸쳐서는 동물의 유해가 풍부하여 후인으로써 창조의 순서를 창세기의 지질학과 대조 병독게 하며, 모세의 기록에 의하면 해어류(海魚類)와 양서류가 육상 짐승류보다 먼저 출현되었고 어류와 조류는 거의 동시대에 출현하였다 하는데, 이 역시 지층이 입증하는 바니 대체 모세는 어느 대학에서 수학하였던가!

9. 창조의 최종일에 이르러 가축과 곤충류와 짐승류 일반의 출현이 있었다. 지질학의 결론에 따르면 이들 세 종류의 동물은 고생대를 경과한 후 제3기 층 초에 처음으로 출현하였다 하니 즉 일반 육상동물과 포유동물류는 이때부터 이 지구 위에 서식케 된 것이다.

10. 육축류를 창조한 후에 인류의 출현으로써 위대한 창조의

업은 그 종결을 보게 되었다. 만물의 영장이라 하는 인류가 육축과 곤충류보다도 나중에 창조되었다 하여 마치 순위가 전도나 된 듯이 생각하게 되지만, 이는 비단 성서뿐 아니라 근대 과학도 동일하게 표시하는 바이다. 제3기까지도 인류는 출현되지 못하였다가 제3기의 종말 혹은 제4기의 초두에서야 비로소 지구의 표면에 서게 되었다.

11. 근대 과학의 교양을 지닌 자로 누구나 없이 냉소를 불금(不禁)하는 성서 기사 중의 한 건은 인류의 선조가 아담, 하와의 일부배(一夫配)로부터 시작된 것이라는 독단일 것이다. 그러므로 오래 전부터 과학자는 혹은 해부학상으로 혹은 생리학상으로 여러 방면으로 '인종 단일성'이라는 독단을 향하여 공격의 화살을 보내어 왔다. 도저히 전 인류가 일부배에게서 나올 수 없는 것이라고 강론(講論)하였다. 마는, 그 동일한 과학자의 후예가 이제 와서는 전 인류가 일개 세포에서 발생한 것을 역설하며, 뿐만 아니라 전 동물계와 전 식물계가 모두 전인류와 함께 일개 유기적 세포, 유기적 생명의 근원으로부터 발생하였다 함을 변증하게 되었다. 변전(變轉)이 또한 크지 않은가?

12. 창세기 1장을 읽으면서 제종제형(諸種諸形)의 생명이 출현하는 것에 주의할 때는 누구든지 하나님의 명령이 연쇄적으로 중발(重發)되었음에 놀랄 것이다. "하나님이 가라사대 … 이 있을지어다." 하였고 그와 동시에 자연적 재료를 항상 빼지 않고 "물에다 출산케 하라 … ." "땅에다 살게 하라." 하여 과학으로 불가해의 난제인 '종의 불변'(Permanence of Species)에 대하여 확언으로 재단을 내리었다. 오늘 과학의 사명은 모세의 제언한 바를 탐색하여 '생명은 생명으로써만 산출함'이라는 것과 '생명으로써 생명을 낳는 능력은 다른 제2 원인이 지배한다'는 두 개 진리의 조화에 있다 함도 유래가 없는 바 아니다. 하나님이 명령하고 방편으로 물에게 혹은 땅으로 협조케 하니 이에 능력과 재료와의 사이에

생명 성장의 신비한 사실이 나타나게 되었다.

13. 창세기 기자는 제7일 만에 신의 안식일을 명언(明言)하였다. 즉 제7일에 이르러서는 신의 창조적 능력이 전혀 중지되었다 한다. 한편으로 지질학은 인류의 현출 이래로 모든 신종(New Species)의 중지를 사실에 근거하여 증명한다. 인류의 출현으로써 완결을 지은 후 대안식에 들어간 신의 창조의 경륜에 어찌 우연을 허하랴? 이에 모든 자연은 다시 신종의 출생을 불요(不要)하고 창조의 목적물인 전인류는 안식 시대에 거하여 순전히 도덕적 수련에 힘쓸지며 조물주를 찾아 그의 품을 향하여 귀향의 달음질을 시작할 것이다.

생명의 저편에 능력의 활동이 있고 자연의 방편이 이를 보조하여 생명이 출현 성장할 때에 거기에 순서(Process)가 있고 시작이 있은 후에 대안식일의 결말을 보았다. 지질학 및 그 밖의 과학이 비록 완전하지 못한 것이나 모세의 받은 바 계시를 이해함에 유조(有助)하도록 접근하여 오는 사실은 인류를 위하여 즐거워할 바이라 하겠다.

· 1928년 4월 ·

▶ 입신의 동기

한 사람이 회개하고 나사렛 예수를 주 그리스도라고 신종(信從)하게 됨에는 반드시 성령의 다대한 운동이 있었을 것은 물론이다. 그와 동시에 사람 편으로서는 각기 개성과 주위 환경에 따라 특이의 소원과 동기가 없지 않았을 것이다.

명치유신의 신기운을 당한 일본 청년 50여 명이 구국의 정신에 불타 혈서로 상약하고 기독교에 입신하였다 함은 우리가 들을 때마다 그 기개의 장하였음을 부러워하는 바이며, 인생의 향락을 태반이나 누리다가 40, 50의 인생 정령(頂領)을 지난 후에 바야흐로 전비(前非)와 후복(後福)을 개념케 되어 전심오도(專心悟道)에 참매(參昧)하는 예가 통계상으로 다수함을 볼 때에 그 사정의 필요함에 동정을 금하기 어려운 바 있었다.

그러나 나 자신에게는 50년전 일본 청년들과 같은 고상한 야심이 주동기가 아니었을 뿐더러 세속에서 상처받은 전비를 씻고 행여 후생에 극락세계에 들어가기를 애원할 필요도 없었다. 나의 관심사는 사후 성불이 문제가 아니었고 철두철미 현세의 문제로만 생각한 것이었다. 사후에 천사로 화하거나 혹은 지옥열화중에 태워지거나 이는 나의 심령의 오전(奧殿)에 반거(盤據)한 최대 긴급의 문제는 아니었다. 어떻게 하면 나의 현재의 육체와 심정을 이대로 가지고서 현생에서 하루라도 완전에 도달할까 이것이 나의 최대 관심사이었다.

십유오이지우학 삼십이립 사십이불혹 오십이지천명 육십이이순 칠십이종심소욕불유구(十有五而志于學 三十而立 四十而不惑 五十而知天命 六十而耳順 七十而從心所慾不踰矩)란 일절을 논어에서 학습할 때에 이야말로 나의 일생의 과정표요, 공자보다는 10년을 단축하여 '육십이종심소욕불유구(六十而從心所慾不踰矩)'라고 불러 보리라고 내심에 기약하고 일야초심(日夜焦心) 하였었다. 그러나 초심하면 초심할수록 덕불수학불강(德不修學不講)이 나의 근심임을 탄(嘆)하게 되어 육십은 고사하고 팔십에도 종심소욕불유구의 역(域)을 밟을 희망이 보이지 않아 자못 낙망의 심연에 빠지려는 순간 나에게 다시 새로운 희망과 용기를 주어 일어서게 한 것은 실로 청년 전도사를 통하여 온 기독교 복음의 소리였다.

저는 간증하기를 비단 칠십 후에 달성할 것이 문제가 아니라, 지금 당장 이십의 청년이라도 신앙에 들어가는 즉시로 이루지 못할 소원이 없다고 하였다. 그러므로 이야말로 나의 일생의 소원인 종심소욕불유구에 달하는 무엇보다도 유일한 것임을 스스로 깨닫고 작약흔희(雀躍欣喜)하였음도 또한 무리가 아니었다.

그로부터 다시 한번 노력하기를 시작하였다. 마음의 소원인 바 유교의 도덕을 기독교 전도사가 술(述)하는 바 성령의 권능을 빌어 속성하여 보려는 노력이었다. 뿐만 아니라 '견의불위무용야(見義不爲無勇也)'라는 공자의 말씀과 '의를 보고 행하지 아니함은 죄니라'는 기독의 말씀에는 그 심각한 정도의 대차(大差)가 있음을 보았고 '이직보원(以直報怨), 이덕보덕(以德報德)' 하라는 인간적 교훈과 '적을 사랑하며 오른뺨을 치는 자에게 왼뺨을 향하라'는 초인적 교훈을 비교함은 마치 연지(蓮池)의 폭과 대양의 그것을 견주는 것이었고 '기소불욕(己所不慾)을 물시어인(勿施於人)'과 '기소욕(己所慾)을 시어인(施於人)' 하라는 두 구 등을 생각할 때 기독교 전반이 무엇임은 알지 못하면서도 도덕율로만 보아도 기독교의 교훈에 유교의 그것보다 훨씬 심원고대한 무엇이 있음을 규지(窺知)

하였다. 원대한 도덕율을 발견할수록 기독교에 대한 나의 열심은 점고유절(漸高愈切) 하였다. 그리하여 산상수훈의 가구(佳句)는 일 점일획까지 여지 없이 성취할 것이라고 자신한 때에 도덕봉을 향하는 나의 순례의 전도에는 양양함이 있었다.

때에 신뢰할 만한 기독교 교사에게서 산상수훈 해설을 청강하게 되어 나의 기독교관이 그 근저로부터 동요케 되었다. 공자의 언행보다도 더 완미장엄한 기독교 도덕율을 신자 각인이 살아 생전에 실행 대성하는 데에 기독교의 기독교인 소이(所以)가 있는 줄로 믿는다는 나의 감화에 대하여 교사는 솔직하게 대담하게 이를 부정하고 성서에 그 근거가 없음을 지적하였다. 나의 실망이 비상할 것을 염려하여 친절한 선배는 내세성화의 약속이 있음으로써 나를 위로하려 하였다. 그러나 사후 혹은 내세 운운의 구는 나를 위로하지 못할뿐더러 실망이 아니면 분개를 더할 뿐이었다. 덕을 청하는 자에게 돌을 던지니 무슨 만족이 있으며, 고기를 구하는 자에게 뱀을 주니 어찌 위안이 되랴. 나의 원하는 것은 사후의 성화가 아니라, 내세의 약속이 아니라, 이 육신 이대로가 살아 생전에 일년이라도 혹은 일일이라도 완전의 역(域)에 달하기가 소원인 것이다. 이 이상의 것을 내가 불요하며 이 이하의 것에 내가 불만하였다. 기독교가 만일 이 요구에 응하지 못한다면 나는 벌써 더 오래 기독교에 머물러 있을 필요가 없는 것이었다. 그러나 공자에게로 돌아가는 것은 심각한 절망을 다시 한 번 반복할 것뿐임을 잘 알았다. 오호라, 나의 구도 생활은 이에 이르러 진퇴유곡이었다.

노력에서 절망에, 번민에서 포기에 떨어지려 할 즈음에 나는 다시 한 번 자아를 굽어보았다. 전에는 내가 의를 보고 행치 못함은 용기 없음이라는 구를 볼 때에, 과연 현금의 나는 소용(小勇)의 인(人)이나 점차 수양 단련하면 나중에는 대용(大勇)의 인을 이루리라고 생각하였었다.

용기란 무엇인고? 전에 가졌던 개념대로는 나도 잘 수련하면 보불전쟁의 발발에 즈음하여 프랑스국 함대를 일거에 인천만에서 격퇴하고서 의기양양하였던 대원군의 용기만큼은 발육할 소질을 소지한 줄로 자임하였었다. 그러나 모세와 이사야, 예레미야의 용기를 배우고 스데반과 사도 바울의 용기를 듣고 예수 그리스도의 용기를 우러러볼 때에 이러한 종류의 용기라고는 나의 천성에는 추호도 내재함이 없음을 발견하였다.

"한 사람이 두 주인을 섬기지 못할 것이라."(마 6:24) 함은 명백한 도리나 이를 실행함에는 웜스 회의에 선 루터의 결심을 요하며, 이스라엘을 인솔하고 홍해를 건너던 모세의 용기가 필요하건만, 오호라 나의 안에 어찌 이것을 발견할고!

"그러므로 … 목숨을 위하여 무엇을 먹을까 무엇을 마실까 몸을 위하여 무엇을 입을까 염려하지 말라 … 공중에 나는 새를 보라 … 들의 백합화가 어떻게 자라는가 생각하여 보라 … 너희는 먼저 그의 나라와 그의 의를 구하라"(마 7:25-33).

구구절절이 지당한 도리다. 지당한 도리를 실천함에는 비상한 용기를 요한다. 이러한 용기의 편영도 내 안에 내재치 않음을 고백지 아니치 못하게 되었으니 통탄한들 흡족하랴. 그러나 나에게는 사실이다. 사람은 모르거니와 나는 과연 두 주인, 세 주인을 섬기는 생활자다. 내가 목숨을 위하여 초려공황(焦慮恐惶)함은 견마의 본능에서 다를 바 없다.

나는 과연 공중에 나는 새보다도 못하고 들에 자라는 백합화보다도 부족한 자임을 보게 되었다. 내가 먼저 구하는 것은 그의 의도 아니요, 그의 나라도 아니고 오직 탐욕의 덩어리임을 보고 놀랐다. 내가 의를 보고 행치 못함은 용기가 소약(小弱)한 때문이 아니고 의에 응할만한 용기가 전무한 소치인 것을 발견하였다. 전에는 내가 성선설에 신의(信依)하여 천품의 선한 부분을 발육함으로써 소약(少弱)에 입지하여 노대(老大)에 완성할 것을 기약하여 보았다. 그러나 자아를 좀더 명확하게 알게 됨에 이르러 선한 성품이라고는 하나도 내재함이 없고 또 선을 보고도 이를 감행할 만한 용기를 완전히 결한 가련한 죄악의 덩어리임을 알게 되었다. 자기 수양으로써 완전의 역에 달하여 보리라던 야심은 아주 포기치 아니치 못하였다.

오호라 나는 괴로운 사람이로다. 이 사망의 몸에서 나를 구원하여 줄 자 누군고!

하고 나는 급(急)을 호소하게 되었다. 전에는 내가 태평양의 서안에 서서 어찌어찌하면 피안의 신천지까지 헤엄쳐 보이리라고 호언고거(豪言高居) 하였었다. 그러나 지금은 내 몸이 노도에 부대끼어 생명이 경각에 있음을 보고 놀라 구원을 청호(請呼)하게 되었다.

"내 속 곧 내 육신에 선한 것이 거하지 아니하는 줄을 아노니 원함은 내게 있으나 선을 행하는 것은 없노라."(롬 7:18)는 비통한 고백을 마지 못하고서 지극히 천하고 약한 죄인 중의 죄인 하나가 지성(至聖) 전능하신 왕중의 왕 앞에 강복한 것, 자아의 수련 발전이 아니고 자아를 부정하고 자아를 포기 자살할 지경에 이른 것이 나의 입신의 동기였다. 도덕적인 수양에서 권태하고 파산 상태의 수습에서 지쳐 버린 자가 "건강한 자에게는 의원이 쓸데없고 병든 자에게라야 쓸 데 있느니라 내가 의인을 부르러 온 것이 아니요 죄인을 부르러 왔노라."(막 2:17)고 선언하신 이에게 달음박질하여 간 것이 내가 예수께로 따라간 걸음이었다.

· 1928년 11월 ~ 1929년 1월 ·

▶ 반약탕(般若湯)

하나님의 심판을 알고 죽을 범죄인 줄 알면서도 악을 자기가 행할 뿐더러 타인이 범함을 즐거워하는 것이(롬 1:32) 사람의 통성(通性)입니다. 다른 예는 차치하고라도 음주하는 이가 금주하는 이에게 권주하는 그 의용(義勇)(?)과 강권하여 성공한 때의 만열(滿悅)로 보아 우리는 성경 말씀의 일구도 할인할 수 없음을 승인치 않을 수 없습니다.

어느 연석에서 불교신자인 청년 문학사가 권주하여 말하되, "나는 부디스트다. 우리는 술을 술로 마시지 않고 반약탕(般若湯)이라 변칭하여 가지고 마신다. 너희 기독신자가 만일 계명에 주저하는 바 있거든 우리네 불교신자를 모방하여 술의 명칭을 변경함이 양책(良策)이 아니냐."

이렇게 말하는 불교신자의 눈알에는 자기 종교의 융통성과 자기 자신의 아량에 대한 십이분의 자신이 발로되어 보였다. 나 역시 그 지혜의 종횡무진함에 황홀하여 종교의 요결이란 결국 이에 있음이냐고 자문자의를 수각(數刻)이나 하였다.

종교란 무엇인고? 술을 마시면 불가한 줄로 알았던 것이 반약탕이라 변칭하여 양심의 가책 없이 마실 수 있는 데에 종교의 효과가 있다 할진대 이는 양심을 예민케 하는 것이 아니고 오히려 둔탁게 하는 것이다. 이런 점으로 보아 만일 불교가 종교라 하면 기독교는 종교가 아닐 것이다. 우리는 음주하는 자를 악인, 안 마시는 이를 전부 선인이라고는 속단치 아니한다. 그러나 만약 술을 반야탕이라 개칭하지 않고는 법의의 사(師)가 마시지 못하리만큼 비성비선(非聖非善)한 것이라 할지라도 별명으로 대칭함으로써 양심의 가책을 피한다 함은 우리 기독신자의 도저히 용허치 못할 일이다. 반야탕을 마시는 교양 있는 부디스트보다도 술을 술대로 마시는 무교육, 무종교자에게 오히려 취할 바 있음에 어찌 우리네만이 군말하랴. 원컨대 술은 술이라 하고 물은 물이라 하라. 종교 신자가 되기 전에 정직한 학도가 되고 충실한 시민이 되라. 허위의 평안 중에 안심하고 왕생하느니보다 정직한 박사 존슨과 함께 사후 심판에 대한 불안과 공포를 품고 이 세상을 떠나기를. 안심에서 비대하기보다 불안에서 수척하여지기를. 마비에서 부생(浮生)하기보다 각성에서 고민하기를. 오, 사실을 사실대로 하라. 이를 음위하는 종교나 학자나 사회나 국가가 모두 멸망하리라. 또 멸망하라.

- 1929년 8월 -

▶ 이상의 인물

우리 그리스도를 믿는 자가 이상의 인물이라고 말하면 으레 그리스도 예수가 그이라고 누구나 즉답(卽答)할 것이다. 그러나 정직하게 고백하라면 우리는 그리스도를 이상의 인물로 가지지 못하는 자이다. 예수의 지(智)와 능력과 애(愛)와 성(誠)과 그 모든 것은 아무리 더듬어 보고자 하여도 그 한계를 더듬어 낼 수가 없다. 그리스도를 보려는 것은 마치 우리가 지붕에 올라서서 하늘의 고(高)와 폭을 더듬어 보려고 상하, 좌우, 전후로 팔을 둘러 보는 감이 불무(不無)하다. 그러므로 우리의 기도의 대상은 그리스도일 수 있으나 우리의 현실 생활의 이상적 인물로서 저를 바라볼 수는 없다.

그밖에 모든 분야의 소위 전문가라는 것은 이상의 인간으로 볼 수는 없다. 일개 인간으로 사람된 위에 전문가라는 것은 귀한 것이나 전문 이외에 아무 취할 것 없다는 인간은 극히 연민할 물건이다. 전문가 중에도 가장 불쌍한 것은 종교 전문가이다. 종교를 전업으로 삼는 자처럼 세상에 무익무해한 것은 없다. 종교 전문가라는 것은 섶에 오르게 된 누에처럼 그 체질이 투명무색하여 혈기가 없는 것이 그 특징이다. 저들은 허위 조작을 보고 듣고도 성내지 않고 불의를 목도하면서도 노발할 줄 모르며 억울한 일 당하는 것을 보면서도 구제할 마음이 발동하지 아니함으로써 도(道)를 통했고 세속을 초탈한 까닭인 줄로 자긍한다. 우리는 그러한 초인간을 타기하고자 한다. 근래에 우리가 소위 무교회주의자라는 일파를 향하여 통절한 불만을 토로한 것은 저들 중에 이러한 종교 전문가가 출현하려는 경향이 보이는 때문 외에 아무 까닭도 없었다.

우리의 이상의 인물은 모세이다. 모세를 이상의 인물이라고 함은 3000년 전에 그의 저술한 우주 창조설이 오늘 20세기에 와서도 폐하지 않으리만큼 그의 지식이 만고에 초월했다고 해서 그러함도 아니요, 문명 세계의 법전의 시조가 된 율법서 오경을 남겨 주었다고 해서 그러함도 아니요, 한갓 종교적 천재라든지 또는 대정치가 혹은 위대한 군인의 전형이었다든지 또는 이런 모든 요소를 일신에 겸비한 까닭으로 이상의 인물이라고 하는 것도 아니다. 저를 이상의 인물이라고 하는 것은 오직 이 까닭이다.

"모세가 애급 사람의 학술을 다 배워 그 말과 행사가 능하더라 나이 사십이 되매 그 형제 이스라엘 자손을 돌아볼 생각이 나더니 한 사람의 원통한 일 당함을 보고 보호하여 압제 받는 자를 위하여 원수를 갚아 애급 사람을 쳐 죽이니라 … 이튿날 이스라엘 사람이 싸울 때에 모세가 와서 화목시키려 하여 가로되 너희는 형제라 어찌 서로 해하느냐 …"고(행 7:22-) 하였다. 다만 이 까닭이다. 저는 원통한 일 당하는 것을 보고 참을 수 없는 핏기운이 있는 사람이었다.

- 1937년 11월 -

▸ 우치무라 간조(內村鑑三)론에 답하여

1. 우치무라 선생의 제자

　　조선장로교회 평양신학교 기관지 「신학지남」 제12권 제4호(7
월호)에 '무교회주의자 우치무라 간조(內村鑑三) 씨에 대하여'란 논
문이 실림을 읽었다. 읽다가 놀란 것의 제1은 우치무라 선생의 제
자를 열기하다가 조선인으로서는 나의 이름을 들고 있는 것이었
다. 나는 오늘까지 자진하여 '내가 우치무라 선생의 제자'라고 문
자로나 말로써 공포한 적이 없었던 줄로 기억한다. 그 이유는 다
음과 같다.

　　(1) 우치무라 성생은 여하간 위대한 선생이다. 남강 이승훈(李
昇薰) 선생이 재적하였던 일이 있었다 하며 여운형(呂運亨) 씨가 우
수한 성적으로 졸업하였다고 광고하는 평양신학교 기관지인 「신
학지남」지까지도 일언이 불무하리만큼 우치무라 선생은 특이한
인물이었다. 그러므로 우치무라 선생을 꺼려하는 자도 부소(不少)
한 동시에 선생의 문하에 배우기를 원하는 자 매주일에 7, 8백명
에 달하였고, 멀리 독일 청년까지도 내사하였음은 널리 아는 사실
이다. 심지어는 철물 상인이 동향(東鄕) 대장을 이용하는 것처럼
사이비의 교리를 가지고도 우치무라 선생의 직제자라는 간판을
붙이려는 시운(時運)을 당하였다. 이런 때이므로 우리는 공언을 주

저하였다.

(2) 우치무라 선생의 제자로서 일본에 아제가미 겐조(畔上賢造), 츠가모토 도라지(塚本虎二), 후지이 다케시(藤井 武), 아사노 유사부로(淺野猶三郎) 제씨를 열기한 뒤에 조선에 김교신(金敎臣)이라고 병기함은 마치 상군(象群)의 행렬에 여마(驪馬)가 따라감과 같다. 혹은 필수(畢宿), 삼숙(參宿), 천랑(天狼)의 군에 묘숙(昴宿)이 참열함과 방불하다. 그 어버이에 그 아들이요, 그 스승에 그 제자란 말이 통용된다면 우치무라 선생의 경우가 그것이다. 김인서(金麟瑞) 씨의 열기한 외에도 가나자와 츠네오(金澤常雄), 야나이하라 다다오(矢內原忠雄), 미쓰다니 다카마사(三谷隆正), 구로사키 고키치(黑崎幸吉) 씨가 지난 5월 28일, 29일 '우치무라 간조 선생 기념 강연회'에 출강하였으니 모두가 일기당천의 대가가 아님이 없다. 이는 물론 최전선에 나선 이들 뿐이다. 나는 근 10년간 우치무라 선생의 성서연구회에 참석하는 동안에 어느 의미로서는 우치무라 선생 자신보다도 그 제자들의 위대함에 충심(衷心)으로 감탄함을 마지 못하였다. 특히 선생 별세 후에 이것을 깊이 느꼈다. 그러므로 나는 맹자(盲者)의 대담을 부리지 못하고, 우치무라 선생의 제자라고 자타가 공인할 이는 조선에도 상응한 선배가 있으리라고 기대하였었다.

(3) 우치무라 선생의 제자로 조선에서 나의 이름이 기록될 줄은 몽상도 못하였던 일이다. 그것은 전술한 바와 같이 나는 우치무라 선생의 제자라거나 혹은 이에 근사한 관계를 가졌다함을 일차로 발표한 기억이 없었는데 따로 조선인으로서 이같은 의사를 표시한 이가 적지 않게 있음을 아는 까닭이다. 「성서지연구(聖書之研究)」지의 '일일의 생애'란에 게재된 중에서 1, 2의 예를 보더라도 해당지 제351호(1929년 10월호) 44면의 9월 9일 일기에 '조선 성진(城津)' 서창제(徐昌濟) 군께서 다음과 같은 엽서가 오다.

"최태용(崔泰瑢) 씨의 주간 「영과 진리」 중에 가로되 '… 일본의 우치무라 간조씨의 서적 탐독한 일이 어찌도 유익하였는지 모른다. 그때에 나는 저의 안에 있고 저는 나의 안에 있는 것 같아서 저의 말은 나의 마음의 바닥까지를 울리는 것이었다. 그때에 저 위대한 사도의 호흡을 나의 호흡으로 하면서 저를 배운 일은 지금 돌아보아도 상쾌한 일이다. 저에게 배워 기초를 닦음이 없었더면 나의 오늘의 기독교는 없을 것이다. 나는 저에게 말로 다하지 못할 감사를 느끼는 자이다.' 라고 하였습니다. 동일한 감상과 동일한 감사를 동일한 선생께 신술(申述)합니다.'"(「영과 진리」 제7호 참조)

이에 대하여 우치무라 선생은 "나는 이처럼 심각하게 자기 저서를 읽은 자가 있음을 오늘까지 알지 못하였다. 그리고 그 사람이 조선인인 고로 더욱 감사하다. 나의 설한 복음은 일본 내지에서보다 대륙 방면에서 보다 더 선한 열매를 맺으리라는 것이 나의 일상 기대하는 바라."고 그 촉망을 첨술하였었다. 위와 같은 관계로 보아서 나보다 훨씬 선배인 최태용 씨가 만일 우치무라 선생의 제자임을 자인한다면 누구나 감히 시비할 이가 없을 것이다. 그러나 이것은 김인서 씨가 누누이 변호한 바와 같이 최씨 자신의 의사가 아니라 하며, 다만 동상 동감을 동일한 선생께 표명한 성진 서창제씨만은 상금 변함이 없는 생각인 줄로 안다.

다음에 연구지 제318호 이하에 연재된 「성서지연구」 조선 독자회(讀者會) 기록에 보면 출석자 25인 중에 김창제(金昶濟), 박승봉(朴勝鳳), 안학수(安鶴洙), 백남주(白南株) 제씨 등 4인 조선 사람의 심원한 감상문이 실렸음을 볼 수 있다. 특히 김창제 씨는 1916년 이래로 「성서지연구」의 독자였으며 그 다음 8월에는 우치무라 선생을 친히 도쿄(東京)에 참방(參訪)하셨다 하니 나보다 앞서 우치무라 선생 및 그 저서에 친자(親炙)하기가 4, 5개년 전부터였다. 그 밖의 3인도 상당한 장시일간 「성서지연구」를 읽음으로써 깊은 감화를 받았다는 것을 각기 고백하였다. 우인(友人)에 반(班)할는지 제자로 칭할는지 그 구별은 우리가 논의할 바가 아니지만 여하간 우치무라 간조 선생을 조선에서 논하려면 나의 아는 범위만으로도 앞의 제씨를 무시하기는 어려울 줄로 짐작하였다. 선배 제씨에게 경의를 가지기 위하여 '내가 우치무라 간조 선생의 제자라' 자임하기를 주저한 것이었다.

그런데 김인서 씨는 위에 열기한 바 서창제, 김창제, 박승봉, 안학수, 백남주 제씨도 일괄하여 '이들은 족히 논할 바가 없다' 하여 일고(一顧)도 하지 않고 오히려 미약한 후진 나를 끄집어다가 '조선인으로 양정 고보에 김교신 씨를 헤일 것이라'고 우치무라 선생의 제자로 꼭 만들어 놓았으니 과연 이것이 김인서 씨의 우연으로 한 일인지, 의식적으로 한 일인지는 모르거니와 나로서는 이제 이를 감당치 않을 수 없을뿐더러 그 영예를 무한히 감사하는 바이다.

이왕 이처럼 조선기독교계의 대세력을 가진 장로교회 평양신학교 기관지에 기재되어 우치무라 간조 선생의 제자임을 천하에 지목 받게 되었으니, 나는 지금 대선생의 명성을 이용한다는 가책을 받을 것 없이, 일본에 있는 우치무라 선생의 제자인 제대가들과 병렬하는 당돌한 자라는 비난도 받을 염려 없이, 또한 조선에 있는 제선배에게 예양(禮讓)을 결한다는 두려움도 없이 부득이 우치무라 선생의 제자임을 자임할 수 밖에 없고 따라서 사사(師事)하게 된 전말의 일단과 보도된 사실의 진위에 대하여 한 마디 없을 수 없는 것이다.

2. 사사(師事)의 전말

내가 처음 전도 받기는 1920년 4월 16일 저녁에 도쿄시(東京市) 우시코메구(牛込區) 야라이정(矢來町) 거리를 지나다가 당시 동양선교회 성서학원 재학생 마쓰다(松田)라는 청년의 노방 설교에 깊이 감동함이 있어 4월 18일(일요일)부터 우시코메 야라이정(牛込 矢來町) 홀리네스교회에 출석하여 처음으로 신약성경을 사게 된 것이 신앙의 시작이었다(일지에서). 그 후 동년 6월 27일에 그 교회에서 시미즈 준죠(淸水俊藏) 목사에게 세례를 받고 매일요일과 목요일마다 신앙의 진취를 기뻐하였던 것이 일지에 기록되었으니, 나도 교회에서 전도 받고 교회에서 성서를 배우기 시작하였음은 김인서 씨가 자기가 최태용 씨와 동일하다는 점에 우연히 일치하였다. 다만 '조선에서'란 데 대하여 '일본에서'였고 장로교회나 감리교회란 데 대하여 성결교회라는 차이가 있었고, 신세진 것이라든가, 인연과 의리에 의하여 동하기보다도 진리의 행사를 원하는 마음에 있어서 교회에 대한 판단을 다르게 할 것뿐이다.

　1920년 10월 15일에 「구안록(求安錄)」, 동월 31일에 「종교와 문학」 및 「성서지연구」지 탐독 등 기재되었으니 이것이 우치무라 선생의 저서를 읽은 시초이었고 이에 전후하여 「기독교 신도의 위로」, 「지인론(地人論)」, 「흥국사담(興國史談)」 등도 병독하였다. 동년 11월 초순에 우치무라 선생 댁을 찾아 초대면의 기회를 가졌으나 그 결과는 다대한 실망과 불만을 가지고 돌아왔었다. 동년 11월 28일과 12월 12일에 오테정(大手町) 위생회관에서 우치무라 선생의 욥기 강연을 방청한 일도 있었다. 그러나 그때까지 나는 성결교회의 충실한 회원이었다. 당시에 일요일 오전 오후와 목요일 기도회에 열심히 출석하며, 또 매회에 약진하는 신앙의 기쁨을 기록하였던 것을 지금 읽으면 오히려 남의 기사를 읽는 감도 없지 않다. 그런데 그해 연말을 당하여 나의 교회에는 일대 내분이 발생하여 온공(溫恭)한 학자인 시미즈 목사는 사임하고 권모술책에 능한 파가 그 지위를 빼앗은 사건이 있었다. 온갖 불의와 권모가 횡행하는 조선 사회에서 생장한 내가 유일의 이상적 생활과 이상 사회를 동경하여 기독교회에 입참하였던 신앙의 초기에 이러한 불의 음모의 비열한 술책이 교회내에서 행해짐을 보고는 단지 교회 탈퇴뿐 아니라, 과연 기독교 신앙의 근저까지 동요치 않을 수 없었다. 한동안은 교회에 참석치 않고 하숙방에서 홀로 예배하였다고 일지에 기록되어 있으니 말하자면 나의 신앙 생활의 일대 위기이었던 것이다.

때에 마침 1921년 1월 16일부터 도쿄 오태정 위생회관에서 우치무라 선생 일생의 대사업인 로마서 강의가 시작되어 초회부터 나중까지 비상한 열심으로써 이에 참석하였다. 내가 우치무라 선생의 「구안록」을 독파하였다 하며, 「종교와 문학」을 탐독하였다 하면 그 양이 방대한 것이 아니고 그 글이 유창한 것이 아님을 아는 이는 '독파'요, '탐독'이라는 용구가 너무도 부당함을 웃을는지도 모른다. 그러나 실상은 일기(一氣)에 독파하거나 망식(忘食)으로 탐독하였었다. 당시에 우치무라 선생의 저서를 읽은 것은 독서하였다기보다 기갈하였던 자가 몰체면하고 음식물을 빈식(貧食)한 것이었다. 당시의 광경을 여실히 표현하려면 아마도 「영과 진리」 제7호에 기재된 전게 최태용 씨의 문장을 밟이 제일 방불할 것이다.

또한 오태정 위생회 강당에서 로마서 강의를 들을 때의 나의 열성을 말하면 현하 교회에 출석함으로써 목사의 환사(歡辭)를 받는 것이 의례인 줄로 습관된 교회 신자들은 도저히 상상할 수도 없으려니와 오히려 가소롭게 생각될 것이다. 우치무라 간조 선생의 신앙과 교리 혹은 사상의 심원한 데 이르러서는 내가 과연 그 몇 부분을 학습하였는지 지금 이것을 단언할 수가 없다. 다소간 안 것이 있다 할지라도 그것은 비교적 후기에 속한 것이다. 그러나 '우치무라 간조'가 아무 것이 아닐지라도 일본의 진정한 애국자인 것은 초기부터 이것을 간취(看取)하였었다. 자연과학자의 정신에 입각한 성서연구와 국적(國賊)으로 전국민의 비방 중에 매장된 지 반생여일에 오히려 그 일본을 저버리지 못하는 애국자와 열혈 이것이 무엇보다도 힘있게 나를 끌었었다. 조선에 만일 그와 같은 애국자가 출현 하였더면 쏟아 바쳤을 경모의 염을 전혀 저에게 표정(表呈)하였다. 일본 애국자에게 조선까지 걱정시키니까 문제도 생기는 것이다. 일본 애국자로서 일본을 열애케 하여 두라. 증오도 생길 것이 없을뿐더러 가장 아름다운 것을 거기서 발견할 것이다. 로마서 강연에 600여 좌석도 번번이 부족되어서 늦게 가서는 좌석도 없고 음성도 잘 듣기 곤란하였으므로 나는 대개 반시간전부터 가서 전열 중앙에 좌정하고서 개강을 기다려 일언반구도 흘리지 말자고 노력하는 것이 상례였다. 욕심으로 전열에 버티고 앉아 듣고 있으면서도 예수의 말씀이 기억되었다. 애국자인 우치무라 선생께 대하여 미안한 생각이 무럭무럭 솟아오름을 느끼지 않고서 청강한 적은 한 번도 없었다. 예수는 그 열두제자를 보내면서 "명하여 가라사대 이방인의 길로도 가지 말고 사마리아인의 고을에도 들어가지 말고 차라리 이스라엘 집의 잃어버린 양에게로 가라."(마 10:5-6) 하셨다. 또 "대답하여 가라사대 나는 이스라엘 집의 잃어버린 양외에는 다른 데로 보내심을 받지 아니하였노라 … 자녀의 떡을 취하여 개들에게 던짐이 마땅치 아니하니라."(마 15:24 이하) 하셨다.

일본의 애국자가 일본의 잃어버린 양을 찾기 위하여 심혈을 경주하는 자리에 외방 사람이 일석을 점유하고 앉았음은 너무도 황송하고 너무도 엄숙한 사정이었다. 애국자에 대한 도리를 다하기 위하여서는 차지하였던 의자를 일본 청년에게 사양하고 나는 의자 다리 밑으로 들어가거나 천장에 구멍을 뚫고서라도 듣게만 되었으면 만족하겠다는 것이 나의 실감이었다. 당시 나의 감상은 「성서지연구」 제268호(1922년 11월호) 48면의 24일 일기에 기재된 그것이었다.

로마서 강연 이후에도 혹은 오테정에서 혹은 가시와키(柏木)에서 1927년 3월에 학(學)을 마치고 귀국할 때까지 만 7개년 여를 우치무라 선생의 교도를 받았다. 김인서 씨와 같은 가관(可觀)할 만한 애국자의 문장을 읽고는 나는 감히 나라를 사랑한다고 변명할 여지가 없다. 마치 문학박사 이노우에 데쓰지로(井上哲次郎) 씨의 공격을 당한 우치무라 간조 선생이 변명할 여지가 없었던 것처럼. 그러나 나도 연구지 제271호 4면 1월 5일 일기에 기재된 조선 형제와 같이(그 누구인지는 不知) '불공재천(不共載天)'의 철심(鐵心)을 품고 동해를 건넌 자이었다. 만일 김인서 씨의 우치무라 간조론이 좀더 빠른 시기에 출현되어서 '조선의 젊은 사람들아! … 저 산촌 예배당에서 기도하는 노파를 찾아보라. 그는 조선 영계에서는 우치무라 대선생보다 큰 자요, 귀한 자이다'란 외침을 들을 수 있었더면 나도 우치무라 선생의 문을 두드리기 전에 우선 산촌 예배당을 순례할 성의는 있었을 것이다. 마는 불행히 내가 '우치무라 간조'에 있어서 유일의 선생을 발견하고 극심하였던 기갈이 의유(醫癒)된 후이었다. 조선인 된 나에게 이것이 과연 영예인지 훼손인지 이가 될는지 해가 될는지는 분변치 못하나 기성 사실로서 우치무라 선생은 나에게 무이(無二)의 선생이었다. 감히 말하노니 우치무라 간조 선생은 나에게 '유일의 선생'이다. 다시 말하노니 나는 선생을 가진 사람이다. 중국에는 생이지지(生而知之)한 사람이 있었다 하고, 사도 바울은 선생을 모시지 아니하였음을 자랑하였으니 전자는 성인이라 일컬을 것이요, 후자는 무류의 대사도이었다. 근일에도 비범한 전도자의 소질을 구비한 이는 '내가 사람에게서 받은 것도 아니요, 배운 것도 아니요 오직 예수 그리스도의 계시로 말미암은 것이라'(갈 1:12)고 선언함을 종종 보는 바이다. 그러나 나는 지극히 평범한 길을 걸었다. 곧 우치무라 간조란 인간의 지도를 통하여 복음의 깊은 뜻의 가르침을 받았다는 것이다. 우치무라 선생이 실리 선생의 지도를 받았음도 또한 평범한 것이었다.

3. 사실의 오전(誤傳) 오단(誤斷)

(1) 김인서 씨는 「성서조선」을 중심으로 한 동지들을 논하는 일단에 이르러 " … 우치무라계의 후지이 다케시는 년전 조선 기행문에 가로되 '조선인은 돼지 같다'고 하였으니 복음에까지도 우월감이 있는 자에게 배우려 함은 … 위험하지 아니할까 한다."고 논하였다. 「성서조선」에 관한 시비논단은 아직 내가 이를 개의할 바가 아니다. 마는 순진한 의인 후지이 다케시에게 이 따위 무근지설(無根之說)로써 중상을 가하려 함을 보고는 의분조차 억제할 수 없다. 후지이 다케시 씨의 위인을 알지 못하는 이에게, 예컨대 김인서 씨와 같은 이에게다, 후지이 씨의 위인과 그 생활을 설명하려 함은 과연 우이통경(牛耳通經)이요, 또한 돼지에게 진주를 던짐이다. 오직 우리가 원하는 바는 김인서 씨에게 과연 후지이 씨와 비길 만한 성실이 있거든 전기(前記)한 조선 기행문이란 것의 출처를 명시하여 달라는 것이다. 후지이 씨가 독립으로 「구약과 신약」지를 경영한 지 10년, 지난 7월호(제121호)까지 거의 전부 나의 궤변(机邊)에 있으나, 그 어느 면에서도 조선 기행문을 발견할 수 없다. 만일 이 기행문이 모년 모월 어느 잡지 몇 면에 기재되었음을 지적하여 낸다면 오인(吾人)은 김인서 씨의 학도적 책임감에 대하여 지대한 경의를 표하기를 주저치 않는 바이다. 그러나 이것이 전연 무근한 조언수작(造言酬酌)이라 하면 나는 차라리 씨와 같은 이를 산출케 한 교회의 분위기와 신학교 교풍과 목사직이란 등의 제요소를 타기(唾棄)하는 바이다.

나는 1926년 8월에 다케모토 기요조(武本喜代藏) 씨 주간 「영화(靈化)」에서 "아침 일찍 표연히 조선인 부락 방문. 돼지우리 같은 초가집 속에 많은 남녀가 우글우글하고 있는 형편을 가엾게 보았다 …" 운운의 일절을 읽고서(동지 제74호 5면) 단연 구독을 중지한 사실이 있었다. 그러나 후지이 다케시(藤井武) 씨와 다케모토 기요조(武本喜代藏) 씨와는 그 성명에 무(武)자가 공통되었을 뿐이다. 아무리 몽롱한 노인일지라도 아케모토 씨의 사실로써 후지이 씨를 참무(讒誣)하여 마치 ML당 사건을 가지고 장로교회를 시비하려 함과 같은 무의미한 일을 감행할 수는 없을 줄로 생각하는 고로 김인서 씨의 기행문 운운의 출처는 다른 데 근거함인 줄로 기대하는 수 밖에 없다.

(2) 무교회주의란 무엇인가? 김인서 씨의 소론(所論)에 의하면 최태용 씨는 '우치무라씨의 신앙 경험에 동감하여 그의 저서에서 교회에도 구원이 있다는 시사를 받음에 불과하다' 하였고 오직 「성서조선」 동지들은 '우치무라식 무교회주의거나 신제 비교회주의(非敎會主義)의 배양론자(排洋論者)로 일컬었다.

배양론에 관하여는 1929년 1월 13일 오후 3시 경성 중앙기독교청년회관에서 최태용 씨가 '다시 우리는 프로테스탄트이다'의 제목으로써 강연한 중 선교사에 논급한 일절처럼 철저한 의견을 「성서조선」 지상에서 발표할 수 없었음을 섭섭히 아는 바이며, 비교회주의를 나에게 처음으로 '설시(說示)' 혹은 '언표(言表)'하여 준 이는 최태용 씨 그 사람이었다. 물론 배양론이나 비교회주의가 모두 나도 찬동한 바이었으므로 지금 그 책임을 회피하려 함은 결코 아니다. 그러나 출처를 명백히 하고 사실을 사실대로 함은 정확을 기하는 자의 소원이다. 김인서 씨가 장로교회와 최태용 씨에 대하여 충성을 다함은 씨의 자유일 것이다. 그러나 최씨의 주의와 소론을 박탈(剝奪)하여다가 「성서조선」 동인들에게 씌워 놓고 이것을 공격하려 함은 가소롭기도 하려니와 다소 미혹하는 것이다(?).

우치무라식 무교회주의란 무엇인가? 내가 배운 대로는 '교회 밖에 구원이 있다'는 것이 우치무라식 무교회주의의 전부이다. 이 이하의 것도 아니요, 이 이상의 것도 아니다. 로마 천주교회가 '교회 밖에 구원이 없다'고 할 때에, '교회 밖에 구원이 있다'고 프로테스트한 것이 루터의 종교개혁이었고 모든 신교 교회가 구교로

퇴화할 때에 다시 한 번 '교회 밖에 구원이 있다'고 주창한 것이
즉 우치무라식 무교회주의란 것이다.

(3) 우치무라 선생이 홋카이도(北海道) 우치무라 무사의 집안에
출생하여 운운의 구는 쓰지 않음이 정확할 뻔 하였다. 평양신학교
에서는 죠우슈(上州)와 홋카이도를 혼동하는 것만한 일은 다반사
로 여길는지 모르나 「신학지남」에 기재된 횡문서굴(橫文書窟)인 서
재에서 학불염교불권(學不厭敎不倦)하시는 대가제씨의 소설에도 그
정확한 정도가 이만한 할인으로써 신빙케 된다 하면 이 역시 일고
할 바일 것이다.

(4) '바울 당시의 이방인은 유대주의의 할례당을 거절하지 아
니할 수 없었다. 우치무라 씨는 바울교리를 가진 일본주의의 무사
당이시매 씨의 제자 되려는 조선 기독교도도 무사도의 할례를 받
음이 당연하지 아니할까' 운운의 일절을 읽으면 누구든지 대체로
평양신학교란 데서는 어느 정도의 성서 지식을 교수하는지, 과연
남강 이승훈 씨, 여운형 씨와 같은 수재만 운집하였는지 의심 아
니할 수 없다. 우리 평신도의 생각으로는, 바울 당시의 이방인은
유대주의 할례당을 거절하고서 복음만을 신수(信受)하였던 것처
럼, 조선 기독교도가 우치무라 선생께 배우려거든 그 무사도보다
도 그가 가진 바울의 교리를 받으라는 것이 추리에 합한 듯하건만
독자는 어떤가?

(5) 김인서 씨에 의하면 '공자와 석가가 압록강을 건넌 것처럼
예수의 복음도 압록강을 도래한 것이고 현해탄을 건너올 것이 아
니라' 하며, '우리 하나님이 언제 영의 말씀도 화인(和人)을 통하
여 들으라 하시더냐?'고 대성질타하였으나 만일 이 법칙을 여행
(勵行)한다 할진대, 십수 인의 우치무라 씨 제자를 제압하려 하다
가 평양신학교와 장로 교파는 물론 전조선 기독교계에 일대 장애
물을 건축한 바 되었고 또 용납할 수 없는 불신의 언사를 농락하
였음을 깨달을 것이다. 우선 예수의 복음은 현해탄을 도래하여서

는 불용지물이라 할진대 각교파와 각신학교 등에서 미국에 보냈던 유학생들과 외국서 파견하는 선교사들은 기어코 구주에 건너가서 시베리아 경유로 입국하여야 될 것이며 부득이 태평양을 건너 요코하마(橫濱)를 거쳐올 경우에는 도쿄, 고베(神戶) 등지의 일본인 경영 신학교 출신들과 동선하여 일단 상하이(上海) 혹은 다롄(大連)에 상륙하였다가 압록강을 건너와야 할 터이니 그 불편이 얼마만일까? 현금 도쿄 메이지학원(明治學院) 신학부에 재적하고서 수학 중에 있는 최태용 씨도 일본에서의 수업을 필한 후에는 위와 같은 세례를 통과하지 않고는 조선에 와서 설 근거가 없을 것이니 가탄사(可歎事)라 할 것이다. 뿐만 아니라, 이 압록강 도래와 현해탄 도래를 엄밀히 분파하여 차별하자는 것이 풍문에 들리는 바와 같이 과연 평양신학교 일파의 전통적 정책의 폭로된 것이라 하면 일본 출신의 교역자 제씨께 대하여 심심한 동정을 금할 수 없는 것이다. 하물며 '언제 영의 말씀도 화인을 통하여 들으라 하시더냐?'는 일구에 미치어는 그 애국적 기상이 '가관' 할 바 있다 할지라도 그 불신의 태도는 간과할 수 없다. '언제 영의 말씀은 화인을 통하여서는 듣지 말라고 하시더냐?' 말이다. 하나님은 김인서 씨의 상정한 규정 안에 무위 칩거할 하나님이 아니다. 삼각형의 내각의 합은 이직각이라는 듯이 고정한 것은 여호와 신의 속성이 아니신 줄로 안다. 내가 믿기로는 장인이 버린 돌을 초석으로 쓰시는 활력을 가진 이가 하나님이요, 선인(鮮人)으로 화인(和人)에게 듣게 할 수도 있고 화인으로 선인에게 배우게 할 수도 있는 이가 하나님인 줄로 알았다. 최태용 씨 저『일본에 보낸다』에 부친 우치무라 선생의 서문은 이것을 가르침이었고 김정식(金貞植) 선생이 백목(柏木)에서 나를 보고 '우치무라 선생은 세계에 드문 선생이니 모쪼록 잘 배우라'고 감격에 넘치는 어조로써 장려한 말씀은 저들이 피차 진실한 애국자인 동시에 산 하나님을 아는 자들인 까닭이었다. 저들은 인자가 나사렛에서 났다 하여도 하나님을 의아하지 않았다. 마는 경학자는 '나사렛에서 무슨 선한 것이 날쏘냐?'고 자기의 고집을 부린 것이었다.

4. 우치무라 선생께 무엇을 배웠나?

우치무라 선생과 조선과의 관계는 김인서 씨가 논단한 바와 같이 극히 미약한 것이다. 「천래지성(天來之聲)」과 「성서강대(聖書講臺)」지 등의 각 주필은 극히 적은 영향을 받았을 뿐이었고 「성서조선」 동인들이 가장 깊은 교섭을 가졌으나 이 역시 5, 6인에 불과한 것이니 문제될 것이 없으며 '그 여타는 족히 논할 바가 없다.' 연전에 조선 기독교인 105명의 옥사 당시에 선한 사마리아인으로서 그리스도와 정의를 위하여, 조선 예수교회를 위하여 노력한 일이 있은 외에는 대체로 우치무라 선생은 조선 기독교와는 관계 영향이 전무한 것이다. 그 우치무라 선생을 향하여 '종교의 독재 제국 건설'이니 '조선 영계를 탐탐호시하는 영적 제국주의의 야심' 운운함은 너무도 사실을 무(誣)함이라 하기보다도 군인이 군비에 관하여 신경과민한 것처럼 교회인이 교회 방비에 관하여 과도로 신경이 쇠민하여진 병증으로 볼 수밖에 없을까 한다.

'전도데이', '전국총동원', '대거전도', '대거기행렬' 등의 문구나 선동은 일찍 한 번도 우치무라 선생께서 들을 수 없었다. 나의 배운 것은 다음과 같다.

… 대전도를 하려고 시(試)하지 말고, 대기적을 행하려 말고, 오직 신명(神命)을 중히 하고, 그 말씀이면 다만 좇고, 신을 믿는 것이 곧 사업인 줄로 믿고, 무위에 유사한 생애를 보내는 것이다. 신앙 생애의 대부분은 인내다, 정숙이다. 그러므로 활동 비약을 사랑하는 이 세상과 이 세상 교회에는 칭찬받지 못할지라도 하나님께 칭찬받는 생애다. 하나님이 깊은 것처럼 깊은 생애다. 저가 잠잠한 것처럼 잠잠한 생애다. 하나님에 거하여 자기에 충족한 생

애다. 아무런 사업을 이룸이 없을지라도 감히 불만을 느끼지 않는 생애다. 또 신께서 무엇을 받지 않을지라도 저 자신을 주셨으므로 그외 다른 것을 불요하는 생애다. 김인서 씨가 만일 우치무라 간조 선생의 가르친 바 그리스도의 본질과 그에게 수업한 제자들이 어떠한 생애를 원하고 있는가 함에 관하여 좀더 상고함이 있었으면 '선생의 내적 잠행적 침입'에 대한 신경의 과로는 제할 수 있었을 것이다. 우치무라 선생과 그 제자는 결코 두려울 것이 아니다. 그러나 교법학자 가말리엘의 말은 피차 기억하여 둘 것이다(행 5:33 이하 참조).

"이 사람들을 상관 말고 버려 두라 이 사상과 이 소행이 사람에게로서 났으면 무너질 것이요 만일 하나님께로서 났으면 너희가 저희를 무너뜨릴 수 없겠고 도리어 하나님을 대적하는 자가 될까 하노라."

- 1930년 8~9월 -

❖ 환난래(患難來)

일찍이 깊은 번민을 내심에 느낀 일이 없고 밖으로 궁핍과 환
난이 임한 일이 없이 평탄하고 순조로운 생애를 보내는 자가 있
어, 그 장래가 또한 그와 같은 생활의 연장일 것이 보증된다 할진
대, 우리는 구태여 쓸데없는 경종을 나타내어 행인의 신경을 소란
하게 하려는 자가 아니다. 대개 건강한 자는 의약을 불요함 같이
땅에 만족한 자는 다시 하늘을 욕심치 않을 것이요, 환난의 고통
이 없는 자에게 그리스도가 요구되지 않을 것임을 알기 때문이다.

그러나 심한 내적 번민에 괴로운 형제여, 죄의 중하에 피곤한
형제여, '와 보라!' 그리스도를(요 1:46). 그는 '곧 길이요, 진리요,
생명이니라'(요 14:6). 그리스도의 멍에를 메고 따라가면, '너의 마
음에 안식을 얻을 것이니' 그 멍에는 쉽고, 그 짐은 가벼운 까닭이
다(마 11:29-30).

전대미문의 대 경제적 공황과 파산의 선풍 중에 피습되어 있는
형제여, 공연히 상기초사(喪氣焦思)를 일삼지 말고 장몽(長夢)을 깨
고 현실을 직관하라. '네가 헛된 데 대하여 주목하겠느냐. 재물은
마치 자연히 날개가 나서 독수리가 중천으로 나는 것 같으니라'는
잠언(23:5)은 인생의 사실이 아니었던가? 그러므로 '믿을 수 없는
재물에 소망을 두지 말고, 오직 우리에게 모든 것을 후히 주사 누
리게 하시는 하나님께 소망을 두라'(딤전 6:17)는 사도의 충고에
경청할지어다. '대개 헛된 것은 사람의 구원이니라'(시 60:11).

불치의 병환으로 신음하며, 시시로 죽음의 위협에 떨고 섰는 친구여, 학식과 지위와 인간 모든 것의 진가가 병상에서 가장 명확하게 드러나지 않았던가? '진실로 사람마다 가장 강건한 때에도 한숨 뿐이로다' 라는(시 39:5) 시인의 통찰에 추호의 에누리 있었던가? 고구의 위무와 모든 인간적 노력이란 것이 죽음에 직면한 자에게 대하여 무슨 능력을 발휘하였던가? '과연 낮은 자도 헛되고, 높은 자도 거짓되매, 저울에 달면 공허보다도 가볍도다'(시 62:9). 그러므로 친구여, 현실에 돌아오라. 죽음을 정복한 자에게 '와 보라!'

인간으로 나서 인간 특유의 번뇌에 처하여 빈궁과 질병과 환난을 당함은 참 인간의 입문에 선 것이다. 그 자리 그대로가 하나님께 뵈는 지성소가 아닌가. 다만 그리스도와 함께 하라. '환난은 인내를 낳고 인내는 연단을 낳고 연단은 소망을 낳으리라'. 환난에 처한 형제여, 그리스도에게 와서 위안을 얻고 능력을 얻으라고 권하지 아니치 못한다.

- 1932년 9월 -

◗ 포플러나무 예찬(1)

낙락장송의 우거진 경개가 장하지 아님이 아니나 백설이 만건 곤할 때 독야청청할 만한 의열(義烈) 의사가 아님을 어찌하며, 운 표(雲表)에 우뚝 솟은 은행의 거수(巨樹)가 위관(偉觀)이 아님이 아 니나 인의에 기반을 세운 공부자(孔夫子)에게 경원하는 생각이 앞 섬을 어찌하며, 매죽(梅竹)이 귀엽지 아님이 아니나 시인 묵객의 취흥을 손(損)할까 저어하니 차라리 우리는 계변(溪邊)에 반열 지으 며 혹은 고성에 외로이 솟은 포플러나무를 우러러보고자 하노라.

포플러는 하늘을 향하고 산다. 인간 살림에 노력 투쟁이 있고 국가 생활에 영토 확장의 야망이 없을 수 없는 것처럼 무릇 거대 한 수목은 그 수세(樹勢)를 널리 횡으로 펴서 일장성공에 백골고(百 骨枯)라는 셈으로 거수의 광활한 지엽(枝葉)이 임의로 무성을 극하 기 위하여 그 전후좌우의 만초(萬草)가 고갈을 당하고야 만다. 오 직 포플러나무만은 횡으로 세력을 벌이려 하지 않고 종으로 하늘 을 향하여 자라고 또 자라기만 한다. 그 일직한 구간(軀幹)과 수직 적으로 하늘을 향한 대지(大枝) 소지(小枝)는 호렙산 아래서 축복하 는 모세의 손인가, 겟세마네 동산에서 피땀 흘리신 예수의 팔뚝인 가? 유한한 횡으로 살지 않고 무한한 종으로 하늘로 사는 포플러 야말로 고귀하도다.

포플러는 비애의 나무다. 춘양(春陽)에 포플러의 새싹이 발동하 는 것처럼 생명의 요동을 우리에게 보여주는 것이 다시 없으니 신춘의 포플러가 물론 가하며, 녹음방초 승화시(勝花時)에 우후(雨後)에 천지를 새롭게 하는 포플러의 청풍(淸風)이 또한 가상한 것임은 물론이나, 포플러의 본색은 아무래도 추색(秋色)에 비창이 만신(萬身)함에 있는 듯하다. 단풍의 붉음은 오히려 염태(艶態)를 보이거니와 포플러나무의 황엽(黃葉)은 문자 그대로 처참한 신세를 표시한다. 고성에 외로이 솟은 포플러 한 대가 풍우에 부대껴 큰 줄기와 가는 가지까지 끄들렸다가는 풀리고, 휘어졌다간 다시 서고 하는 광경이며, 만추에 석양을 황엽에 반영하면서 미풍에도 오히려 일엽씩 귀근(歸根)하는 자태를 보라. 포플러의 장간섬지(長幹纖枝)가 만신에 비창을 머금은 것은 우리로 하여금 상복에 싸인 젊은 과부의 처지를 연상케 하거니와 그보다도 오히려 깊고 높고 넓은 비통이다. 실로 천재 레오나르도 다빈치의 '비애의 사람' 예수의 초상을 생각지 않고는 포플러 특유의 처참한 광경을 비기지 못하며, 눈물의 예언자 예레미야의 한숨 소리 없이는 포플러나무를 차마보지 못한다. 천하의 비통을 일신에 머금은 포플러와 인류의 비애를 한 몸에 걸머진 예수!

포플러나무는 지평선을 깨뜨린다. 호주에는 유칼리나무라는 고목(高木)이 있다하나 우리 주위에는 백척 내지 150척까지 천공에 솟은 포플러가 우선 고수(高樹)가 아닐 수 없다. 무릇 시기와 당쟁은 왜소에서 생긴다. 홀로 운표에 두각을 두고 미풍과 전광(電光)에 전신이 진동하여 책하는 이 없어도 스스로 통회하고 섰으니 그 민감, 그 고결함이여! 놀랍도다.

· 1934년 11월 ·

▶ 포플러나무 예찬(2)

포플러는 그 줄기나 가지나 다만 일직(一直)한 것 외에 볼 것이 없다. 기기묘묘한 곡절도 없고 시선을 새롭게 할 만한 채색도 없다. 다만 푸르고 오직 곧고 길 것뿐이다. 그러므로 이른바 수석을 즐기며 분재를 일삼는 이들에게는 포플러는 하등의 취할 점이 없으나 우리에게는 그 취할 데 없는 점이 고귀하다. 곡예와 술책은 모두 다른 나무에서 구하라. 그리고 오직 순직하고 단명한 것만은 포플러나무에서 찾으라.

고색 창연한 것을 찾는 이는 포플러나무의 새롭고 젊은 것이 불가하다 한다. 과연 포플러나무는 반도에 신래(新來)한 객이니 그 이름을 양류(洋柳)라고도 하거니와 포플러나무 보이는 데는 외래의 풍취가 없지 않고 경박의 가락이 전무함이 아니다. 그래도 포플러의 병렬한 제방은 수난(水難)과 풍재(風災)를 면하였다는 징조를 말함이 되고 양류의 푸른 빛이 울타리처럼 둘러싼 동네는 신흥의 기운이 창일함을 시증(示證)하여 마지않는다. 국수(國粹)가 가하고 전통이 귀하다 하나 청태가 기인 와편과 고총(古塚)에서 나온 파환(破環)은 골동가나 고고학자의 한시일에 맡기라. 생물은 새로울수록 그 생명이 왕성하니 적송을 심었던 것이 반도 강산의 벌거숭이 된 한음인인줄 알았거든 적송을 뽑고 세력 강성한 나무를 대식(代植)할 것이요, 구간(舊幹)이 고쇠(枯衰)하였거든 새싹을 접목하는 일이 지당하지 않은가. 옛 것을 숭상하고 낡은 것을 생각한들

고각(枯殼)이 된 후에야 무슨 소용이 있으랴. 고색을 자랑하는 불교도 가하지 않음이 아니요, 전통을 숭상하는 유교도 금할 것이 아니나 문제는 생명의 역량이다. 비록 반세기의 역사만을 가졌을지라도 영혼의 오저(奧底)에서부터 생명 건축의 망치 소리 씩씩하게 자라나는 기독의 산 생명에 부딪쳐 볼 때에, 우리의 눈은 신래의 나무 포플러의 울창함을 쳐다보게 된다. 부럽도다, 강변에 선 포플러나무의 새로운 생명, 꾸준한 생명!

포플러는 그 세장(細長)한 자태로 인하여 그저 부드럽고 한갓 연약하여 여성적인 듯이도 보이나 이는 속단임을 면치 못한다. 외관과 원경이 여성같이 보이지 아니함이 아니나 접근할 때에 그 거간이 지축을 뚫고 나온 듯한 위세에 사람으로 하여금 압도케 함은 포플러나무의 특성이다. 높은 나무는 풍상이 많다. 그 지엽이 미풍에도 진동함은 감상적인 여성보다도 예민하나 대지에 뚝 버티고 선 그 웅자는 장부의 넋 그대로이다. 유순할 대로 유순하면서도 성전을 도굴화하는 무리들을 향하여는 의분의 채찍을 휘날리지 않을 수 없었던 어린 양을 병상(想)하면서 저 포플러나무를 바라보라. 부드럽고도 굳센 것은 포플러나무로다.

- 1934년 12월 -

▶ 조선(朝鮮) 지리(地理) 소고(小考)

1. 단원(單元)

　지리학상에 단원(unit)이라 함은 두 가지로 사용되는 말이다. 정치적 단원과 지리적 단원인데 이 두 가지는 완전히 일치할 때도 있고 일치하지 않을 때도 있다. 예컨대 조선 반도를 8도 혹은 13도로 구분함은 정치적 단원이요, 때에 따라 변할 수 있는 것이다. 그러나 반도를 태백산맥에 의하여 동서 2구로 나누거나 혹은 인천, 원산간을 연한 대지구대에 의하여 남조선, 북조선으로 대별하는 것은 산맥, 하천 등의 자연적 요소에 입각한 소위 지리적 단원이므로 이는 영구히 변동할 수 없는 '단원(單元)'이다. 이 지리적 단원이 확연할수록 일개 국가의 생활로나 행정 구역으로나 그 임무를 완전히 운행할 수 있는 것이다. 중국의 고금을 통하여 군웅할거의 사적이 없음이 아니나 중국사가 항상 통일을 크게 표현하고 있음은 중국의 지리적 단원이 그렇게 되게 함이요, 폴란드의 국경이 시세에 따라 연멸무상(烟滅無常)한 것은 일망무제(一望無際)한 평원 중에 인위적 국경을 설정한 까닭이다. 곧 지리적 단원과 일치할 수 없는 정치적 단원을 보존하려는 역리에서 생기는 비애라 할 수 있다. 이에 반하여 영국과 일본도제국이 각기 모대륙이 성쇠를 초탈하고 오래 독립을 지탱할 수 있음이라든지 노쇠하였어도 피레네산맥을 격(隔)하여 능히 특이한 역사를 기록하여 오는 에스파냐든지, 알프스의 천성에 둘러싸여 3000년 노대국을 이룬 이탈리아 반도 같은 것은 모두 지리적 단원이 확연한 까닭이다.

이러한 의미에서 조선의 지리적 단원은 어떠한가? 이는 설명을 기다리기보다 지도를 일별하는 것이 첩경이다. 바다에 임한 동서남 3면은 말할 것도 없거니와 대륙에 접한 북면도 백두산과 거기서 발원한 압록, 두만 양강(兩江)으로써 천연적 경계가 매우 확연하다고 할 수 있다. 단, 조선이라는 범위가 역사의 변천에 따라 신축이 있었으므로 고조선의 국경을 대략 랴오허(遼河) 본류 및 그 연장선으로써 추정하였다 하면 차라리 싼하이관(山海關)으로부터 장성(長城)과 흥안령(興安嶺) 이동(以東) 곧 오늘날 만주국 국경선과 대개 일치하는 지역이 반도와 합하여 일대 지리적 단원을 형성한다. 이렇게 되는 때는 상술한 반도의 부분은 부(副)지리적 단원이 될 것이다. 그러나 지금은 조선 이래의 경계에 의하여 반도의 부분만을 논하기로 한다.

2. 면적

개인의 살림살이나 나라의 경영이나 지역이 광활한 것이 협착한 것보다 나은 듯하나 반드시 그렇게만 생각할 것도 아니다. 중국 일국은 유럽 대륙의 전면적만큼 광활하고 조선 반도의 50배나 되나 오늘의 중국은 강하다 할 수도 없으며 또한 행복스러운 나라라고 할 수도 없다. 이에 반하여 덴마크, 스웨덴, 네덜란드, 벨기에 등의 본국은 대략 조선 반도의 5분의 1 혹은 6분의 1에 불과하면서도 타인에게 신세스럽지 않은 살림을 하고 있을 뿐인가, 전세계 열강의 선망을 받고 있다. 단, 높은 탑을 쌓으려면 상당한 기반이 있어야 할 것은 물론이다. 이하 몇 나라의 면적을 표시하여 조선 반도도 적잖은 땅인 것을 귀납하고자 한다.

지명	면적 (제곱킬로)	지명	면적 (제곱킬로)	지명	면적 (제곱킬로)
프랑스	550,765	영국본도	217,720	독일	472,063
그리스	64,570	스웨덴	448,142	덴마크	43,010
노르웨이	323,546	스위스	41,374	이탈리아	301,254
네덜란드	32,585	일본본주	223,500	벨기에	30,437
조선본도	220,740				

3. 인구

중국은 4억 수천만 인, 인도는 3억 수천만 인을 포용하였으나 이 역시 수의 대함이 자랑이 아니요, 그렇다고 하여 아이누족이나 에스키모족과 같이 연민을 받게 되어도 인류의 생활 무대에 큰 족적을 남기고 가기가 어렵다. 이에 또한 숫자를 배열하여 2000만이란 것이 적잖은 식구인 것을 다시 인식하고자 한다.

지명	면적 (제곱킬로)	지명	면적 (제곱킬로)	지명	면적 (제곱킬로)
독일	6,698	벨기에	747	영본국	4,420
네덜란드	687	프랑스	3,921	스웨덴	601
이탈리아	3,884	스위스	388	조선	2,000
덴마크	327	터어키	1,335	노르웨이	265

(주) 출애굽 당시에 모세가 인솔한 이스라엘족은 약 200만이었고 50년 전의 일본 민족은 약 3000만이었다고 한다.

4. 산악과 평야

산악이 중첩함에 비하여 광대한 평야가 없음은 실상 조선의 일대 결함이라 할 수 있다. 양쯔강(揚子江), 볼가강, 미시시피 유역 같은 대산업을 이 반도에서 기대할 수 없음은 사실이다. 마는 또한 아주 불모 황무한 땅은 아니다. 다만 나일강 하류처럼 비옥하지 못하나 그래도 꿀 흐르는 가나안 복지라는 팔레스틴 지방보다 풍옥(豐沃)하기 몇 배나 된다. 평야가 넓지 못하다 할지라도 2000만 식구를 부지하기에는 넉넉하다.

하물며 미맥(米麥)을 부산(不産)한다고 무용한 것이 아님을 알 때에 산악은 저주할 것이 아니고 차라리 감사할 것임을 깨달을 수도 있다. 황무 처량한 광야를 제하고는 선지자의 나라 이스라엘 역사를 말할 수 없다 하며, 농무와 노도의 해파(海波)를 떠나서는 일몰함이 없다는 대영 제국의 역사를 기술할 수 없다 함은 너무도 저문(著聞)한 지리적 현상이어니와, 우리가 알프스 산록의 소국 스위스가 얼마나 큰 사상을 세계 인류에게 공급하였음을 음미하며, 대영 제국의 가장 고귀한 정신적 산물과 위대한 인물이 거개 척박한 산악 지대인 스코틀랜드산(産)인 것을 인식하며, 북미 합중국의 건국 이래의 두뇌가 미시시피 하류에 있지 않고 애팔패치아 산맥의 동북 산지에 있어 무릇 미국의 건실한 신앙가와 고귀한 사상가와 심원한 예술가와 웅건한 정치가는 전혀 이 석괴 전전하는 산곡에서 배출되고 있는 사실을 알 때에 우리는 반도가 산악의 강산이라 하여도 비관할 것은 하나도 없다.

다만 우리의 산악에는 산맥이 있어도 히말라야 산맥처럼 웅대한 것이 없고 화산이 있어도 후지산(富士山)처럼 높은 것이 없음을 애닯아 하는 이가 있다. 그러나 여기 고려할 것이 두 가지가 있다. 인도와 같이 아래는 염열 지옥과 같아서 일시에 수천 생령이 고열로 인하여 민사(悶死)하는 변재가 드물지 않은 반면에 에베레스트 영상은 만고의 적설로 사시 백관을 머리에 쓰고 치솟아 있으니 이러한 데라야 불교와 같은 고원 유현한 사상이 포태하는 법이라 하나, 이는 일면만을 말한 것이다. 웅대한 자연에 압도될 때에는 도리어 허다한 미신이 횡행하게 되나니 인도로부터 서남 아시아 지방에 불건전한 종교가 성행하며 혹 기독교에 귀의할지라도 신비화하며 미신화한 이채를 발하게 됨은 저들의 주위에 있는 대산악과 넓은 사막과 건습의 차(差)와 열한의 변(變)과 맹수 독충의 재화 등등의 불건전한 영향이 적지 않다. 화산과 지진의 나라에는 이른바 '신심심(信心深)'이라는 경향이 농후하여 일견 종교적 대국민인 듯이 보이는 수도 있으나 그 반면에 저들은 예배물의 대상 여하를 분변치 못하는 경향도 많다. 생식기를 봉사(奉祠)하며 생선 뼈다귀라도 최고의 경건으로써 예배하는 환경에서, 참된 신을 발견하며 고결한 사상에 도달하려 함은 용이한 일이 아니다.

이런 이유로 보아서 우리는 천변(天變) 지동(地動)이 격심치 않은 동반도에 생장함을 못내 자랑하거니와, 반도 강산의 '미적 균형'에 이르르는 이는 거의 세계 유일한 산천이라 하여도 과언이 아닐 것이다. 산이 높은 것으로써 장하다 할진대 후지산(3,768미터)보다 182미터가 더 높은 신고산하에 영걸이 배출하였을 것이며 아프리카의 킬리만자로(5,890미터)와 북미주의 매킨리산을 가한 것보다 더 고준한 산령들이나 그 아래에서 현철이 났단 소식을 못 들었다. 오히려 4억만 창생들에게 인의의 도를 가르쳐 준 동방의 대교사 공부자의 고향에는 천하의 명산인 태산이 있었어도 그 높이가 애오라지 1,450미터에 불과하니 우리의 금강산 비로봉보다 못하기가 188미터이다. 세계적으로 철학의 요람이요, 예술 과학의 본토인 그리스 반도가 호머, 소크라테스, 플라톤, 아리스토텔레스, 알렉산더 대왕 등을 배출함에는 2,500미터 이상의 거악을 필요로 하지 않았다.

하나님의 율법을 모세에게 내리신 시내산은 2,602미터이요, 구세주 예수 그리스도가 강림하신 베들레헴 근방에는 우리 북한산(836미터)보다 높은 산이 없고 멀리 레바논, 헬몬산이라야 우리 백두산과 근사한 높이들이었다.

세계에 가장 국민적 자만심이 심한 백성으로는 아마도 영국민을 첫손가락으로 꼽을 것이요, 그 중에도 더욱 심한 것은 스코틀랜드 인사들이니 저들에게는 대대로 현철한 그 조상과 그들을 산출한 그 고향 산천에 대한 감사의 염과 자부지심이 심저에 깊이 반거(盤據)한 까닭이다. 이렇듯이 자랑하는 스코틀랜드 지역에는 1,343 미터의 벤네비스산으로써 주봉을 삼았다.

북미 합중국의 스코틀랜드라고 일컫는 신영주(新英州: 애팔래치아 산맥의 동북단 구릉 지대)에서도 북미의 대표적 인물을 거의 독점적으로 산출하였지만, 거기는 우리 지리산보다 더한 웅봉이 솟아 있음이 없고 우리의 소백산계보다 더한 거학(巨壑)이 중첩함이 없다.

왕자의 요람이라 일컫는 백두산(2,744 미터)과 개마고원을 형성한 관모산(2,451 미터) 북수백산(2,522 미터) 및 남해에 우뚝 솟은 한라산(1,950 미터)과 어간에 뚜렷한 묘향산(1,909 미터), 지리산 (1,915 미터), 금강산(1,638 미터) 등의 수봉을 가진 우리는 서대문 외의 독립문이 빈약함을 부끄러워할 법은 있어도 반도의 산악이 평탄한 것을 회한할 것은 없다. 하물며 산세와 평야의 배열 균형의 미를 논할진대 거장 레오나르도 다빈치의 성화에나 비할까? 뉴욕 부두에 높이 솟은 자유의 여신상에다가 비할까. 낭림산 머리 위에 하늘을 향한 좌완을 백두산 저편까지 높이 뻗치고 장산곶 끝까지 우완을 드리워 어루만지려는 듯, 우각의 태백산은 거제까지 굽혀 올리고 좌각의 소백산은 진도까지 뻗쳐 디딘 듯. 지구대는 허리에 잘룩하고 금강산은 가슴에 드리운 노리개인 듯, 몸을 가리운 능나가 동풍에 나부끼어 녹색 평야를 이루었으니 엷고도 가볍다. 선녀 바야흐로 구름 위로 솟아오르려는 자태인가 혹은 자유의 여신이 대륙을 머리 위에 이고 일어서려고 허리를 펴는 형상인가?

5. 해안선

동서남의 3해안 중에 동해안이 가장 단조하다. 대개 구조선과 평행한 해안이 되어서 굴곡도 없고 도서도 희소하여 강원도의 충석정과 함북도 무수단의 기승은 있으나 해운과 어업에 유리한 항만은 비교적 빈약하다. 마는 이 빈약하다 함은 반도의 남서 2면에 비하여 비교적 항만이 희소하다 할 뿐이지 결코 절대적으로 불량한 해안이라 함은 아니다. 함북 해안에는 본래 웅기, 청진, 성진 등의 제항이 산재하나 근일 세간에 소문이 자자한 나진항 같은 것은 근소한 인공을 가함으로써 일약 동양 유수의 대항으로 변하게 되어 대만주의 하물을 함토(含吐)하는 관계가 마치 북의 흥남 축항으로 인하여 어선 10여척을 계류하던 포구가 갑자기 함남 최대의 무역항으로 약진하게 된 것도 우리의 기억에 새로운 바이다. 이와 같이 다소의 인공을 가하여 양항(良港)이 될 만한 것은 아직도 희한하지 않다. 만일 원산항에 논급할진대 이는 천성의 거항이다. 호도반도(虎島半島)에 포옹된 영흥만까지 헤아려 보면 어김없이 다롄(大連)에 뤼순(旅順)을 가한 것과 흡사하다. 만일 원산항 하나만을 러시아 같은 빈항국(貧巷國)이 소유하였다면 필경 세계 역사가 달리 쓰여질 것을 누가 부인해 내랴. 이 상업과 군사의 쌍익을 겸비한 거항이 동해안에 굴곡을 그릴 따름이고 송도원의 해수욕객과 명사십리의 피서객들만 년년세세에 뽐내고 있으니 우리는 이 양항을 동해에 조성하신 성의를 분변하기가 어려울 뿐이다.

서해안은 목포, 군산, 인천 진남포, 용암포 등의 양항이 상거도 적당하게 나열하여 있을 뿐더러 그 사이에 다시 도서와 리아스식 해안의 소항이 연락부절하여 원시적 항해기에도 일찍부터 해상 교통에 편하였고 더구나 연안의 사면 구배(勾配)가 완완(緩緩)한 것과 압록강, 대동강 등의 항구가 누두상(漏斗狀)을 이룬 것으로 인하여 이상 제항과 배후지와의 수륙 연결이 원활하게 된 것은 도저히 동해안의 비(比)가 아니다. 조석 간만의 차 곧 조후(潮候)도 동해안의 청진이 0.7 미터, 원산이 0.83 미터인데 비하여 현저한 차도가 있으니 목포가 4.33 미터, 진남포가 6.27 미터, 인천은 세계에서도 저명한 것으로 9.41 미터의 차를 보이고 있다. 이 조후(潮候)

를 이용하여 인천의 갑문식(閘門式) 항만과 진남포의 개거식(開渠式) 항이 설비되었고, 인천만의 비상한 간만의 차를 발전 동력에 이용하는 것도 다만 시기의 문제가 남은 것뿐이다. 동해안에 도서 결핍하여 울릉도(72.49 제곱킬로)와 마양도(7.06 제곱킬로) 외에 현저한 것이 없는 반면에 서해안에는 진도(330.9 제곱킬로), 강화도(290.5 제곱킬로), 안면도(86.6 제곱킬로), 신미도(52.8 제곱킬로), 자은도(50.2 제곱킬로), 백령도(46.9 제곱킬로) 등 저대한 것 외에도 독거군도, 나주군도, 부남군도 등의 다도해로부터 안마군도, 고군산군도, 외연열도, 각열비열도 등의 도군이 위집(蝟集)하여 있다.

남해안은 반도의 동서 두 해안보다 우수할뿐더러 그 지절율(肢節率) 곧 해안 직선 거리로써 해안 굴곡 연장 거리를 제한 값의 대(大)함이 세계에 희한한 것이므로 학자들은 이것을 보통 리아스식 해안이라고도 하지 않고 특히 '조선식 해안'이라고 명명하였다.

포도송이에 포도송이가 맺히듯이 이삭에 또 이삭이 달리듯이 반도에 또 반도가 붙고, 섬에 또 새끼섬이 달린 것이 조선의 에게해라는 별칭을 가진 남해안이다. 조선 산천을 논하는 자 금강산의 기암을 찬하지 않으면 백두산의 웅봉을 탄함으로 그치나, 백문불여일견이라는 말을 통용한다면 그것은 바로 조선식 해안의 기괴무궁함을 표현할 수 없다는 대용으로 사용할 말이다. 지자(智者)는 바다를 사랑한다는 말이 사실일진대 무릇 지자로써 자처하는 이는 한산도 앞바다에 엽주(葉舟)를 띄워 놓고 나갈 길을 찾아볼 것이다. 수륙의 상대적 관계가 시시각각으로 유동 불식하는 이 허다한 도갑지중(島岬之中)에서 돛을 달며 노를 저어 가면서 오히려 자기의 지략을 신뢰할 수 있는 자는 광자(狂者)가 아니어든 희세출의 지자인 줄 확신하여도 무방할 것이다. 누가 만일 대영백과사전에 의하여 고려라는 항목을 찾아본다면 거기는 이순신과 거북선의 도해 설명이 있을 것이니 세계인들로 하여금 조선을 기억하게 한 것은 다도해의 무궁무진한 조화와 그 묘리를 파악할 줄 안 일개

장부가 있었던 까닭인 줄 알 수 있다. 300년 전에 무수한 적선을 치지 않아도 스스로 낭중(囊中)의 서(鼠)로 만들던 것도 이 해안이요, 전세기초에 서양인들의 탐험선이 미궁에 빠져 갈 바를 몰라 헤매던 것도 이 다도해의 일이었다. 일본 해군이 발틱 함대를 영격하기까지 4개월여를 완전히 세계 이목을 피하여 잠재 준비를 할 수 있었던 것도 이 해안에 진해만이 있은 까닭이었다. 하물며 진해만이 한둘 뿐이 아니다. 이 수다한 항만들이 전시의 군항도 되고 평시의 어항도 되며 지략에 장(長)한 자의 연마장도 되어서 아르키메데스, 유클리드, 크세노폰 등을 배출하던 그리스의 다도해의 역할을 다한다면 반도의 동부(胴部)와 동서 해안이 없어지고 소백산맥 이남만을 장백산맥에 연접하여 놓는다 할지라도 이 '조선식 해안'은 지구 위에 무위한 존재로 한갓 침식 작용으로 삭마될 지모(地貌)가 아니다. 요컨대 3면의 해안선으로 보아도 강토에 불만함이 없을 뿐 아니라, 해안선만은 실상 과분하다 하리만큼 조물주가 백의족에게 시혜하심이라고 할 수 밖에 없다. 남해안의 주요한 도서를 열기하면 다음과 같다.

제주도 1,859 제곱킬로, 거제도 389 제곱킬로, 남해도 300 제곱킬로 등의 큰 섬외에 추자군도, 노화군도, 완도, 고금도, 신지도, 청산도, 조약도, 평일도, 거금도, 거문도, 내외나로도, 근경도, 돌산도, 사량도, 욕지도, 미륵도, 한산도, 가덕도 등등.

6. 기후

대체로 북위 33도에서 43도에 걸치어 소위 표식적 온대지방에 위치하였으나 대륙에 연접하여 대륙성 기후의 영향이 심한 것과 동해안의 리만 한류가 흐르는 것으로 인하여 다른 동 위도 지역보다 비교적 한랭하다. 위도로서는 지중해안과 근사하나 지중해안의 이탈리아, 발칸반도 등에는 감람, 감귤류 등의 아열대적 식물을 배양하는데 우리는 제주도 남사면에서 근소한 감귤류를 배양하는 외에 반도 전체는 평과(苹果; 사과)와 같은 한국적(寒國的) 과수를 재배함에 적합하다. 춘추가 짧고 동계가 너무 긴 것이 반도 기후의 단점이라 하나 결빙 후의 은반 위에서 스케이팅하면서 의지를 단련할 수 있음은 한국(寒國) 백성에게만 허여된 각별한 은총이라 할 것이다. 더구나 반도 각지의 1월 평균 기온은 다음 표와 같아서 구미 문명 제국의 인구 조밀한 대도시와 상사(相似)하니 조선 기후에는 인류 생활에 부족함이 없음을 알 것이다.

부산	2.2	파리, 교토(東京)와 상사함
대구	1.5	베를린, 워싱턴과 근사함
서울	4.5	시카고, 베이징(北京)과 근사함
평양	8.1	모스크바보다 따뜻함. 레닌그라드나 삿포로보다 약간 추움

강수량이 500내지 1400 밀리 내외에 불과하므로 일본의 800 내지 3,000 밀리에 비하여 부족함이 있는 듯하나 조선 강수량은 전량의 5할 이상이 농작기인 6, 7, 8월경에 강우(降雨)하므로 이것만 잘 이용하면 생산에 부족함이 없다 한다. 강수량이 다소간 빈 핍한 경향이 있었던 까닭으로 서구 제국보다도 200년이나 앞서서 조선 초기에 벌써 측우기를 제작하여 과학적으로 우량을 계산한 최초의 명예를 받게 된 것은 우리 조상들이 화를 도리어 복으로 이용하는 일에도 범용이 아니었던 증거이다. 이와 관련하여 반도의 공중에 운량(雲量)이 희박한 것이 일찍이 천문학 발달의 소인이 되어 경주와 개성에 첨성대의 구기(舊基)를 남기게 된 것도 우리의 자랑거리어니와 맑은 하늘이 어찌 그 하늘 아래 백성의 마음에 반영치 아니하며 맑은 마음이 어찌 하나님을 보기에 유조(有助)하지 않을 수 있으랴고 생각하면 이런 강산에 생을 받은 것을 감사할 법은 있어도 불만할 것은 없다.

기후와 밀접한 관계 있는 산업에 언급하는 것이 당연한 순서이나 지금은 조선의 자연적 요소에만 착안하고자 하므로 인문적 요소와 많은 관계가 있는 산업 방면은 약한다.

7. 위치

자연 지리상에 가장 중요한 의의를 가진 요소이므로 위치를 논하는 것이 곧 결론에 이른 일이 된다. 지구의 표면을 열대, 온대, 한대의 3대로 나눌 때에 한대(寒帶)에는 거의 인류의 생활이 불가능하고 열대에는 국민의 지능이 발육하기를 기대하기가 거의 무망하며 오직 온대 지방에서라야만 가히 문화의 개발을 볼 수 있다 함은 세계 지도의 채색이 이를 증명하는 바이다. 우리 반도가 북위 약 33도로부터 43도까지에 걸치어 온대 중에도 표식적 온대 지역에 처하여 있음은 무한한 행복이어니와 남반구보다 북반구의 인류 생활의 본거지에 있다 함은 이중의 상운(祥運)이라 할 수밖에 없다.

조선은 극동의 중심이다. 심장이다. 중심적 위치라는 것은 인력으로 좌우할 수 없는 관능을 포태하고 있는 것이다. 영국이 오늘과 같이 융성하였음은 육반구의 중심에 위치한 것이 그 가장 중요한 소인의 하나였다 함은 지리학자의 정론이요, 오사카시(大阪市)가 정치적 중심의 추이에 불관하고 수백년간 일본 경제계의 여왕 같은 지위를 보지(保持)하여 왔다 함은 그 위치가 결정하는 사실이다. 이와 같은 예는 매거(枚擧)키 어려우리만큼 산재하거니와 다만 중심적 위치라기보다 반도로서 한 세계, 한 시대의 심장으로 역할한 예, 조선 반도와 상사형(相似形)의 유례(類例) 두 셋을 들면 다음과 같다.

(1) 그리스 반도

인류의 역사가 이집트, 바빌론, 아시리아 등의 원시적 거대한 국가 생활로부터 로마 제국의 조직적이요, 근대적인 새로운 생활 방식으로 천이(遷移)하려 할 때에 전대의 모든 우수한 유산을 종합하고 후대에 전개할 수 있는 모든 인자를 함축하여 기원전 제5, 제4세기경에 찬란하고도 독특한 문화를 세계사상에 대서(大書)하고 간 그리스 반도는 반도라는 것, 산악이 많고 평야가 적은 것, 북위 3, 40도 내외에 위치한 것도 우리 조선과 방불한 점이지만 그 반도에 또 반도가 달리어 항만 굴곡이 극심한 것과 만천(萬千)의 대소 도군(島群)이 갑단(岬端)에 나열한 대륙인지 도서인지 분별키 어렵게 다도해를 이룬 광경은 동반도의 남단과 전연 일치한다. 그 위에 동방 제국의 대세력이 지중해 서남으로 팽일(澎溢)할 때에 필연코 이 반도를 거치어 갔고 로마의 군대가 소아시아 피안을 정복할 때에 우선 그 말발굽 소리가 이 반도에 들리지 않을 수 없었고 북방의 흰곰 같은 러시아의 발톱이 식물을 구하여 목근을 파 두드릴 때에 먼저 진동치 않을 수 없은 것도 이 반도이었으니 이것조차(고금을 통하여 국제 정국의 휴화산이라는 것) 두 반도의 신세가 동일하다. 그러므로 그리스 반도에 동정한 자 있다면 그것은 조선 반도요, 그리스 반도에 자랑할 것이 있다면 동반도에도 그것이 있을 것이다.

(2) 이탈리아 반도

이탈리아 반도가 조선 반도와 상사(相似)하다 함은 학자의 설명을 기다리지 않고라도 세계 지도를 일람하면 가히 알 수 있는 것이다. 폭이 좁고 장(長)이 긴 반도 전체의 형상이든지 면적으로나 위도로나 대동소이하며 지중해의 중앙에 돌출하여 제1, 제2세기로써 절정에 달하였던 로마 제국의 위력과 오늘까지의 3,000년 문명국을 계승한 것은 그 위치가 지중해의 심장으로 되어서 강한 때에 주위를 지배하기에 편할뿐더러 쇠약한 때에 안일의 오수(午睡)를 탐하기도 불허하는 무대인 까닭이니 이도 동반도에 합치한 점이다. 기독 세기초 지중해 문명의 난숙기(爛熟期)에 처한 세계 정국으로 보아서 이탈리아 반도는 그리스보다 더 중심적 위치인데 가(加)하여 롬바르디아 평원 같은 부원(富源)을 배후에 비치한 것이 전자와 후자의 사업에 대소가 있고 역할에 성질을 달리한 까닭이었다. 마는 그리스는 그리스로서 숭고하였고, 로마는 로마로서 강대하였다. 그리스 반도는 그리스를 산출한 미인이요 아펜니노 반도는 로마 제국을 양육한 현모이었다. 여인은 태산(胎産)함으로써 죄를 면한다 하나 여인은 산출한 자녀에 의하여 미화 성화되기도 하는 듯하다. 그 스승에 그 제자라면, 또한 그 어머니에 그 아들이라야 된다. 무릇 그리스 예술과 로마 제도의 여하한 것인 줄 아는 자는 이 두 반도의 미를 볼 것이요, 이 두 반도의 지리학적 미를 알고는 이 두 반도의 산출한 문화가 각기 그 어머니의 적자인 것을 납득할 것이다. 지구 위에 가장 아름다운 반도 둘만 찾으려면 서슴치 않고 그리스, 이탈리아 두 반도를 굴지(屈指)한다고 오인이 말함은 이유 없음이 아니다. 다만 인간의 욕심을 허용한다면 이탈리아 반도의 남단에 타란토만 하나가 모양 없이 만곡할 뿐이고 다른 지절(肢節)을 결하여 소위 장화형이라는 별명을 전반도에 주게 된 것은 이 반도의 말단이 맺힌 데 없이 생긴 데 기인한 한사(恨事)이다. 만일 아펜니노 반도의 칼라브리아 반도와 아프릴리아 반도를 단절하고 거기에 그리스 반도를 떼어다 연결한다면 이는 범에게 날개가 붙은 격이다. 지구 위에서는 이 이상의 이상적 강토를 상상할 수 없을 것이다. 그것이 곧 조선 반도이다. 의아하는 이는 세계 전도에서 그리스 에게해를 떼어 이탈리아 남단에 붙여 놓고 우리 반도와 대조하여 보라.

(3) 덴마크 반도

유틀란트 반도의 면적은 조선 반도의 6분의 1보다 조금 크고 5분의 1보다 조금 작다. 그 안에 산악이라야 해발 200 미터를 넘는 것이 희귀하니 한양성의 남산(265 미터)을 들어 간다면 덴마크의 백두산 노릇할 수 있을 것이다. 지금은 이 반도가 농축의 모범국으로 전세계가 주시하는 곳이 되었으나 제12, 3세기에는 스칸디나비아 반도의 스웨덴, 노르웨이는 물론, 발틱 해안의 독러 제국과 북해에 면한 영프 제국까지도 덴마크의 위풍에 나부끼지 않을 수 없었으니 이는 그 위치가 서북 구주의 중심에 돌출한 것이 마치 아펜니노 반도가 지중해에, 조선 반도가 동해에 임한 것과 흡사한 그 자연 지리적 위치에 기인함이 일대 이유가 된다. 현금은 비록 당년의 정치적 위력을 조상(凋喪)하였다 할지라도 영계의 장부자인 키엘케고르의 향토인 명예를 보지(保持)하여 최근 반세기 미래로 세계를 놀라게 한 산업적 발전의 이면에는 복음주의의 신교적 신앙이 기반이 되어 있다 한다.

결론

상술한 바와 같이 지리적 단원으로 보나 그 면적과 인구로 보나 산악과 해안선의 지세로 보나 이 위에 천혜로 주신 기후로 보나 한 국면 혹은 한 무대의 중심적 위치로 놓인 그 대접으로 보나 조선의 지리적 요소에 관한 한으로는 우리가 불평을 토하기보다 만족과 감사를 표하지 않을 수 없다. 이는 넉넉히 한 살림살이를 부지할 만한 강산이요, 넉넉히 인류 사상에 큰 공헌을 제공할 만한 활무대(活舞臺)이다.

그러나 조선의 과거 역사와 현상을 통관한 이는 누구든지 그 위치의 불리함을 통탄하여 마지 않는다. 황해가 대서양만큼 넓거나 압록강 저편에 알프스 산맥 같은 고준한 연봉이 둘러쌌더면, 조선 해협이 태평양 만큼이나 넓었더면 좀더 태평하였을 것을, 그렇지도 못하니 중, 일, 러 3대 세력 중에 개재하여 좌충우돌하는 형세에 반만년 역사도 별로 녕일(寧日)이 없이 지나왔다고 듣는 자로서 과연 동정의 눈물이 없을 수 없다. 그러나 이는 약자의 비명인 것을 미면(未免)한다. 약자가 한갓 태평을 구하여 피신하려면 천하에 안전할 곳이라곤 없다. 남미 페루국 에스파냐에 선주(先住)했던 인디언족의 수도 구스코는 우리 백두산보다 훨씬 더 높은 곳에 있었어도 에스파냐인들의 참혹한 침략을 피할 수 없었고, 티베트는 해발 4,000 미터 이상의 고원에 비장된 나라이었으나 천하 최고의 히말라야 산맥도 이 신비국으로 하여금 영인(英人)의 잠식을 피(避)케하는 장벽은 되지 못하였다. 그러므로 우리는 깨닫는다. ― 겁자에게 안전할 곳이 없고 용자에게 불안한 땅이 없다고. 무릇 생선을 낚으려면 물에 갈 것이요, 무릇 범을 잡으려면 호굴(虎窟)에 가야 한다. 조선 역사에 녕일이 없다 함은 무엇보다도 이 반도가 동양 정국의 중심인 것을 여실히 증거하는 것이다. 물러나 은둔하기는 불안한 곳이나 나아가 활약하기는 이만한 데가 다시 없다. 이 반도가 위험하다할진대 차라리 캄차카 반도나 그린란드 섬의 빙하에 냉장하여 두는 수밖에 없는 백성이다. 현세적으로 물질적으로 정치적으로 고찰할 때에 조선 반도에 지리적 결함, 선천적 결함은 없는 줄로 확신한다. 다만 문제는 거기 사는 백성의 소질, 담력 여하가 중요한 소인인가 한다. 만일 눈을 돌려 정신적 소산, 영적 생산의 파악에 향한다면 반도에는 특이한 희망이 있다고 할 수 있다. 유대 민족이 바빌론, 페르시아, 이집트, 아시리아 등 강대한 세력이 교착한 중에 처하여 자연계의 사막과 준령과 한열(寒熱)과 맹수 등의 감화 이외에, 국가의 흥망성쇠에 따라 조석처럼 유동 무상한 세계 역사의 활무대에서 이방의 자연 숭배 같은 미신에 빠지지 않고 능히 유일신교의 건전한 신앙을 파지(把持)하였던 것과 같이 반도의 백성이 과거 반만년의 역사를 고요히 생각한다면 안전한 백성과 강대한 국민으로는 도저히 얻을 수 없는 바를 오득(悟得)함이 있을 것이다. 다른 사상이나 발명은 모르나 지고한 사상, 곧 신의 경륜에 관한 사상만은 특히 가난하고 약하고 멸시 당하고 유린당하여 생래의 오만의 뿌리까지 뽑힌 자에게만 계시되는 듯하다. 이스라엘 백성에게 복음을 위탁하기 위하여서는 저들에게 온갖 것을 빼앗고 갖은 수욕(羞辱)을 지워 주었다. 방금 인방(隣邦)에 정직한 일을 볼 수 없이 될 때에 맑은 마음을 이 백성에게 두신 이의 요구가 무엇인 것을 우리는 그윽히 대망하지 않을 수 없다.

또한 일반 문화로 보아서 동방 고대 문명이 구미 제방(諸邦)으로 서점(西漸)을 시작할 때에 그리스 문명의 독특한 꽃이 찬연히 피었던 것처럼 인도 서역 문명이 동점(東漸)할 때에 잔교(棧橋)와 같은 동반도에서 이채있는 문화를 출현하고라야 이동(以東)에 광명이 전해졌고 현금은 도리어 태평양을 건너온 문화의 조류가 태백산과 소백산의 종곡(縱谷)을 소급하여 백두산록까지 침윤(浸潤)하였으니 서에서나 동에서나 모름지기 고귀한 광명이 출현하고는 이 반도가 암흑하고 있을 수 없는 처지에 위치하였다. 동양의 범백(凡百) 고난도 이 땅에 집중되었거니와, 동양에서 산출해야 할 바 무슨 고귀한 사상, 동반구의 반만년의 총량을 대용광로에 달이어 낸 엑기스(精素)는 필연코 이 반도에서 찾아보리라.

- 1934년 3월 -

서생(書生)의 유희

「성서조선」을 '서생의 유희'라고 일컫는 이들이 있다. 이는 그 다지 칭찬하는 말도 아니지만 또한 반드시 악평이랄 것도 없다. 우리는 하루바삐 유희의 역(域)을 초탈하여 전심치력(專心致力)의 업(業)에 달하고자 하지 아님이 아니었으나, 범사가 인간의 뜻대로 되지 않음이 있을뿐더러, 전업에 전업이 장(長)이 있는 동시에 전 업의 폐가 없지 못하며, 유희에 유희의 약함이 있는 동시에 유희 의 '무사(無邪)'가 존(存)함이 있어서, 우리로 하여금 오늘까지 유 희의 쾌미(快味)를 저버리지 못하게 하였으며, 또한 장래에 전심전 력으로 성서만 연구하고 전도에만 치력(致力)하면서 본지를 주간 하는 날을 당할지라도 '서생의 유희'라는 그 태도와 정신만은 영 구히 보지(保持)하고자 하는 바이니 그 이유를 우리의 일상 보는 사실에 비추어 말하게 하라.

서생이란 것처럼 우리 성미에 합당한 것이 다시 없다. 우리는 '나으리'도 아니요, '영감'도 아닐뿐더러 선생도 아니요, 목사도 물론 아니다. 단지 '서생'이다. 서생의 장래는 미지수이다. 다만 인류의 일원이요, 학이시습(學而時習)하면서 무한을 향하여 발전하 고만 있으면 족한 자이다. 3년간 훈장 노릇하면 그 똥을 개도 먹 지 않는다고 하거니와 세상에 가련한 자는 사범 생도되어 버린 사 범 생도와 훈장화하여 버린 훈장이요, 마찬가지로 세상에 가소로 운 것은 신학 생도되어 버린 신학생과 교역자화하여 버린 목사이니 저들은 오직 그 형(型)이 잔존할 뿐이요, 일개의 인간은 아닌 자이다. 우리가 서생이라는 칭호를 받을 만한 자인지 아닌지 모르거니와, 만일 그렇게 부르는 이가 있다면 분에 넘치는 영광으로 감수하리라. 우리는 일개 서생이요, 일개 인간이다. 유희란 것처럼 유쾌한 것은 다시 없다. 유희는 체조가 아니요, 경기가 아니요, 물론 직업도 아니다. 유희에 의하면 이(利)를 탐하고자 함이 아니요, 당세를 확장하고자 함도 아니다. 도리어 신체의 피로를 초래하는 수 있고 피복의 손상을 받을 수 있을지라도 무아몽중에 일심열중하여 마지 않는다. 직업에 충실함으로써 순직에 이르면 인간 최고의 미덕의 하나로 칭송하는 일이나, 직업 근성이 발로될 때에는 인간 세상에서 가장 추악한 것이 직업이다. 제약회사에 전속한 매약상과 전도회사 혹은 성서공회에 전속하여 성경을 판매하고 다니는 소위 권서(勸書) 혹은 매서직(賣書織)이라는 것도 직업 때문에 타락한 일례이어니와, 최근에 어떤 성경학원 재학생 1인은 '성조' 지우들의 회합하는 집회의 사진을 박아다가 본부에 보고함으로써 자기의 실습 성적을 우량하게 하고자 하였고, 어떤 전도사는 소임지에 가 보니 실제의 신도수가 문서상 신도수의 반도 못 됨을 발견하고 전임 목사의 영전된 이유를 납득하여 감탄부기(感歎不己)하였다 하니, 이런 것은 두어 가지 예일 뿐. 화있을진저 직업 근성!

「성서조선」을 유희라고 평하는 말이 직업적이 아니라는 뜻일진대 우리는 감사로써 그 평을 감당한다. 본지에 의하면 복음을 받은 자가 장로교인 되거나 감리교 혹은 성결교회에 입교하거나 우리의 묻는 바가 아니다. 다만 성서의 진리를 조선 형제들에게 전달하였으면 만족이요, 감사이다. 그러므로 우리는 영구히 '서생의 유희'를 계속하리라.

- 1935년 5월 -

▶ 우리의 입장을 건드리지 말라

조선복음교회 감독 최태용(崔泰瑢) 목사는 그 주간지인 「영과 진리」 제90호의 거의 반분(半分)이나 되는 14면에 걸친 대문자로써 우리의 입장을 시비하였다. 우리가 우치무라 선생에게서 배운 것은 무교회주의가 아니라 '성서'였다. '성서의 진리'였다고 한데 대하여 '영리한 말'이라고 야유하였으며, '오만한 태도'라고 노하였고, 또 '김형이 우치무라 선생에게서 무교회주의가 아니고, 성서, 성서의 진리를 배웠다는 말은 그것이 사실 그렇게 된 일이 아니요, 그것은 김형의 무교회주의에 대한 괴이한 반성이다'라고 단언하였다. 아무리 호의로써 해독하고자 하여도 우리의 상식으로는 할 수 없는 것이, 대체로 최감독은 세상에 자기의 존재함은 의식하나 타인의 존재는 일부러 무시하려는 태도인 까닭이다. 십여년내로 잡지 주필하는 이가 '영리(怜悧)'라는 문구를 무의식 중에 사용하였을 리가 만무하니 정계(政界)나 상계(商界)에서면 모르거니와 신앙 종교를 논하는 처지에서 '영리'라는 누명은 전연 치명상을 주고자 하는 독계가 아닌가? 과연 최목사는 일찍이 우치무라 선생께 배울 때에는 그 무교회주의 뿐 아니라, 그 언성, 태도까지도 본받아서 일시는 보는 자로 하여금 '제2의 우치무라'가 아닌가고 의심하게까지 화(化)한 때도 있었고, 그 후 얼마 동안은 「천래지성」에 귀를 기울이면서 인간 선생에게서는 배운 일이 없었노라고 선언하여 영적 기독교라는 것을 독창한 적도 있었고, 다음에

방청할 생각으로 신학교에 출입한다는 것이 별안간에 신학 만능의 학자로 화하여 일(一)에도 신학, 이(二)에도 신학, 삼(三)에도 신학하게 되어서, 신학생 이외의 사람으로서 신앙을 말하며, 성경을 논함은 '무책임' 또는 '만용' 운위(云謂)까지 하게 되었으나, 이는 최감독으로서는 당연한 길이요, 별로 '괴이한 반성'도 아니었겠지마는, 사람마다 알미늄 냄비처럼 끓다간 식고 끓다간 식고 해야 '객관적 진리'를 탐구하는 방도라고는 생각지 않는다. 우치무라 선생에게서 무교회주의를 배워야만 잘 배우는 것이요, 무교회주의 외에는 배울 것이 없다고 보는 것은 심한 '주관'의 덩어리이다.

최태용 감독은 일찍이 우치무라 선생 문하에서 배운 일이 있었고 그 저서를 번역 출판하였고 자기 저서에 우치무라 선생의 서문을 얻어 발간하였고 또 스스로 우치무라 선생의 감화가 심대하다고 고백한 일도 있었으니, 그대로 무교회주의를 준수(遵守)하여 간다면 누구나 그 권위에 대립할 자가 조선 안에는 없을 터이지마는, 이제 언언구구(言言句句)에 신학을 운위하며 교파를 창설하여 자신 그 감독직에 취임한 오늘에는 신학과 교파 문제에 관한 것이라면 '素人'들을 멸구시키고야 말 작정이라 할지라도 무교회주의 일절에 관하여는 다소 양보가 있고 손색(遜色)을 보이는 것이 당연한 일로 우리는 기대했건마는, 한편 조선에 신학이 없다고 홀로 개탄하면서 또한 '무교회주의에 대한 괴이한 반성'까지 염려하여 마지 않으니 아무리 직업적 종교가의 근성을 발휘하는 노파심이라 할지라도 분수가 있을 것이다. 우치무라 선생과 무교회주의에 관하여는 우리가 인식한 것, 주장하는 것을 반성하라고 촉(促)하기보다 자기 자신을(누구든지) 먼저 반성할 것인 줄 안다.

- 1936년 11월 -

▶ 무교회 간판 철거의 제의

우리는 과거에 무교회인으로 행세하였던 것처럼 장래에도 무교회인이라는 별명으로써 신앙의 길을 시종할 것을 예상하며 또 기원한다. 그럼에도 불구하고 우리는 근일에 본산지의 무교회인들을 향하여 무교회의 간판을 내리자고 제의하였다. 그 이유는 이러하다(이를 읽는 이는 본지 4월호에 광고했던 일본 도쿄 야마모토 타이지로(山本泰次郎) 주필 「성서강의」지 5월호에 실린 졸고를 아울러 읽으라).

'무교회'라는 데 대한 오해가 깊고 딴딴하여서 용이히 본연의 뜻대로 통용되기 어려운 것이 그 이유의 하나이다. '교회와의 대립 항쟁에만 그 존립 이유가 있다'는 듯이 생각함은 무교회를 고의로 훼방하려는 자만 아니라 무교회를 이해하지 못하는 천박한 일반 민중이 그렇게 이해하여 버렸다. 기독교의 제1 대지(大旨)는 하나님과 사람의 화평을 도모하는 동시에 사람과 자기의 이웃 사랑을 중히 여기는 교훈인 것은 너무나 명백한 일이다. 예수를 믿지 않는다면 모르거니와 예수 믿기를 원하는 이가 어쩌면 '대립 항쟁에만 존재 이유가 있다'는 일을 평생의 사명으로 알고 짊어질 수 있으랴. 이렇게 사람을 곡해하는 이의 심지에는 크게 왜곡된 무엇이 잠재하여 있다고 자증하는 것밖에 아무것도 아니다.

교회 만능을 주창하는 자, 교회밖에 구원이 없다고 단언하는 자 즉 '교회주의자'에게 대하여 '교회 밖에도 구원이 있다'고 프로테스트한 것, 구원은 교회 소속 여부의 문제가 아니라 신앙의 문제라고 정정한 것이 루터의 프로테스탄트주의요, 또한 우치무라 간조 선생의 무교회주의이다. 그러므로 로마 천주교회가 교회주의에 타락하지 않았더면 루터의 '프로테스탄티즘'이 생길 필요가 없었고, 신교교회가 교회지상주의로 기형화하지 않았더라면 무교회주의가 생길 필요가 없었다. 무교회주의는 일명 '전적(全的) 기독교'이다. 그 증거로는 우치무라 선생과 그밖의 무교회인의 저서가 순진한 평신도와 조선기독교회 교역자들에게까지 좋은 영량(靈糧)이 되는 일로써 알 수 있고, 순(純)조선산 예수쟁이의 선배가 동시에 순조선산 무교회주의자인 것으로써 증명된다 ─ 예(例)하면 평북교회의 초석이라는 칭을 받는 강제건(姜濟建) 선생 같은 이를 보라.

무교회인이 대립 항쟁하는 대상이 하나 있다. 그는 '무릇 진리를 거스리는 자를 향하여 선전 포고'하는 일이니, 그 대상자는 시대와 장소를 따라 변한다. 오늘날 우리 기독교도의 앞에 진리를 거역하는 구실을 맡고 대립할 자는 심히 강대한 괴물이다. 여호와를 경배하면서 가이사의 것은 가이사에게 주되 하나님의 것은 하나님 아버지께만 바치고자 하는 무리는 모조리 ─ 교회의 안에 있거나 밖에 있거나 힘을 다하여 싸워야 할 시대를 당하였다. 순교의 피를 뿌려야만 진리의 종교를 판별하게 된 세태이다. 이런 세대인 고로 구원이 교회 안에 있다, 밖에 있다 하는 논쟁에는 우리는 흥미를 잃었다. 그리스도를 위하여 박해를 감당하는 자 그대의 무덤을 우리가 예비하고자 하거니와 또한 우리 시체가 보이거든 그대가 취심하라.

· 1937년 5월 ·

▶ 건드리지 말라

무교회주의적인 기독교 신앙을 가진 우리 친구 중 한 사람이 교회가 왕성한 지방에서 어떤 사업을 인계하기로 될 때에 그 일을 주선하기에 진력하던 이가 매우 염려하면서 물었다. '교회와의 관계는 어떻게 하시렵니까?' 그때에 무교회주의자의 대답은 이렇더라고 한다. '나를 건드리지만 말라고 목사에게 부탁하여 주시오' 라고.

그렇다, 무교회주의자는 건드리지만 않으면 아주 무난한 존재이다. 건드리지 않는 한 저는 결코 남의 교회를 방해하려고 않을 뿐더러 기회 있으면 교회를 도와주려고 하며 좌석을 빌려 주면 남과 같이 예배에 참석하고자 한다.

그러나 저를 향하여 세례와 성찬예식이 어떻다느니, 교회 안에만 하나님의 말씀이 임한다느니, 교회밖에 구원이 없다느니, 일요일보다 토요일을 지켜야 되느니 운운의 모든 거짓말과 허튼 수작으로써 승인을 강요할 때는 무교회인은 온순한 대로 수수방관하지 못한다. 비상한 폭격력으로써 주위를 진동시킬 것이다.

우리를 향하여 우치무라의 제자니 운운하는 반가지(半可知)한 주제넘은 비평이 없었을진대 우리는 누구에게서 배웠노라고 공고할 필요도 없이 오직 유일한 스승님 예수만을 나타내고자 하였을 것이요, 교회 밖에 구원이 없다는 등 허무맹랑한 주관으로써 우리에게 도전하는 자가 없었을진대 우리는 무교회라는 용어까지 사용할 필요 없이 오직 유일한 복음을 믿었을 것 뿐이다. 우리는 누구보다도 '무교회'라는 문자를 즐겨하지 않는다. 마는 혼잡되기를 피하기 위하여 부득이 사용한다. 우리 친구 중에서 새로운 다른 신앙 운동에 참가하는 것을 우리는 시비하지 않는다. 친구가 유익됨을 따라 우리도 그 익(益)에 참여할 것만 기대할 따름이다. 그러나 우리를 향하여 무교회인인 입장과 의무까지 제쳐놓고서 새로운 운동의 신기한 맛에 피리부는 대로 장단 맞추어 춤추지 않는다고 재촉하려는 태도를 당면할 때는 우리는 단연코 무교회주의자인 골수를 드러내 보이고야 만다. — 가로되 나는 무교회주의자이다. 나의 무교회주의는 두어 번 회합으로 된 것이 아니요, 상당한 연조(年條)가 걸린 것이다. 나의 무교회는 사상 유희로 된 것이 아니요, 경제적 밑천이 톡톡히 걸린 것이요, 이것 때문에 받은 조롱과 핍박과 손실은 뼈에 맺힌 것이라고. 이 무교회적인 입장에서 용이히 유희(遊戲)할 수 있을 것 같이 추측하는 이가 있다면 그는 아직도 무교회적 기독교 신앙의 깊이를 만분의 일도 맛보지 못한 사람이라고 할 수 밖에 없다. 이런 때는 오직 '나는 무교회인이라'고 다시 언명하는 것밖에 별도리 없다. 그러므로 제발 우리를 건드리지 말라.

- 1940년 5월 -

▪ 다시 시작

네 살 된 막 귀여운 따님을 그 팔에서 **빼앗겨** 그 '장례사'를 들고 있던 우리의 한 친구는 후에 어버이로서의 감상을 한 마디 말하였다. "나는 이번에 신앙을 내어 버리든지 그렇지 않으면 처음부터 다시 시작하든지 어느 한 쪽을 택하지 않으면 안 되게 되었습니다. 지금까지의 미지근한 신앙으로는 설 수 없게 되었습니다. 운운."

생(生)은 순간의 현상이고 사(死)는 영원의 사실로서 우리 눈 앞에 놓여져 있다. 죽음에 직면하여서는 어떠한 사람도 엄숙하게 되지 않을 수가 없다. 특히 무구한 소아가 죽음을 당하였을 때가 그렇다. 결코 아무렇게 해도 괜찮은 문제로서 넘길 수는 없는 것이다. 믿고 죽음을 정복하여 구원에 참여할 것인지, 그렇지 않으면 처음부터 아예 항복하여 체념해 버릴 것인지의 하나다. 이제는 흐린 신앙, 희미한 신념을 갖고는 아무것도 안 된다는 것이 이미 시험제(試驗濟)가 되었다. 요는 순진한 신앙이다. ― 비록 겨자씨만한 것일지라도. 모든 피곤한 형제들이여, 다시 시작하지 않으시렵니까 ― 순진하게.

- 1940년 7월 -

▶ 냉수마찰과 종교

냉수마찰로써 건강을 증진하려던 이가 뜻대로 증진되지 않을 뿐더러 도리어 해치는 경향이 있으니 어떻게 할 것이냐고 묻기에 이에 대하여 나는 이렇게 답하였다. 그렇거든 냉수에 온탕을 타든지 또는 실내에서 하여 보라고. 그러나 묻던 이는 매우 불복하는 태도였다. ― 냉수마찰이란 것은 차디찬 천연냉수로써 찬바람을 쏘이면서 한 대야 냉수마찰이지 온탕이라, 실내라 하니 대체 그게 무슨 놈의 냉수마찰이요 하는 것이다. 그러므로 다시 설명하되 영하 8도의 추위는 8년 만에라, 10년 만에라고 야단들 하는 도쿄(東京)에서 배운 냉수마찰을 영하 20여도로 내리는 것이 연중 행사인 서울에 와서 그대로 천연냉수에 한풍을 쏘이면서 해야만 냉수마찰에 충성하다는 법은 없다. 타이완(臺灣) 남부는 연중 영하의 물을 만져볼 수 없거니와 우리 중강진은 영하 35, 6도로 쑥쑥 내려가며 신경(新京)이나 하얼빈은 더 춥지 않은가. 그런 지방에 가서도 외풍을 쏘이면서 천연냉수에 한다면 그 다음 순간에는 매장허가가 필요하게 될 것이다 운운. 때에 '그럴 듯도 하다'고 크게 이해함이 있는 모양이었다.

냉수마찰의 요령은 체온과 냉수와의 온도의 차를 이용하여 심신에 자극을 주는 것이니 남북의 지방에 따라, 하동(夏冬)의 계절에 따라, 노소강약의 체질에 따라, 얼마든지 가감도 하며 변화도 할 수 있는 것이요, 또 그렇게 응용했어야만 그 기대하는 효과를 거둘 것인데, 그 원리 원칙을 파악하지 못하고 외형만을 고집한즉 가소로울 뿐만 아니라 냉수마찰 10여년에 도리어 건강을 완전히 상하였다는 실례도 없지 않다. 냉수마찰같이 간단한 생사에 있어서도 그 핵심을 붙잡지 못하고 외형만을 본따기한즉 이와 같은 어처구니없는 일을 연출한다. 하물며 이심전심하는 종교적 진리에 관해서야 더 말해 무엇하랴.

우치무라 선생의 초기의 제자 중에 A라는 청년이 있었다. 1년간의 성서연구회도 무사히 끝나고 연말 가까운 때에 성탄 축하회가 열렸다. 이 회에 출석한 A 청년의 눈에 한 가지 놀랄 만하고 분개할 만한 일이 눈에 띄었다. 그것은 엄격한 우치무라 선생 문하에 진리만을 갈구하여 모인 회합인데 그 좌석의 중앙에 다과의 상이 진설되어 있는 일이었다. A 청년은 내심에 변명하면서 이것은 연구회 청년들 회원 중에 다과를 즐기는 잡류배(雜流輩)가 섞여서 그랬을 테지, 대다수 청년들이야 설마 이것을 원했으랴, 또 다른 사람들은 몰라도 우치무라 선생님이야 다과 같은 것을 입에 대실 리가 만무하려니 하면서 착석하였다. 회가 진행됨을 따라 청년들은 이 구석 저 구석에서 쑥쑥 팔을 내밀어 주저 없이 다과를 집어가기 시작하였다. 오직 A 청년만은 한 개도 집어오지 않았을 뿐인가 위의(威儀)를 돋우고 단좌하여 우치무라 선생을 주시하였다.

그러나 우치무라 선생도 다과를 집어 잡수실 뿐 아니라, 귤 두어 개로써 천장을 향하여 공던지기까지 하면서 청년들과 다름없이라기보다 도리어 청년들보다 더 흥이 넘쳐서 자유롭게 쾌활하게 담소희락하는 광경을 본 A 청년은 자기의 기대가 허지(虛地)에 돌아갔음에 크게 실망하였다. 신직(愼直)하시고 엄숙하신 대선생님이, 입을 열면 여호와 하나님의 추상같은 의를 설교하시고, 붓을 들면 그리스도의 우주 구제를 증거하여 마지 않는 대선생님이 다과상을 대하여서는 보통 세상 인간들과 다름없으니 그럴 도리가 있으랴고. A 청년은 한동안 눈을 감고 자기의 취할 태도를 고려하였다고 한다. 좌석을 차고 이런 속된 무리에서 탈퇴할 것이냐, 아니냐 하고, 그러는 동안에 일조의 광명이 이 청년에게 임하여 대오일번(大悟一番) 드디어 팔을 내밀어 막판이 가까운 때의 나머지 다과를 포식하였다 한다.

당시의 A 청년도 지금은 회갑 기념회를 지내 보낸 지도 수년, 자기의 편협을 뉘우치며 진리 체득의 곤란을 회중 앞에서 고백 간증하기 몇 십차라고 한다.

위와 꼭 같은 다과 문제가 나에게도 있었다. 연전에 남조선지방 독자를 찾아 순회하던 길에 조령 너머 어떤 소읍에서의 일이었다. 내가 다과를 사양치 않고 잘 먹는 것을 보고서야 나의 속에 인간미를 발견하였던지 한 청년은 심히 놀라며 반가와하면서 온갖 정화(情話)로써 밤을 새운 일이 있었다. 생각하면 우스운 일이지마는 인간은 사물을 존재한 그대로 보지 않고 반드시 자기 자신의 경향과 흥취에 맞도록 형상을 만들어 세워 놓고 보려는 까닭이다.

무교회주의 십수 년에 그것이 옳지 않은 줄 깨닫고 '전향' 하노라는 종교 천재가 종종 튀어나오나 이것도 요컨대 냉수마찰 환자나 다과회 청년의 무리에 불과한 것이다. 우치무라 선생의 문을 두드리기 수십차이었으되 본연의 우치무라 선생은 한 번도 보지 못하고 자기 내심에 그려 가지고 갔던 화상 우치무라 선생만을 보고 다녀온 자요, 무교회주의를 생활하며 선전해 온 줄로 자신하였으나 역시 소경의 코기리 구경같이 외형의 일편만을 만졌던 것이 판명되었을 뿐이다.

무교회주의를 버리고 가는 이는 대개 예외 없이 '남을 비판 공격하는 것이 무교회주의' 인 줄로 알았던 사람들이다. 이것도 냉수마찰이라고 하면 따뜻한 지방서도 하얼빈에서도 꼭 같이 외풍을 쏘이면서 천연냉수로 할 것이요, 남의 사장(師長)된 사람은 으레 다과 같은 것은 먹지 않을 것이라고 단정하는 것과 같다. 세상에 가련한 것이 많으나 겉만 보고 속을 잡을 줄 모르는 종교지도자같이 가없은 존재도 드물다. 색맹처럼 이것도 일종의 병신이라면 고만일까?

- 1940년 9월 -

▶ 친구를 요함

"내가 내 친구 너희에게 말하노니 몸을 죽이고 그후에는 능히 더 못하는 자들을 두려워하지 말라 마땅히 두려워할 자를 내가 너희에게 보이리니 곧 죽인 후에 또한 지옥에 던져 넣는 권세 있는 그를 두려워하라 내가 참으로 너희에게 이르노니 그를 두려워하라(눅 12:4, 5)."고. 가시밭 길이 임박한 것을 제자들에 일러 주실 때에 예수는 그 제자들을 특히 친구라고 불렀다. 평화한 시절에는 선생도 좋고 제자도 가하였다. 그러나 생사의 기로에 임하여서는 선생도 제자도 쓸데없고 오직 함께 '몸을 죽이고 그 후에 능히 더 못하는 자를 두려워하지 않는 자'만이 필요하니 그가 곧 친구다. 연령의 차, 학식의 정도, 계급의 상하, 성별의 차이도 관계할 바가 아니다. 두려워 안 할 것을 두려워 안 하고 참말 두려워할 이를 두려워하면서 험로난관을 돌진하며 육탄으로 잇달아 폭격하는 자, 그들이 친구이다.

그대여, 듣는가? 그리스도가 지금은 그대를 친구라고 부르신다. 그리스도의 친구들아, 모두 합하여 친구 되라.

- 1940년 10월 -

▶ 나는 복음을 부끄러워하지 않는다

사도 바울은 그 옛날 로마 사람들에게 서한을 보냄에 있어서 먼저 "나는 복음을 부끄러워하지 않는다."(롬 1:16 전반)라고 쓰기 시작했다. 이 말씀만큼 신자에게 힘을 주는 것이 없는 동시에 이 말씀만큼 우리를 당황하게 하는 것도 없다. 적어도 나에게는 그렇게 생각되었다. — 복음이 부끄럽다는 경험이 무럭무럭 상기되기 때문이다. 나의 불신을 책하는 사람들은 잠시 가슴에 손을 얹고 생각해 보시라. 왜 복음이 부끄러운가? 부끄러운 이유가 산더미처럼 많다. 우리는 눈에 보이지 않는 여호와 하나님께 말하고 또 구하는 것인데 눈에 보이는 것만을 확실하다고 하는 세상 사람들로부터는 식전의 감사조차 부끄러움을 초래하는 것이었다. 스스로 덕을 닦음으로써 인격 완성에로 용약(勇躍) 인생의 여로를 출발한 젊은이가 오직 그리스도의 십자가의 그늘에 구원을 희원(希願)하는 자가 되어 모든 도덕적 무장을 해제당하여 절대 강복의 쓴 경험을 맛본 자가 되었으니 의지인으로서, 도덕인으로서의 부끄러움은 골수에 사무쳤다.

십자가의 피에 자기의 죄가 속해지는 것, 한 번 죽어서 부활하는 것, 마지막 날에 그리스도가 다시 오시는 것 등, 이것이 모두 현재 과학 교육을 받은 자로서 부끄러워할 충분한 이유를 가지는 조건들 뿐이다. 복음은 실로 부끄러워해야 할 것이다. 그러나 이런 모든 부끄런 이유를 다 알면서도 복음을 믿고 후퇴하지 않을 뿐 아니라 이것을 위해서는 언제나 생명을 바치려는 대기태세이니 이상한 일이다. 이것은 복음이 이론도 아니고 학문도 아니고 수식도 아니고 생명 자체이고 능력 자체이기 때문이다.

"이 복음은 유대인을 위시하여 그리스인에게도 모든 믿는 자에게 구원을 주는 하나님의 힘이기 때문이다"(롬 1:16 후반).

이 힘을 체험한 자에게는 '나는 복음을 부끄러워하지 않는다'는 바울의 말이 결코 용기 없는 사람의 말이 아님을 알 수 있다. 이 한 마디 안에 기독교로 하여금 일약 세계 인류의 종교가 되게 한 희대의 영걸 다소 사람 바울의 위대한 기백이 스며 있는 것이다. 그의 전인격 전생애가 이 한 마디에 걸려 있다.

나의 자전 안에는 '불가능'이란 말이 없다고 대언장담한 영웅은 드디어 불가능 안에 갇혀 우수 중에 사라졌다. 그러나 일견 수줍은 청년인 듯, 겁 많은 젊은이인 듯, 무학(無學)을 부끄러워하는 자인 듯 '나는 복음을 부끄러워하지 않는다'고 겨우 말한 사나이는 드디어 '누가 우리를 대적하리요' 라고 도전하고 '그러나 이 모든 일에서 우리를 사랑하시는 이에 의하여 이기고 남음이 있느니라'(롬 8:31 이하)고 개가를 올린 것이다. 원하옵기는 우리에게 있어서도 그의 이 한 마디가 그의 경우와 마찬가지로 힘차게 부풀어 터지는 내용을 갖게 되기를.

· 1940년 10월 ·

▶ 나는 무교회주의자이다

일찍이 무교회주의의 향기가 좋아서 저마다 무교회, 무교회하던 시대에는 우리는 '무교회 간판 철거의 제의'라는 글을 발표한 일이 있었다. 그러나 요새 와서는 우리는 무교회주의자인 것을 다시 선명히 할 필요가 절실히 느낀다. 그것은 무교회주의의 시세가 불리하여 그 지도자로 자처하던 이들까지 '교회 밖에 구원이 없다'고 전향하듯 또는 이에 근사한 태도를 취하는 까닭이다.

- 1941년 8월 -

▶ 이같이 확신하노라

오늘까지의 나의 생애에 만날 수 있었던 사람들 중에서 극도로 완고하여 그 의지가 견고하기로 철석보다 금강석보다 더한 인물이 두 사람이었다. 사상과 신조를 일치하게 못 가지면서도 외경의 정이 날로 더함은 그 지조 때문이다.

(1)은 6세에 벌써 능히 경서의 '강(講)'을 바쳐서 신동의 일컬음을 받았었고 소학교 이래로 수석이 아니면 차지하지 않는 학업을 쌓아 대학까지 마치었고 운동경기에 또한 능히 그 근육과 신경계통이 균형되게 발육한 것을 나타낸 인물인데 일반 재사(才士)의 예에 어김이 없이 하나님을 무시하고 유물적인 자기 소욕과 경향대로 활보하여 왔었다. 이렇게 강정(剛正)하고 현명한 인물에게 죄란 의식이 없을진대 우리가 밤낮으로 죄, 죄, 회개, 회개 하는 것은 일종의 신경과민이나 아닌가 하는 의혹이 내 마음 깊은 곳에 항상 없지 못하였다. 그러나 이렇게 굳센 인물도 드디어 그 죄를 고백하였다 한다.

"천당에서 오라고 해도 나는 못 들어가. 나는 꼭 지옥에 가야 마땅해, 천하에 나같이 악독한 놈이 어디 있어 …. 그때에 ○○형의 충고한 대로 이혼 안 했더면 … 왜 한 번만 더 말려주지 않았을까 …."

이 친구가 불혹을 지난 지 수년, 바야흐로 그 문중의 중견이 되었으매 그 일족 사이에는 '이혼절대불가'의 철칙이 성립 시행된다고 한다. 어린 제질(弟侄)들이 문제를 일으킬 때마다 이 거한이 대갈일성에 가로되 "내가 해 보았기에 … 안돼!"

(2)는 한국의 삼재(三才)이니 오재(五才)이니 하고 칭찬받던 것은 이미 전세기의 일에 속하는 선배, 일찍 20대에 요한복음 강화했던 것을 30년 지난 오늘에 왔어도 들은 귀에 뚜렷하다 하리만큼 성서를 깊이 미독(味讀)한 어른, 40만으로써 100만까지 성장하는 서울 장안에도 족히 담론할 이 없다 하여 힘로 넘어 성조사(聖朝社)에 밤새우기를 드물게 안 하는 어른, 일찍 우치무라 선생의 「성서지연구」 독자였으나 톨스토이에게 사숙함이 컸었던 듯 그리스도를 단지 인간으로 보려는 것만 우리와 대립하는 점이요, 또 이 일에 관해서 절대한 자신이요, 자만이었다.

그러므로 우리를 대할 때마다 우리의 복음적이며 순진한 신앙(소위)을 동요시킬까 두려워서 자기 생각을 솔직히 표명하기를 조심하였었다. — 보라, 그 확신과 커다란 자부심을! 이런 때마다 우리는 자기의 신앙을 재검토 안 할 수 없었다.

그런데 올해 이른 봄에 '부르신 지 38년만에 믿음에 들어감' 이라는 일문(一文)은 천외벽력같이 나의 책상 위에 떨어졌다. 일월(日月)의 운행이 정지할 법은 있어도, 표범의 가죽빛이 변화할 수는 있다 하기로서 이 어른이 어찌 예수를 주라고 부르게 되었나? 다메섹 도상에서 낙마전복(落馬顚伏)된 바울이 별다른 것이 아니다. 그러므로 의지 굳어도 쓸데없나니 죄는 실재한 것, 지신겸전(知信兼全)한 대가라도 별 수 없나니 예수를 주로 믿기까지는 아직 덜 된 것이다. 우리는 '이같이 확신하노라.'

- 1942년 2월 -

조와(弔蛙)

작년 늦은 가을 이래로 새로운 기도터가 생겼었다. 층암이 병 풍처럼 둘러싸고 가느다란 폭포 밑에 작은 담(潭)을 형성한 곳에 평탄한 반석이 하나 담 속에 솟아나서 한 사람이 꿇어 앉아서 기 도하기에는 천성의 성전이다.

이 반상에서 혹은 가늘게 혹은 크게 기구(祈求)하며 또한 찬송 하고 보면 전후 좌우로 엉금엉금 기어오는 것은 담 속에서 암색(岩 色)에 적응하여 보호색을 이룬 개구리들이다. 산중에 대변사나 생 겼다는 표정으로 신래의 객에 접근하는 친구 와군(蛙君)들 때로는 5, 6 마리, 때로는 7, 8 마리.

늦은 가을도 지나서 담상(潭上)에 엷은 얼음이 붙기 시작함에 따라서 와군들의 기동이 일부일(日復日) 완만하여 지다가, 나중에 두꺼운 얼음이 투명을 가리운 후로는 기도와 찬송의 음파가 저들 의 이막(耳膜)에 닿는지 안 닿는지 알 길이 없었다. 이렇게 격조(隔 阻)하기 무릇 수개월여.

봄비 쏟아지던 날 새벽, 이 바위틈의 빙괴도 드디어 풀리는 날 이 왔다. 오래간만에 친구 와군들의 안부를 살피고자 담 속을 구 부려 찾았더니 오호라, 개구리의 시체 두세 마리 담 꼬리에 부유 하고 있지 않은가!

짐작컨대 지난 겨울의 비상한 혹한에 작은 담수의 밑바닥까지 얼어서 이 참사가 생긴 모양이다. 예년에는 얼지 않았던 데까지 얼어붙은 까닭인 듯. 동사(凍死)한 개구리 시체를 모아 매장하여 주고 보니 담저(潭底)에 아직 두어 마리 기어 다닌다. 아, 전멸은 면했나보다!

- 1942년 3월 -

▶ 부활의 봄

춥지 않은 겨울이 없었건마는 최근 두 해 겨울은 유난스레 추운 것 같았다. 시간에 따라 감각의 기억이 무디어졌음인가? 먼저 겨울보다 지난 겨울이 더 춥고 더 길었던 것 같다. 강과 산과 땅과 하늘까지 언 것 같던 때는 다시 봄이 올 것 같지 않았었다. 입춘을 지난 후로 추위가 더 심해졌을 때는 영구한 겨울만이 남을 것 같기도 했다. 그러나 드디어 봄은 돌아왔다. 전체가 얼음 덩어리 같던 지구도 무르녹아 생기가 돌기 시작했다. 만물이 모두 사(死)에서 생(生)으로 동하기 시작했다. 이렇게 확실하게 뚜렷하게 생명으로써 임하는 봄을 어찌하여 영원히 안 올 것으로만 알았던고. 일년에 한 차례씩 춘하추동의 순환을 치르기가 무릇 40여회를 거듭하였어도 당하기 전에는 안 올 것 같고 당해 보고는 그 절대한 조화에 놀라게 되거늘, 하물며 일생에 ― 전만고(前萬古) 후만고(後萬古)에 한 번만 통과할 수 있는 죽음의 겨울과 부활의 봄을 오히려 의아하기로서 구태여 꾸지람할 것 있으랴. 모진 동결(凍結)은 고통과 절망을 심각게 하나 다시 춘양(春陽)의 기쁨을 절대하게 한다.

지금 우리에게 임하는 모든 동상(凍傷)은 춘양의 부활을 확연히 하고자 하는 데 없을 수 없는 과정이다. 우리의 소망은 오직 부활에 있고 부활은 봄과 같이 확실히 임한다.

- 1942년 3월 -